AI 시대, 나를 지키는 행복학

"이 저서는 2020년도 건국대학교 교내연구비 지원에 의한 결과임"

AI 시대,
나를 지키는 행복학

The Age of AI, The Happiness of Protecting Me | 이연주 지음

역락

AI 시대와 행복학

행복은 욕구가 충족되면서 도달하는 감정이지만, 그 기간은 행복의 차원에 따라 강도와 지속 시간이 달라진다. 육체적 쾌감은 스파크와 같이 강렬하지만 짧은 시간에 충족상태가 소멸한다. 이에 비해서 고등한 쾌감 상태는 백열전구가 켜진 것처럼 강렬함은 덜하지만 만족한 상태는 일정 시간 동안 지속된다.

우리가 '행복'이라고 부르는 단어를 그리스인들은 두 가지의 단어로 구분하였다. 그리스인들은 육체적 쾌감을 헤도니아, 지속적인 만족감의 상태를 에우다이모니아라고 불렀고, 일반적으로 이를 '행복'이라고 생각했다. 그런데 이 에우다이모니아에는 '의미있고 융성한 삶'이라는 더 큰 뜻이 있다. 단편적 쾌감을 쫓으며 이를 행복이라고 여긴다면 끝없는 쳇바퀴 속에서 욕망을 채우기 바쁠 것이다. 우리가 추구하는 행복은 의미도 있고, 충족감 넘치는 융성한 삶에 더 가까울 것이다.

매슬로의 인간 욕구 5단계 설은 인간의 욕구에 관해 가장 널리 알려진 이론이다. 5단계의 욕구 중 1단계는 생존의 욕구, 2단계는 안전의 욕구이다. 이 1단계와 2단계는 헤도니아와 가깝고 육체적 쾌감과도 비슷하다. 계속해서 3단계는 소속의 욕구, 4단계는 인정과 애정욕구이다. 5단계는 자아실현과 영적 욕구이다. 이 3·4·5단계는 에우다이모니아에 근접하며 고등한 쾌감에 가깝다고 할 수 있다.

행복에서 핵심은 행복한 상태는 그 종류와 상관없이 매번 리셋(reset) 된다는 것이다. 욕구가 충족된 상태로 지속되지 않고 일정 시간이 지나면 다시 제로 상태가 된다. 고차원의 욕구로 단계가 올라갈수록 지속 시간도 길어진다. 흔히 욕구가 충족되는 정도와 지속 시간을 빗대어 이런 속설이 있다. 맛있는 식사는 식사하는 2시간 동안 행복하고, 새 차를 사면 일주일 동안 행복하고, 외모가 출중한 배우자를 얻으면 1년이 행복하고, 요리를 잘하는 배우자를 얻으면 10년이 행복하고, 지혜로운 배우자와 결혼하면 평생이 행복하다고들 한다. 개인마다 생각도 다르고 과장도 있겠지만, 낮은 차원의 욕구에서 높은 차원의 욕구가 충족될수록 행복의 지속 시간이 길어지는 걸 직감적으로 보여 주는 이야기이다.

평생 지속되는 행복이 있으면 좋겠지만 실상은 조금 다르다. 지혜로운 배우자와 결혼하는 것처럼 평생 인생에서 행복하려면 어떻게 해야 할까? 이 질문에 대한 답을 찾는 것이 이 책의 여정이자, 모든 행복학의 과제이기도 하다.

매슬로의 이론을 AI와 4차 산업혁명 시대와 접목하면 좀 더 면밀하게 AI 시대에 행복의 변화상을 알 수 있다. AI 시대는 행복에 있어서 도전이자 위기이다. AI 시대는 욕구를 충족시키는 방식이 이전과 많이 달라진다는 점에서 행복학을 알아야 할 이유를 던져준다. 2000년대 초만 해도 식사는 누군가와 함께 음식을 먹는 일이었다. 그러나 2020년대를 사는 요즘은 식사보다 '혼밥'이라는 용어가 더 자연스럽다. 가족이 식사를 함께하며 하루의 일과를 이야기하는 모습보다는 혼자 유튜브를 보며 배달식을 먹는 것이 더 일상적 모습에 가깝다.

소속과 안정의 욕구를 충족시켜주던 대표적인 집단인 가족과 직장의 모습도 달라졌다. 통계청에 의하면 2017년 28.6%였던 1인 가구 비율이 2021년 39.5%에 해당한다. 1인 가구가 40%를 넘어서는 것은 시간문제다. 직장도 공동체 문화보다는 개인주의가 강화되고 있다. 또한 직장을 갖지 않고 파트타임으로 일하면서 소속되지 않는 경우도 많고 직업의 형태가 다양해졌다. 가족과 직장을 통해서 자연스럽게 해소되었던 소속과 안정의 욕구는 이제 개인이 혼자서 충족해야 한다. 개인이 홀로 감당해야 할 심리적 방어 능력과 필요한 심리적 기제가 늘어났다는 것을 의미한다. 이런 이유로 최근 심리학 관련 서적과 콘텐츠가 출판과 방송 등에서 인기 있는 주제인 것은 당연한 현상으로 보인다.

누군가와 함께 식사하며 자연스럽게 생존과 안정, 소속의 욕구가 충족되던 경험이 요즘은 혼밥을 하며 생존의 욕구를 충족하는 수준에 머물게 된 것이다. 또한 놀이의 형태도 가족이나 친구가 함께 모여 소속과 안정의 욕구가 충족되던 모습에서 넷플릭스, 게임과 같은 콘텐츠로 혼자서 놀아도 심심하지 않은 시대가 됐다. 자연스럽게 소속과 안정의 욕구는 충족된 기회가 줄어들었다.

다른 사람과 연결되고 싶은 관계와 소속의 욕구는 인정의 욕구로 연결된다. 이런 욕구의 충족을 위해 트위터나 페이스북, 인스타그램과 같은 소셜 네트워크 속에서 나를 확인하고 싶어 한다. 최근에는 클럽하우스와 같은 앱을 통해서 다른 사람의 이야기를 듣고 나의 이야기를 들려주는 모습도 낯설지 않다.

이 욕구 5단계 설은 일반적으로 인간은 기본 욕구가 충족될 때 더 상위 욕구를 발달시킨다는 것은 전제로 하고 있다.* 그러나 하위 욕구의 충족 없이 상위 욕구를 충족하는 사례가 다양해지면서 현재는 이 전제는 무너졌다고 할 수 있다. 현대에는 소속과 안정의 욕구가 불충분한 듯 보여도 자아실현하고 자신의 삶을 누리는 모습을 흔히 볼 수 있다. 결혼 적령기라는 말이 사라진 지 오래고 비혼 선언을 하고 싱글 육아를 선택하는 예도 늘기 때문이다.

AI 시대를 맞이하며 인간의 욕구와 추구 성향을 이해하고 기술의 발달이 가져올 수 있는 부작용에 자신을 스스로 지킬 힘이 필요하다. 이 책에 담긴 행복학의 지식은 우리 자신을 지킬 힘을 제공할 것이다. 이 책은 정보와 기술의 홍수 속에서 자신이 원하는 것을 발견하고 정서

---

* 매슬로의 욕구단계설에서 하위 욕구가 충족되었을 때 상위 욕구로 이동한다는 점은 학자들의 비판을 받고 있다. 기본 욕구가 만족이 되지 않을 때조차도 자아실현과 존중의 욕구가 훨씬 중요한 경우도 많지만, 보편적인 욕구를 잘 설명하고 있다. 이 글에서는 이 욕구 이동설이 아닌 각 욕구 단계의 콘텐츠를 준용한다.

적 혼란을 극복하는 데 필요한 행복학적 지식과 이를 내 삶에 적용하는 실용서로 활용할 수 있도록 구성하였다

먼저 1장에서는 AI 기술의 발달에 따라 인간의 욕구가 위협받는 이유와 사례를 제시한다. 2장에서는 행복학이 밝혀낸 연구 결과를 기반으로 행복의 실체와 접근방법을 알아본다. 3장에서는 행복학 이론에 근거해서 긍정 정서와 강점을 적용할 수 있는 전략을 기술하였다. 4장에서는 단단한 행복을 위한 지렛대로써 활용할 수 있는 긍정심리 자본을 소개한다. 5장에서는 매일매일 바뀌는 날씨처럼 변화무쌍한 감정을 이해하고 효과적으로 대응할 방안에 대해 논의하였다. 6장에서는 좋은 삶과 행복의 이면에 대해 돌아보았다.

이 책을 통해서 AI 시대에 기술 발달의 결과를 누리면서도 기술로부터 자신을 보호할 수 있는 신체적 정신적 방안을 찾을 수 있기를 바란다.

이 책의 활용방안으로써 첫째, AI 시대를 살아가는 개인들이 1·2단계의 기본 욕구에 해당하는 생리적 욕구와 안전 욕구의 특징을 이해하고 이를 과도하게 추구했을 때의 결과로서 부작용을 제시하여 경계하고 주의를 환기하고자 한다.

둘째, 개인들이 기본 욕구 단계에 필요한 행복학적 관점의 적절한 제어와 보호 수단을 활용하여 기본 욕구 단계에서 생산적인 성장을 위한 고차원의 욕구로 나아가도록 돕는다.

셋째, 중간욕구에 해당하는 소속 및 애정 욕구와 존중 욕구의 충족이

어려운 상황 속에서 정신적 허무감과 고독감에 대해 자신을 보호하고 정신건강을 건강히 유지하는 데 도움이 되고자 한다.

넷째, 물질 추구에 대한 반작용으로 영적 추구 성향이 강화되는 상황을 예측하고 잘못된 영적 스승이나 종교단체로부터 자신을 보호하고 단련하는 준비가 되도록 지원한다.

다섯째, 4차 산업혁명 시대를 선도하는 창의적이고 융합적인 사고의 실마리로써 인성과 감성의 중요성을 인식하고 개인이 스스로 삶에 적용하기를 희망한다.

인간이 추구하는 기본 욕구는 크게 변하지 않았지만, 그 욕구의 충족 방식은 크게 달라진 AI 기술 혁명과 4차 산업혁명 시대를 맞아 행복한 삶을 위한 대비로 이 책은 충분한 가치가 있을 것이다.

2022. 4.

이 연 주

차례

chapter 3
긍정 정서와 행복

chapter 4
행복의 지렛대_긍정심리자본

chapter 1
AI 시대, 행복이 위협받는 시대

AI 시대, 인간은 더 행복할까?

　　AI 시대에 인간은 더 행복할까? 4차 산업혁명과 AI 기술의 발달로 우리가 행복을 느끼는 방식이 달라질 것이 예측된다. AI 시대에 행복하기 위해서 우리는 무엇을 준비하고 어떤 능력을 갖춰야 할까? 산업은 철저히 이윤을 추구한다. 잘 팔리는 제품을 시장에 내놓는 것이다. AI 시대는 인간에게 무한한 가능성을 열어줌과 동시에 인간의 욕구를 충족하는 산업으로 집중될 가능성이 크다. 인간의 욕망을 해결해주는 제품이 시장의 맨 앞자리를 차지할 것이다. AI 시대의 편리함과 쾌락을 무방비로 소비하다 보면 우리는 어느새 우리가 얻으려는 행복에서 더 멀리 가 있는 자신을 발견하게 될 것이다. 행복의 본질은 무엇이고 어떻게 추구해야 하는지에 대한 준비가 필요하다.

　　4차 산업혁명과 AI 기술의 발달은 산업의 여러 분야에서 이미 활용되고 급속도로 확대되고 있다. 개인의 삶에서 행복을 추구하는 행동도 달라질 것이다. AI 기술의 발달은 인간 존재의 외면과 내면에서의 변화를 요구하고 있다. 독일의 철학자 악셀 호네트(Axel Honneth)는 한 개인이 성공적이 삶을 살기 위한 조건으로 '인정'을 통한 자신감, 자존감, 자부심의 3가지가 중요하다고 말했다. 자신감은 타인과의 관계에서 사랑받는 존재라는 것을 경험함으로써 가능하다. 예를 들어 부모님에게 사랑과 인정을 받은 아이는 자신에 대해 긍정적 인식을 하게 되고 이는 삶에 대한 자신감으로 이어진다. 자존감은 사회 속에서 자신에게 타인과 동등한 권리를 줬을 때 긍정적 자기 인식을 돕는다. 자부심은 사회에 참여하는 존재로서 연대감을 느낄 때 긍정적 자기 인식을 강화한다. 자신감, 자존감, 자부심은 나라는 존재가 세계와 연결되어 있다는 확신을 의미한다.

자신을 외부와 연결하는 전통적 두 가지는 직업(노동)과 인간관계로 대표된다. AI 시대는 자신과 세계가 연결되는 외부의 환경과 그에 대한 대응 방식이 달라지고 있다. 언콘텍트 시대에서 대학을 포함한 전통적인 학습공간은 빠르게 온라인으로 공간이동을 하고 있다. 가족도 핵가족화되고 교우 관계도 SNS로 만남의 기회조차 디지털화되고 있다. 일(job)은 이제 직장의 개념이 사라지고 직업 또한 기존의 전통적인 직업에서 임시로 하는 일(Gig)과 파편화된 일로 쪼개지고 있다. 점점 개인이 자신감과 자존감, 자부심을 확인하기 어려운 환경이 되어 가고 있다.

인간관계는 기존의 소수와 깊은 관계에서 다수와 느슨하게 연결된 관계(Weak Ties)[1]로 범위는 확장되었으나 깊이는 사라졌다. 희노애락을 공유하고 삶의 변곡점에서 지렛대와 버팀목이 되어 주는 관계에서 일시적이고 순간적인 필요와 정보를 위한 관계로 희석되었다.

인간이 자기 인정을 위한 자신감, 자존감, 자부심을 얻기 어려운 환경 속에서 인정욕구를 충족하는 방식은 쉽게 물질적 수단으로 이동한다. 더 크고 비싼 자동차와 더 좋은 집을 추구하고, 명품을 소비한다. 타인의 시선에서 인정을 끌어내기 위한 소비가 이어진다. 그리고 그 끝은 불안과 우울로 이어진다.

최근의 소비 트렌드는 타인의 시선을 의식해서 더 좋고, 더 비싸고, 더 큰 물건을 사던 소비행태에서 내가 원하는 삶과 내 취향을 반영하는 소비로 이동하고 있다. 나를 위한 집과 나의 소소한 행복을 충족시켜주는 물건을 선택한다. 관심사와 권력이 신에게서 인간에게 온 것처럼, 대중에서 개인으로, 그리고 개인의 내면으로 이동했다.

그동안 산업 성장의 논리 속에서 개인은 전문적 인재로 성장해야 한다는 사회적 압력을 지속적으로 받아왔다. 이러한 압력은 개인으로 하여금 자신이 충분히 능력 있는 인재라는 것을 증명하기 위해 소비하도록 작용했다. 그러나 자신의 내면을 돌아보는 것은 그 선택 안에 들어 있지 않았다. 자신의 욕구와 원츠(wants)를 만나는 일은 낯설고 두려운 일이 되어 버렸다.

이렇듯 AI 시대의 인간은 물질적 풍요와 노동의 해방이라는 긍정적 안락함을 누리는 동시에 파편화된 직업과 느슨한 인간관계 속에서 '고

---

1   김용섭(2019), 『라이프 트렌드 2020-느슨한 연대』, 부키.

독감'과 '무력감' 그리고 '허무감'이란 부정적인 감정을 내포하게 된다. 이와 함께 인간은 고독감에서 벗어나려는 결합과 합일에의 욕망, 무력 감에서 벗어나려는 초월과 창조에의 욕망, 허무감에서 벗어나려는 의미체계에 대한 욕망을 갖게 된다. 이러한 욕망들은 이성적이면서도 건강한 방식으로 실현될 수 있지만 많은 경우 비이성적이고 병적인 방식으로 시도될 수 있다.

게다가 로봇과 AI 기술의 발달은 집안의 가사와 청소 등 필수적으로 해야 했던 인간의 노동을 기계와 로봇으로 대체시킨다. 가사와 잡일에서 풀려난 인간은 잉여시간을 확보하게 된다. 직업도 원격 또는 온라인으로 이루지는 일이 많아 이동에 쓰였던 시간이 줄어들면서 잉여 시간은 더욱 늘어나게 된다. 잉여시간과 건강하지 않은 욕구의 충족 방식은 인간의 삶을 피폐한 길로 쉽게 인도할 수 있다.

이러한 시대에 인간은 어떻게 하면 행복할 수 있을까? 먼저 우리의 욕구는 어떻게 위협받을지 생각해보자. 적을 알고 나를 알면 백전백승이라 하였으니 스스로 자신감을 얻고 자존감을 느끼고 자부심을 경험할 수 있는 지식으로서 나를 지키는 행복학으로 들어가 보자.

AI 시대, 생존과 안전의 욕구

첫 번째 단계인 생리적 욕구는 욕구 피라미드의 가장 낮은 단계지만 큰 부분을 차지한다. 생존과 생식과 관련되어 있기 때문이다. 이 수준에서는 항상성 같은 욕구가 있다. 항상성은 몸이 정상적이고 지속적인 상태를 유지하려는 노력이다. 게다가 이 단계에서는 음식, 갈증, 적절한 체온 유지, 섹스 그리고 호흡 같은 욕구가 있다. 두 번째 안전 욕구는 질서감과 안전감에 해당한다. 안정, 자원, 건강, 보호 등의 욕구이다. 이런 욕망은 우리의 삶에 대한 통제를 잃지 않을까 하는 두려움과 관련이 있다. 이 두 욕구가 충족되었을 때의 만족감이 헤도니아적 행복에 해당한다.

그런데 이 헤도니즘 즉 쾌락적 만족을 추구하는 것은 헤도니즘의 역설에 빠질 수 있다. 헤도니즘의 역설은 감각적 쾌락에 집착하여 몰두하다 보면 오히려 고통을 겪게 되는 것을 의미한다. 고대 그리스의 에피쿠로스 학파(Epicurean school)에서는 무분별한 욕구를 충족하거나 사치스러운 향락을 통해 얻는 쾌락이 아닌 정신적이고 지속적인 쾌락을 추구할 것을 강조하였다. 만약 인간이 감각적이고 순간적인 쾌락만을 탐닉하다 보면 점점 더 강도가 높은 쾌락을 원하게 되어 결국에는 원래 추구하던 쾌락을 얻기보다 오히려 고통과 근심을 얻게 된다고 하였는데, 이를 '쾌락의 역설'이라고 한다.

현대인들은 대부분 자기에게 쾌감을 주는 무언가에 중독되어 있다고 해도 과언이 아니다. 꼭 약물이나 알코올과 같은 병적 중독이 아니라도 기술혁신이 이뤄낸 편리함과 풍부함에 중독되어 있다. 스마트 폰으로 가능한 모든 서비스들에 중독되어 있다. 쉽고 빠른 쇼핑과 배송, 각종 SNS와 유튜브, 편리한 은행 업무 등. 전날 밤 온라인으로 주문한 상품이 오늘 새벽 내 집 현관 앞에 배송되어 있는 놀라운 경험은 이제 일상이 되었다.

매슬로는 언급하지 않았지만 현대적인 해석을 더하면 게임과 콘텐츠, 각종 쾌락 산업이 제공하는 자극이 이 단계에 해당한다. AI 기술과 4차 산업혁명 시대가 가져다주는 물질적 풍요와 편리함은 1·2단계의 욕구를 가장 쉽게 채워줄 것이다. 여기에 AI 시대의 명암이 있다. 이런 쾌락 산업은 빠르게 욕구를 충족시켜주기 때문에 더 성장하고 번창할 것이다.

그런데 이런 쾌락은 반드시 반대의 고통을 가져온다. 쾌락과 고통은 시소의 좌우처럼 공존한다. 쾌락은 어느 순간까지는 좋을 수 있어도 지속시킬 수 없고, 지속시간을 늘릴수록 쾌락이 끝나고 따라올 고통은 더 강하다.

개인이 자각하고 주의하지 않으면 1·2단계의 욕구를 계속 자극하는 시장의 유혹을 뿌리치기 어려울 것이다. 이론적으로는 기본단계의 욕구가 충족되었을 때 상위단계의 욕구를 희망하지만, AI 시대에는 이 상위 단계로 이동하지 않더라도 즉각적인 만족을 주는 산업들이 만리장성처럼 인간의 성장 욕구를 가로막을 것이다. 지금도 넷플릭스와 같은 콘텐츠와 게임 산업 등은 24시간 더 많은 콘텐츠를 우리 눈앞에 들이밀고 있다.

VR과 아바타가 연계된 세컨드 라이프(Second Life)와 같은 산업 등은 우리를 더욱 가상세계로 강력하게 끌어당길 것이다. 영화 <아바타(2009)>에서 하반신이 마비된 전직 해병대원 '제이크 설리'는 자신의 뇌와 연결된 또 하나의 분신 '아바타'를 통해 가상현실에서 자유롭게 뛰어다닌다. 판도라 행성으로 내려가 여러 가지 모험을 하고 여전사와 만나 사랑에 빠지기도 한다. 급기야 제이크는 가상세계와 현실 세계 사이에서 어느 편에 속할지 갈등한다. 이 영화는 가상현실 기술의 미래를 보여 준다. '나비가 장자 꿈을 꾼 건지 장자가 나비 꿈을 꾼 건지 모르겠다'는 '호접지몽(胡蝶之夢)' 고사는 머지않은 시기에 '가상 현실몽'으로 바뀔지도 모른다. 의식이 또렷한 상태에서 즐기는 가상세계의 '세컨드 라이프'는 꿈보다 더 현실적이다.[2]

노승욱(2014), "'눈앞에 성큼' 가상현실의 세계", 매경MBN, 『매경이코노미』 제1763호(06.25~07.01 일자), 2020.6.6. 검색.

chapter 1. AI 시대, 행복이 위협받는 시대 ——— 23

1·2단계의 욕구를 즉각적으로 충족시켜주는 AI 기술은 너무도 강렬하고 자극적이어서 탐닉과 쾌락을 일으키고 심한 경우 중독에 이르게 할 수 있다. 개인의 차원에서 행복을 추구하는 것에 대한 개념과 인식이 정립되어 있지 않았을 경우 거의 무방비 상태로 자극에 노출될 수 있다. 특히 다른 사람을 만나지 않아도 욕구의 충족이 가능하므로 개인을 더욱 개인화시키고 파편화시킬 것이다. 이러한 요소는 세 번째 욕구인 소속과 애정의 욕구 충족을 가로막는 장애요인이 되기도 한다.

https://www.mk.co.kr/news/economy/view/2014/06/939801/
백윤경(2015), 「세컨드라이프 이용자들의 가상세계에 대한 태도와 인식 연구」, 한양대학교 석사학위논문.

AI 시대, 소속과 애정의 욕구, 인정의 욕구

세 번째 욕구인 소속 및 애정 욕구는 삶의 사회적 부분에 집중된다. 우리는 다른 사람과 함께하고 싶어 하고 정서적 교류도 갈망한다. 이 수준에서는 타인과의 소통, 우정을 쌓고 애정을 주고받는 것, 공동체 속에서 지내는 것, 어떤 그룹에 속하고 수용되려는 욕구들이 있다. 네 번째 존중 욕구는 타인으로부터 존경을 받고 명예를 얻어 어떤 단체 내에서 인정받는 욕구이다. 자존감과 자기 존중감을 충족시킨다. 독일의 철학자 악셀 호네트가 이야기한 인정투쟁이 가장 활발한 단계인 셈이다. 세 번째 소속과 애정 욕구부터는 에우다이모니아적 행복에 가깝다고 볼 수 있다. 그러나 AI 시대의 소속 및 애정의 욕구, 인정의 욕구는 가장 크게 위협받는 욕구이기도 하다.

타인과의 상호작용 속에서 주고받는 존중과 인정의 관계, 사회적 연대 등을 통해서 충족될 수 있는 자신감, 자존감, 자부심의 기회가 축소되기 때문이다.

세계적인 경제학자이자 미래학자 자크 아탈리는 "2030년이면 결혼제도가 사라지고 90%가 동거로 바뀔 것"이라고 말했다. 이는 부담스러운 결혼제도를 외면하는 대신 동거나 코하우징 문화처럼 느슨한 관계를 추구하는 시대상을 단적으로 보여 준다. 혼인율과 출생률의 저하는 우리나라를 비롯한 전 세계적 추세다. 하지만 결혼하지 않는다고 가족이 필요 없는 것은 아니다.[3] 그러나 과거의 끈끈하고 지속적인 인간관계와는 다른, 필요와 정보를 위한 일시적 인간관계가 될 가능성이 크다. 소위 '쿨한' 관계가 일반적인 형태가 될 것이다. 예를 들면 1인 가구끼리 주거 공간을 공유하는 셰어하우스 사업, 취향을 공유하는 각종 살롱 모임과 커뮤니티, 소셜 네트워크 속에서 경험을 공유하는 '인싸' 문화 등 가족을 만드는 다양한 방법과 이를 지원하는 사업들이 속속 등장하고 있다.

AI 시대의 인간관계는 느슨한 연대로 대표된다. 느슨한 연대 트렌드는 평생직장과 종신 고용이 사라진 이 시대에 애자일 문화, 긱 노동, 원격 근무, 겸직과 부업의 확산으로 이어진다. 더는 직장이 개인의 장래를 책임져 주지 않는다. 또한 밀레니얼세대는 기성세대와 달리 혈연, 학연, 지연을 거부하고 전통적인 조직·기업 문화를 부정한다. 산업 구조와 일하는 방식이 변화하면서 8시간 근무가 무너지고, 사무실이 아닌 곳에서도 얼마든지 일할 수 있는 온라인 미팅 기술이 일반화되었다.

---

3   김용섭(2019), 『라이프 트렌드 2020-느슨한 연대』, 부키.

퇴근 후 유튜버로 활동하는 것처럼 겸업과 부업을 원하는 직장인도 늘었다. 수입이 늘 수도 있고, 유튜브와 인스타그램 등의 SNS 속에서 자존감을 느낄 수도 있겠지만 '고독감'과 '외로움' 그리고 '허무감'의 그림자는 더욱 짙어질 것이다.

AI 시대를 맞이하는 우리는 이런 부정적 정서에 대한 방어력과 통제할 수 있는 내면의 힘을 가지고 있어야 한다. 세계에 던져진 피조물로서 인간에게 고독감과 같은 정서는 피할 수 없는 부분이다. AI 시대의 빛은 우리 생각보다 훨씬 강할 것이다. 따라서 그 이면의 어둠 역시 매우 짙을 것이다. 그에 대한 백신과 면역력을 미리 준비해야 한다.

AI 시대, 자아실현과 영적 욕구

마지막으로 자아실현 욕구는 성취하기 어려운 목표들을 이뤄냈을 때, 자신의 재능을 계발하고 장애를 극복하고 자신의 존재를 증명했을 때 충족되는 욕구이다. 도덕적이고 정신적인 발달과 관련이 있다. 이 단계는 나중에 자기 초월 욕구와도 연결된다. AI 시대는 정신적이고 영적 시대가 열릴 것이라는 예측이 많다. 기술이 급격하게 발달하면 인류가 수천 년을 고민하며 노동의 상당 부분을 투자했던 의식주 문제가 쉽게 해결된다.

앞으로 일어나는 기술 발달은 인류문명을 한 단계 더 진보시키고, 더 많은 제품을 더 싸게 사들일 수 있게 해주고, 인간을 생존의 위협과 의식주 문제에서 해방해 줄 것이다. 인공지능 로봇과 다양한 기계가 인간이 해야 할 잡다한 일이나 위험한 일을 대신해 주면, 위험하고 더러운 일에서 해방되어 잉여 시간이 생긴 인간이 더 나은 도전을 하고 인생을 살아갈 기회를 얻는다는 시나리오가 가능하다.

이러한 과도한 변화의 시대는 겉으로는 환상적인 사회 모습을 보이겠지만, 정신적·영적으로는 안정적이지 못한 현상이 일어나게 된다. 새로운 환경, 새로운 직업, 새로운 동료, 새로운 가족, 새로운 능력을 요구받는 일이 빈번해지면 사람은 새로운 정신적 구심점을 찾으려는 욕구를 강하게 느낄 것이다.

쾌락의 역설을 말한 에피쿠로스학파도 감각적이고 육체적인 쾌락을 추구하기보다는 육체적 고통과 마음의 근심에서 벗어남으로써 감정적, 정신적으로 동요나 혼란이 없는 평온한 상태인 아타락시아(ataraxia)가 진정한 쾌락이라고 이야기하며, 이러한 정신적 쾌락을 추구할 것을 주장하였다.

마찬가지로 기술적 환상 사회는 개인에게 오히려 소외를 느끼게 하여 결국 영적·존재적 욕구가 충족되길 원하는 사람들이 증가할 것으로 예측된다. 즉, 존재(영적)의 질의 최적화를 목표로 삼는 새로운 패러다임이 등장하게 된다는 말이다. 기술이 인간의 존재를 변화시킬 수 있는 수준에 이르러, 심각한 생명 윤리적 갈등 그리고 사람을 닮은 로봇과 로봇을 닮은 사람 사이에 나타날 영적·존재론적 갈등이 최고의 사회적 이슈로 대두되면 '영성 사회(Spiritual Society)'로 전환된다. 인간은 무언가 특정한 대상에 영적인 몰입을 하려는 욕구를 강하게 느끼게 된다. 그것은 종교일 수도 있고, 물질적일 수도 있고, 신비한 현상일 수도 있고, 거짓된 사이비 이단일 수도 있다.[4]

풍요한 물질적 기반과 잉여시간 속에서 자기실현과 자아 초월을 희망하는 인간은 필연적으로 영적이고 정신적인 존재에게 이끌리게 된다. 영적이고 정신적인 존재에 대한 대중적인 수요가 커지면서 이를 표방한 이단과 사이비 종교 또는 지도자를 칭하는 사람들이 우후죽순 나타날 것이다. 이런 존재들로부터 자신을 지키고 판단할 수 있는 능력이 요구된다. 이와 같은 능력은 일어날 상황에 대비하여 자신을 힘들게 하는 본질이 무엇인지, 내가 원하는 행복에 대해 인지하고 학습하여 대비할 수 있다.

---

4   최윤식(2020), 『당신 앞의 10년, 미래학자의 일자리 통찰』, 김영사, 20-21면.

chapter 2
행복학의 반전

행복의 차원과 욕구

행복의 정의는 다양하게 정의됐지만, 보편적으로 감정에 근심이 없는 평안한 상태로 받아들여지고 있다. 갑골문자로 행복(幸福)의 행(幸)은 뜻밖에도 형벌 도구인 수갑의 모양에서 왔다. '형벌을 가볍게 면하여 다행인 상태'를 의미한다. 즉 괴로움이 없는 상태에 가깝다.[5] 아리스토텔레스가 니코마코스윤리학에서 정리한 행복에는 두 가지 종류가 있다. 선한 내면의 정신과 조화를 꾀하는 '에우다이모니아'가 하나이고, 순간적이고 자기중심적인 쾌락적 경험인 '헤도니아'가 다른 하나이다.

헤도니아는 일반적으로 부정적인 감정이 없고 긍정적 감정을 느끼는 순간을 의미하는데, 우리가 흔히 '행복하다'고 말할 때 느끼는 감정이다. 맛있는 음식을 음미할 때, 원하는 선물을 받았을 때, 좋아하는 음악을 들을 때 등 어느 순간에 대한 쾌감에 가깝다고 할 수 있다.

5　시라카와 시즈카(白川靜, 1910~2006), <상용자해(常用字解)>.

헤도니아는 강렬하고 즉각적인 만족을 일으키기 때문에 탐닉과 중독으로 치달을 수도 있다. 이런 유형의 행복은 잠시 스치는 길동무로, 끓어오를 때와 똑같이 금방 식는다. 헤도니아는 어둠 속에서 잠시 반짝이는 불꽃과 비슷하다. 스포트라이트이다. 불꽃이 지나간 자리는 더욱 어둡고, 스포트라이트 바깥은 더욱 깜깜하다.

에우다이모니아는 행복의 또 다른 종류이다. 오랫동안 빛을 내는 삶의 만족감이며, 종종 성찰을 통해 비로소 느껴진다. 에우다이모니아는 감정과 이성 모두와 관련된 행복이다. 에우다이모니아는 우리가 조용한 시간에 삶을 관조하며 모든 일이 잘 되고 있다고 느낄 때 생기는 만족감이다. 헤도니아는 경험으로 얻고, 에우다이모니아는 결과로 얻는다.[6] 에우다이모니아의 정의는 본인에게 주어진 의무를 다했을 때, 그 상태를 행복(에우다이모니아)이라고 정의한다. 단련의 과정이 필요하고 즉각적이지 않고 시간이 걸린다. 그러나 헤도니아에 비할 수 없는 고차원의 행복으로 볼 수 있고 행복의 상태가 좀더 길고 지속적이다. 긍정심리학에서 지향하는 행복에 대한 학문적 용어로서 주관적 안녕(subjective well-being : SWB)은 에우다이모니아에 해당한다.[7]

긍정심리학의 창시자인 M. Seligman은 쾌감 또는 쾌락은 맛난 음식을 먹거나 향수 냄새를 맡을 때 느끼는 즐거운 감각처럼 오감을 통해

---

6   하노 벡·알로이스 프린츠(2018), 배명자 역, 『내 안에서 행복을 만드는 것들』, 다산초당, 26-27면.

7   Deci, E. L., & Ryan, R. M.(2008). Hedonia, eudaimonia, and well-being : An introduction. *Journal of happiness studies*, 9(1), pp.1-11.

경험되는 긍정적인 감각을 의미한다고 구분하였다. Seligman은 행복을 육체적 쾌락과 고등한 쾌감으로 구분하였다.

육체적 쾌감은 인간의 생물학적 기제에 의해 감각을 통해 자동적으로 느껴지는 긍정적 체험이다. 대부분 생물학적 욕구를 충족시키는 것으로서 지속 기간이 짧다. 순수한 육체적 쾌감은 피부, 특히, 입, 성기, 항문, 귀, 코와 같은 구멍 부위에서 느껴지는 감각과 밀접하게 관련되어 있다. 쾌감은 사람과 환경 사이에서 일어나는 교류를 예민하게 감지하고 감독함으로써 생존에 필요한 적응적 기능을 하는 것으로 이해된다.

고등적 쾌감은 좀 더 복잡한 심리적 처리 과정을 통해서 느껴지는 복합적인 긍정 경험이다. 이러한 쾌감은 고등한 심리적 욕구의 충족과 관련되는 경우가 많으며 장기적으로 지속된다.

행복은 욕구를 충족하면서 도달하는 감정으로서 쾌감과 비슷하지만, 한순간의 스파크보다는 좀 더 안정적이고 지속적인 에우다이모니아 상태에 가깝다. 행복에 대한 대표적인 심리학적 이론으로는 욕망충족 동기이론과 목표이론, 비교이론을 들 수 있다.

욕망충족 동기이론

전통적으로 인간은 욕망이 충족된 상태에서 행복을 느낀다는 생각이 가장 일반적이다. 배고플 때 실컷 먹으면 행복할 것 같고, 잠이 부족하면 맘껏 자고 일어나면 좋겠다는 생각과 비슷하다. 인간은 식욕, 성욕, 재물욕, 권력욕, 명예욕 등과 같은 다양한 욕망을 지니게 되고 이러한 욕망이 충분히 충족되었을 때 행복감을 느낀다는 주장을 욕망충족 이론이라고 한다. 여기서 욕망은 어떤 행동을 하는 동기로 작용한다. 동기는 목표의 달성을 위해 특정한 행동을 하도록 행동의 방향을 결정하고 지속하게 하는 추진력과 에너지를 제공한다.

욕구는 근원에 따라 생리적 욕구와 심리적 욕구로 구분될 수 있다. 생리적 욕구는 그 생리적 근거가 분명하고 태어날 때부터 갖추어진 욕구로서 모든 인간이 공유하는 선천적인 욕구이다. 생존을 위한 음식, 수분, 산소, 따듯함, 고통 회피, 자극 추구 등 개인의 생리적 욕구들과 번식에 대한 종의 생물학적 욕구가 여기에 해당한다.

심리적 욕구는 생리적 근거보다는 학습의 영향이 더 뚜렷한 후천적인 욕구라고 할 수 있다. 환경과의 상호작용 과정에서 습득되며 사람마다 어떤 욕구를 습득한 정도가 다르고 또 욕구를 만족시키는 방법이 다를 수 있다.

욕망충족 이론에서 가장 널리 알려진 이론은 매슬로의 욕구위계적 발달이론인 욕구 5단계이론이다. 인간의 욕구 중 가장 낮은 위계에 있는 것은 생리적 욕구로 음식, 물, 산소 등 기본적인 욕구-개체가 생존하기 위한 기본적인 조건을 공급받기 위한 것, 일차적 욕구에 해당한다.

두 번째는 안전 욕구로 위험으로부터 보호받을 수 있으며 안전하고 편안한 피난처를 갈구하는 욕구, 안정적인 삶을 지속적으로 유지하려는 욕구가 포함된다.

세 번째는 애정의 욕구로 집단에 소속되고자 하는 욕구, 다른 소속원으로부터 사랑과 보호를 받고자 하는 사랑의 욕구와 밀접하게 관계된 욕구이다. 소속감과 사랑의 욕구는 타인과의 친밀하고 밀접한 관계를 통해 충족될 수 있는 대인욕구의 기본이 된다.

네 번째는 인정과 존중 욕구로 자신이 가치 있는 존재라는 것을 느끼고자 하는 욕구, 자기 자신을 발전시키려는 욕구이다.

다섯 번째는 자기실현욕구로서 자신이 높은 위계에 위치하고자 하는 욕구, 자신의 잠재능력을 충분히 표현하고 발현하려는 욕구이다.[8]

그러나 욕망 충족이론은 욕망의 충족상태가 일시적이고 시간이 지나면 욕망의 요구가 반복된다. 또한 인간은 욕망이 충족되면, 곧 그러한 상태에 익숙해져 행복감을 느끼지 못하는 경향이 있다. 개인적 욕망이 충분히 충족되어도, 자신보다 더 풍요로운 상태에 있는 사람을 보게 되면 행복감이 저하된다. 이처럼 행복은 욕망의 충족 이외에 타인과의 비교, 지향하는 목표, 적응과정 등과 같은 다양한 심리적 요인의 영향을 받는다. 이러한 이유로 최근의 긍정심리학자들은 외부적 조건과 행복도 이외에 욕망을 충족시킬 수 있는 다양한 요소를 탐색 중이다.

최근의 욕망충족 이론에서는 동기의 유형에 따라 행복에 미치는 영향이 달라진다는 주장이 제기되면서, 외재적 동기와 내재적 동기의 구분이 주목받고 있다. 즉, 외부적 보상 때문에 충족되는 동기보다 행위 자체에서 만족을 얻게 되는 동기를 추구하는 사람들이 더 행복감을

---

8   권석만(2008), 『긍정심리학』, 학지사.

느낀다는 주장이다.

외재적 동기(extrinsic motivation)는 우리가 외적인 보상을 얻기 위해 행동할 때 작동하며, 외적 보상은 돈이나 소유물, 지위와 권력, 사회적 인정과 명예 등과 같이 외부에서 발생하는 행동 유인요인을 의미한다. 외재적 동기는 타인의 인정이나 칭찬을 얻기 위한 욕구나 사회적 비판과 처벌을 회피하기 위한 욕구에서 파생되는 것으로 보며 무엇을 얻고 가졌는가에 좌우된다.

내재적 동기(intrinsic motivation)는 어떤 외부적 보상과 상관없이 일 자체를 위한 활동에 참여하도록 이끌릴 때 작동하는 것이다. 기본적인 심리적 욕구로 동기를 충족시키기 위한 행위 속에서 자체적으로 만족 감을 느낀다. 이러한 동기는 인간에게 내재해 있는 심리적 성장과 자기 실현욕구를 반영하는 것으로 이것의 충족은 행복에 필수적이다.

내재적 동기는 '새롭고 도전적인 것을 추구하고, 자신의 능력을 확장 하여 연마하며, 항상 탐구하고 배우고자 하는 선천적 성향'이라고 정의 하며 인간의 대표적인 긍정적 속성으로 간주한다.[9]

내재적 동기는 유능성과 관계성, 자율성에 기반한다. 유능성의 욕구 는 자신이 주어진 환경과 자극에 효과적으로 대응할 수 있다고 생각하 고 숙달된 경험을 추구하는 성향이다. 관계성의 욕구는 자신에게 지지

---

9   Ryan, R. M., & Deci, E. L.(2000). Intrinsic and extrinsic motivations : Classic definitions and new directions. *Contemporary educational psychology*, 25(1), pp.54-67.

적인 인간관계를 형성하고자 하는 성향이다. 자율성의 욕구는 삶의 중요한 문제에 관해서 독립적이고 자주적인 결정을 내리고자 하는 성향이 강할수록 영향을 받는다.

외재적 가치를 중시하는 경우 행복한 삶이 되기 어렵다. 외재적 가치를 중시하는 사람은 물질을 통해서 다른 사람의 인정과 시선을 얻으므로 해서 잠깐은 긍정적 감정을 느낄 수 있다. 그러나 그 감정의 지속시간이 짧기 때문에 지속적으로 행복한 삶을 영위하게 어렵다.

또한 소득 수준이 증가했다고 그 결과가 항상 행복의 증가로 이어지지 않는다. 사람은 자극에 계속 노출되면 빨리 그에 익숙해져서 적응되어 버린다. 이런 이유로 많은 소득과 풍요한 물질이 지속해서 행복감을 주지 않기 때문에 외재적 가치를 중시하는 경향이 강한 사람은 행복감을 느끼기 어렵다.

사람들은 사회적 비교과정을 통해서 자신의 삶을 다른 사람의 삶과 비교하는 경향이 있다. 소득에 대한 만족은 누구를 비교 대상으로 선택하느냐에 달라질 수 있다. 돈과 행복에 관한 일관된 연구 결과 중 하나는 소득 수준이 증가할수록 물질에 대한 욕구도 증가하기 때문이다. 99억을 가진 부자가 1억을 더 갖고 싶어 한다는 말처럼 이미 가진 것보다 못 가진 것을 더 추구하는 성향이 강해질 수 있다.

내재적 가치와 같은 심리적 욕구(자율성, 관계성, 유능성) 등을 배재하고 경쟁적인 성과나 과시적인 재물의 양을 지나치게 중시하는 문화가 강해진다면 그 사회와 구성원에게 바람직하지 않다. 자칫 개인들은 타인의 평판이나 시선을 중시하여 외재적 동기에 매달린다면 행복의 방향이 잘못 선정된 것으로 볼 수 있다.

목표이론

목표이론은 욕망충족 이론의 발전된 형태로, 인간은 자신이 추구하는 목표를 달성하거나 목표를 향해 진전되고 있다고 믿을 때 행복을 느낀다는 이론이다. 욕망을 좀 더 달성 가능한 구체적인 목표로 명료화하고 목표 달성과 관련된 인지적 평가를 포함하고 있으므로 보다 현실적이고 진전된 이론으로 평가받는다.

목표 추구가 행복에 영향을 미치는 이유는 우리가 삶에 능동적으로 참여하고 있다고 느끼게 하기 때문이다. 목표를 추구한다는 것은 우리가 삶에 적극적으로 참여하고 있다는 징표이다.

목표에는 원하는 무언가를 향해 움직이도록 동기를 부여하는 접근 목표와 위험, 곤란, 공포 등을 피하기 위한 회피 목표로 나눌 수 있다. 일반적으로 접근 목표가 회피 목표보다 주관적 안녕과 관련성이 높다. 무엇이든 가치를 부여하는 것을 향해 나아가고 있을 때, 행복은 증대된다. 이 경우, 중요한 목표에 다가가는 접근 속도가 중요하다. 기대했던 속도나 그보다 더 빠른 속도로 진전되는 것을 느끼게 되면, 행복감이 훨씬 더 증대된다.

목표는 구체적일수록 추구 속도가 빨라지고 행복에 영향을 미친다. 많은 사람이 성인이 될 때까지도 내가 무엇을 원하는지, 잘하는지, 좋아하는지를 알지 못해서 방황하고 힘들어한다. 성장하면서 다양한 경험을 한다는 것은 자신이 원하는 것을 알아가는 과정이라고 할 수 있다. 추상적인 목표를 추구할수록 현재의 행복도가 낮아진다. 자신이 방향을 설정하고 그 방향으로 에너지를 쏟는 과정에서 구체적인 목표에 다가가는 모습이 행복에 더 가깝다.

세계적인 정서 지도 전문가인 데이비드 왓슨은 "유전학적이고 생물학적인 자료에 근거해서 상황을 숙명적으로 체념하게 하면 안 된다. 우리는 여전히 손쉽게 긍정적 정서를 증가시킬 수 있다."라고 말했다. 왓슨은 일상의 기분을 향상하기를 원한다면 우리의 생각보다 행동에 주의를 기울여야 할 것이다. 이에 더하여 갈망하는 목표를 실제로 성취하는 것보다 목표를 갈망하는 그 자체가 우리를 더 유쾌하게 만든다는 점과 기분에 대해 알고 그것이 어떻게 작동하는지에 대해 아는 것이 유용하다고 했다.

<빨간머리 앤>의 주인공 앤 셜리는 이 원리를 잘 알고 있었다.

> "전요,
> 뭔가를 즐겁게 기다리는 것에
> 그 즐거움의 절반은 있다고 생각해요.
> 그 즐거움이 일어나지 않는다고 해도,
> 즐거움을 기다리는 동안의 기쁨이란
> 틀림없이 나만의 것이니까요."

명확한 목표를 설정하는 것은 행복한 삶에서 있어서 매우 중요한 행동이다. 목표를 추구할 때 여러 목표가 혼재되면 추구하는 목표 간의 일관성과 통합이 필요하다. 행복한 삶을 위해서는 환경과 조화롭고 밀접히 연결된 목표를 선택하여 추구하는 것이 중요하다. 의미 있고 성취 가능한 개인적 목표를 갖는 것은 성격 특질보다 주관적 안녕을 더 잘 예측하는 요인이라고 할 수 있다.

목표가 행복과 직접적으로 관련되기 위해서는 실현 가능성과 속도, 희망이 중요한 요소가 된다. 원하는 일이 실현 가능성이 크다고 생각할수록, 목표 달성을 위해 다가가고 있다는 진전 속도를 느낄수록, 그리고 현실적으로 스스로 충분한 믿음인 희망이 있다고 느낄수록 행복이 올라간다. 희망이란 목표를 달성할 수 있는 현실적인 방법이 있으며 그 목표를 향해 충분한 욕구를 스스로 불러일으킬 수 있다는 믿음의 결과이다. 개인은 자신의 목표가 얼마나 진전되고 있는지, 앞으로 얼마나 잘 달성될 것인가에 대한 평가를 통해서 행복을 느낀다.

비교이론

철학자 몽테뉴 "그저 행복하기만을 원한다면 그것은 그렇게 어려운 일이 아니다. 그러나 다른 사람들보다 더 행복하길 원한다면 그것은 언제나 어려운 문제가 된다. 우리는 다른 사람들을 있는 그대로 보다 더 행복한 상태로 상상하기 때문이다"[10]

행복에 대한 인지적 이론 중 비교이론은 인간이 자신의 상태를 어떤 기준과 비교하여 그 기준과의 긍정적 차이를 인지할 때 행복감을 느낀다고 주장한다. 이러한 비교이론의 대표적인 기준은 다른 사람, 과거의 삶, 이상적 자기 상(像), 지향하는 목표가 있다.

첫째, 다른 사람들을 비교 기준으로 삼는 경우는 자신과 비슷한 사람들과 비교하는 수평적 비교, 자신보다 나은 사람과 비교하는 상향적 비교, 자신보다 못한 사람과 비교하는 하향적 비교가 있다. 행복도가 높은 사람들은 하향적 비교를 많이 한다는 연구가 있으나, 높은 자존감과 자기도취 및 교만을 혼동해선 안 된다. 또한 비교 행위가 주는 행복감은 일시적이고 대상이 언제든 바뀔 수 있으므로 비교를 통해 얻은 사회적 정보가 자신의 목표와 기대 수준에 얼마나 부합하는지가 중요하다. 이러한 사회적 비교는 인간이 모여 사는 공동체를 형성하는 한 자연스럽고 불가항력적이다. 비교를 통해서 차이를 드러내고 그 차이를 발견하면서 새로운 에너지와 동기가 생길 수 있는 긍정적인 면도 있어서 유연하게 대처할 필요가 있다.

둘째는 비교 대상이 과거의 자신인 경우이다. 사람들은 과거와 비교해 긍정적인 진전이 있을 때 행복감을 느낀다. 삶의 행복감을 높이기 위해선 사소한 것이라도 긍정적 변화가 있음을 인지하는 것이 중요하다. '나의 경쟁 상대는 어제의 나 자신이다'라는 카피가 광고에서 사용된 적이 있었다. 자신이 매일 변화하고 발전한다는 암시는 개인에게

---

10   슈테판 클라인(2020), 김영옥 역, 『행복의 공식』, 이화북스, 298면.

유능함과 희망, 목표를 선사한다.

셋째, 자신이 정한 이상적 자기 상과 자신을 비교하는 경우이다. 이상적 자기 상은 스스로 세워놓은 이상적 기준인 이상적 자기(ideal self)와 주변 사람들의 기대와 바람 등에 의해 만들어진 기준인 의무적 자기(ought self)가 있다. 실제적 자기와 이상적 자기의 괴리감이 클수록 개인이 느끼는 행복감은 떨어진다.[11]

실제적 자기가 아무리 좋아도 이상적 자기가 너무 크게 설정되어 있다면 행복감을 느끼기 어렵다는 것을 의미한다. 요즘 시각적 매체의 영향으로 외적 이미지의 중요성이 갈수록 주목받고 있다. 다이어트나 외모의 기준이 연예인이나 아이돌이면 실제의 자신이 아무리 정상 체중과 외모를 가졌다고 해도 만족하지 못하는 경우가 흔한데 바로 이런 경우가 대표적이라고 할 수 있다. 또 공부를 잘하는 아이지만 부모님의 기대가 너무 높은 경우 이 아이는 자신의 성적에 긍정적인 감정을 느끼기 힘든 경우도 여기에 해당하는 사례가 된다.

---

11 Higgins, E. T.(1987). Self-discrepancy : a theory relating self and affect. *Psychological review*, 94(3), p.319.

지속적인 행복은 가능할까?

　그렇다면 일시적인 쾌감을 넘어 '의미있고 융성한 삶'을 의미하는 에우다이모니아의 행복을 지속시키려면 어떻게 해야 할까? 이 질문은 고대의 철학자에서부터 현대에 이르기까지 많은 사람들이 고민하는 과제이다. 행복은 지극히 개인적인 정서상태로서 우리가 아침에 눈을 떠서 잠들기까지 매번 의식할 때 마다 느껴지기 때문이다.

　우리는 행복한 삶을 보통 행복의 추구라고 생각하지만 정확히는 장기적인 충족감(Long-term fulfillment)이 더 정확하다. 긍정심리학의 창시자 마틴 셀리그만은 이를 플로리싱(행복의 만개 : flourishing)이라고 부른다.

　좋은 느낌은 우리의 정신이 훌륭한 업적을 낳도록 도와준다. 행복한 사람들은 창의적이다. 행복한 사람들은 문제를 빨리 더 좋게 해결한다. 행복은 사람을 현명하게 만든다. 긍정적인 느낌은 뇌 안에 있는 신경들이 끊임없이 서로 연결되게 만든다. 기쁨과 함께 머릿속에 새로운 연결고리들이 생겨나는 것이다.

또한 행복한 사람들은 친절하다. 더 섬세하고 타인에게서 좋은 점을 발견하려 노력한다. 공동의 행복에 더 관심을 기울이고 협상을 통해 권리를 찾을 수 있는 데서도 나은 능력을 보여 준다.

이처럼 행복은 삶의 목표이자 좀 더 나은 삶을 향한 길이기도 하다. 부정적인 기분은 사람을 제한하고, 반대로 좋은 느낌은 사람의 가능성을 확장시킨다. 행복은 생동감 그 자체이다.

그러나 행복은 노력을 통해서 얻을 수 있다. 그리스 사상가들은 행복한 삶을 올바른 행위와 연결시켜 생각하곤 했다. 아리스토텔레스는 『니코마스 윤리학』에서 '행복은 행위의 결과이다'라고 했다. 행복은 신이 선사하는 선물이 아니라 자신에게 주어진 가능성을 가장 합당하게 사용하는 사람에게 당연히 주어지는 결과물이다.

'훌륭한 장군이 자신의 군대에 가장 적합한 병법을 찾아내듯이, 구두장이가 자기가 가지고 있는 가죽으로 가장 좋은 구두를 만들 듯이' 현명한 사람은 자신의 타고난 형질과 후천적으로 주어진 계기들에서 언제나 최상의 것을 만든다. 아리스토텔레스는 그러한 적극적인 삶에 기쁨과 성취감의 비밀이 있다고 강조했다.[12]

이러한 통찰에서 고대 철학자들은 다음과 같은 두 개의 사실을 추론해 낸다. 첫째, 행복의 본질이 인간이 가진 가능성의 실현에 있다면 행복을 얻을 수 있는 보편적으로 타당한 규칙들이 있을 것이다. 둘째,

---

12   슈페판 클라인(2020), 김영옥 역, 『행복의 공식』, 이화북스, 53면.

인간은 바로 이러한 규칙들을 준수함으로써 행복을 배워 습득할 수 있다. 불교의 가르침처럼 8가지의 올바른 행을 통해서 해탈에 이를 수 있다는 원리와 비슷하다.

승려이자 인권 운동가인 틱낫한은 불교의 관점에서 자신의 감정에 주의를 기울이는 일이 얼마나 강하게 정신을 형성하는지에 대해 이렇게 썼다.

"전통적인 작가들은 의식을 밭 또는 농토로 묘사했다. 그 밭에는 모든 종류의 씨앗들이 뿌려질 수 있다. 고통의 씨앗, 행복의 씨앗, 그리고 기쁨과 슬픔, 두려움과 화, 희망의 씨앗 등이다. 또 감정의 기억은 우리의 모든 씨앗으로 가득 차 있는 저장 창고이다."

동양의 불교나 힌두교는 자신의 가장 내밀한 것에 초점을 맞추고 깨달음에 이르는 길을 찾도록 한다. 행복은 우연이 아니라 올바른 생각과 행동의 결과이다. 즉 행복하여질 준비가 되어 있는 정신이 자동적으로 우리를 즐겁게 만들 환경들을 선택할 것이다.

행복에 대한 고대 이론들은 우리 안에 행복의 요소가 있고 올바른 생각과 행동이라는 수련의 과정을 거쳐서 얻을 수 있는 것이라고 이야기한다. 외부 환경보다는 개인의 내면의 요소를 강조한 것을 알 수 있다. 현대에 행복학을 연구한 학자들은 어떻게 지속적인 행복에 대해 어떻게 주장하는지 다음 장에서 알아보자.

상식을 깨는 행복 공식

우리가 행복감을 느끼는 조건은 다양하다. 마틴 셀리그만은 행복을 느끼는 조건에서 우리가 변화시킬 수 있는 것과 변화시킬 수 없는 것이 존재한다고 한다. 한 사람이 처해있는 환경과 개인의 특성에 따라 느끼는 행복감이 사람마다 어느 정도 정해져 있다는 것이다.

마틴 셀리그만은 이 애매한 행복이라는 개념을 측정할 수 있는 과학의 단계로 개념화한 사람이다.[13] 1998년 미국심리학회 회장이었던 마틴 셀리그만은 삶의 어떤 요인이 우리의 행복을 좌우하며 어떻게 하면 주어진 잠재상황 아래에서 최고 수준의 행복에 도달할 수 있는지를 긍정심리학으로 제시하였다.

---

13   Seligman, M.E.P.(2002). *Authentic Happiness : Using the New Positive Psychology to Realize Your Potential for Lasting Fulfillment,* Free Press, New York.

행복을 결정하는 요소는 루보머스키 외의 학자들이 2005년에 발표한 논문에 자세히 소개되어 있다. 행복을 결정하는 요소는 크게 타고난 기질적인 결정지수, 삶의 조건과 환경, 의도적인 행동으로 나눌 수 있다. 그리고 그 영향력의 크기와 함께 아래와 같은 행복 공식으로 제안하였다.

행복(Happiness) = 타고난 기질적인 행복 지수_Set point(50%)
+ 삶의 조건과 환경_Condition(10%)
+ 자발적이고 선택적인 활동(40%)

첫 번째는 타고난 기질이다. 어떤 사람은 날 때부터 이유 없이 신나고 사는 게 즐거운 사람이 있는 반면에 어떤 사람은 기질적으로 작은 일에도 쉽게 정서적으로 흔들리고 항상 침울한 사람이 있다는 것이다. 두 번째는 돈을 얼마나 버는지, 무슨 직업을 가졌는지, 결혼했는지, 나이가 얼마인지, 건강 상태가 어떤지 등등의 삶의 조건이다. 세 번째는 매일 무슨 활동을 선택해서 하는가 하는 요인이다.

첫 번째 요소, 유전적 기질

행복 공식에서 행복의 수준은 이미 설정되어 있어서 통제할 수 없는 부분과 어느 정도 노력으로 자신이 통제할 수 있는 부분으로 나눌 수 있다. 통제할 수 없는 부분은 타고난 기질과 같은 유전적인 요소로서 이를 환경(Surrounding)으로 보고 50%의 영향을 차지한다고 보았다. 아쉽지만 이 타고난 기질은 행복을 느끼는 데 있어서 DNA 정보처럼 자신의 통제밖에 있는 요소이다.[14]

루보머스키와 학자들(2005)은 시간마다 변하는 순간적인 행복감이 아니라 만성적 행복감(chronic happiness level)을 측정하였다. 일상생활 속에서 얼마나 자주 긍정적인 감정을 느끼는가, 얼마나 자주 부정적인 감정을 느끼는가, 삶에 대한 전반적인 만족도는 어떠한가? 이 세 가지로 행복을 정의하였다. 이 기준으로 쌍둥이를 대상으로 연구한 결과, 태어나자마자 헤어져 따로 자란 쌍둥이라 할지라도(즉 같은 유전자에 다른 환경) 행복을 느끼는 정도가 아주 비슷하다는 것이다.

행복감을 느끼는 데 중요한 성격 요인 중 외향성이라든지 얼마나 쉽게 흥분하는지(arousability) 또는 나쁜 일에 얼마나 쉽게 영향을 받는지 등의 성격 특성은 유전적인 신경생물학적 두뇌 특성에 의해 결정된다고 판단하였다. 행복의 요소에서 긍정적이고 낙천적 기질 등은 유전적 요소로서 타고난 기질에 가깝다. 이런 사람들은 행복의 디폴트 값이 50%로 행복할 가능성이 매우 큰 편이다. 유전적 요소, 예를 들면 쾌락에 빠지기 쉬운 특성, 집안 내력 등도 한번 정해지면 잘 변화하지 않는다. 이런 요소들은 우리의 노력과 상관없이 어느 정도 설정되어 있다고

---

14   Lyubomirsky, S., Sheldon, K. M., & Schkade, D.(2005). Pursuing happiness : The architecture of sustainable change. *Review of general psychology*, 9(2), 111-131. p.116.

볼 수 있다. 친구 집에 놀러 갔는데 그 친구의 아버지와 어머니가 유머러스하고 표정이 밝다면 내 친구도 비슷한 성향을 보일 가능성이 크다. 또 부모님 중 한 분이 약물이나 알코올 중독의 경향이 있었다면 내 친구에게도 그런 성향이 있을 수 있다는 것이다.

건강이나 심리적 상태는 유전적 요소에 많이 좌우된다. 그러나 유전적 요소라고 손 놓고 포기해야 하는 대상이 아니라 그 유전적 요소가 덜 발현되거나 작동하지 않도록 교육과 건강관리 등의 삶의 태도를 수정함으로써 조절할 수 있다. 어찌 되었든 행복에서도 유전적 요소는 50%의 영향력을 가진다는 것은 시사하는 점이 크다.

주변을 보면 매사에 부정적이고 불안함을 잘 느끼는 사람이 있는가 하면 불안한 상황에서도 별로 심각하게 걱정하거나 우울해하지 않는 사람들도 있다. <인생은 아름다워>나 <행복을 찾아서>와 같은 영화 속에서 전쟁과 파산의 상황을 맞이한 경우에서도 낙관적이고 유머를 잃지 않는 주인공의 모습은 인상적이다. 그런데 이런 사람들이 비단 영화 속에만 있는 것은 아니다. 우리 주변에서도 찾을 수 있다. 유전적 기질이 행복에 미치는 영향이 50%라는 정보를 인식하고 이를 어떻게 활용할지는 우리 각자의 태도에 따라 다르다. 이 태도에 행복의 비밀이 숨겨져 있다. 그 행복의 비밀에 관해서 나누고자 한다.

두 번째 요소 삶의 조건들

삶의 조건들은 어느 정도 통제할 수 있는 것과 그렇지 않은 요소가 섞여 있다. 돈, 결혼, 사회생활, 건강, 교육, 종교는 현재의 대한민국이라는 환경 속에서는 선택할 수 있는 요소가 된다. 반면에 나이, 날씨, 인종, 성별은 통제가 어려운 요소이다. 물론 날씨는 냉난방기로 좀 더 쾌적한 환경을 만들어 갈 수 있다. 성별도 마음만 먹으면 현대 의학으로 타고난 성을 바꾸려는 시도도 가능하다. 요즘은 예전과 같이 완고하거나 죄악시하는 경향은 줄어든 점을 고려하면 통제가 어렵다고 할 순 없다. 그래서 어느 정도 통제가 가능하다고 본다.

그러나 시대를 현대가 아니라 50년만 과거로 돌린다면, 삶의 조건들 대부분이 통제가 어려운 요소가 된다. 또한 대한민국이 아닌 다른 국가 예를 들어, 인도나 파키스탄 또는 아랍의 국가들을 공간으로 선택한다면 역시 통제가 어려운 요소에 해당한다. 그러나 보편적인 기준으로 보았을 때 삶의 조건은 어느 정도 통제가 가능하다. 이런 점을 고려할 때 돈, 결혼, 사회생활, 건강, 교육 등과 같은 통제가 가능한 삶의 조건을 향상하고자 우리는 큰 노력과 에너지를 기울인다. 그러나 그 삶의 조건이 자신이 만족한 수준에 도달하였더라도 그 삶의 조건이 우리의 행복에 영향을 미치는 정도는 10% 정도밖에 영향을 안 미친다고 하니 행복 공식은 우리의 상식을 배반한다.

그럼 이 삶의 조건들이 왜 10%밖에 영향을 미치지 않을까? 이런 조건들은 살면서 아주 많이 바뀌지 않는 것은 아니지만 자주 바뀌는 조건도 아니다. 많은 사람은 이런 조건을 바꿈으로써 행복을 얻고자 한다. 돈이 전혀 없는 사람보단 돈이 있는 사람이 행복하다. 돈이 아주 많은 사람과 적당히 있는 사람과는 별 차이가 없다. 노동자 계급보다는 중산층이 더 행복하다. 즉 어느 정도 생활을 유지할 정도의 돈을 의미한다. 결혼한 사람들이 그렇지 않은 사람보다 행복하고 종교가 있는 사람이 그렇지 않은 사람보다 행복하고 건강한 사람이 그렇지 않은 사람보다 행복하다.

그런데 행복 공식에 의하면 놀랍게도 이런 요인들이 행복에 미치는 효과가 아주 적다는 것이다. 행복 공식을 제안한 심리학자들에 의하면 이런 요인들은 다 합쳐도 전반적인 행복도의 8~15%, 평균 약 10% 정도만 영향을 미친다. 그 이유는 무엇일까?

적응하는 인간

그 이유는 적응하는 인간이기 때문이다. 사람들은 자신이 힘겹게 얻은, 기다리고 고대하던, 그 상태가 완성되면 그 삶의 조건에 적응하고 곧 익숙해진다. 승진했다거나 더 큰 집으로 이사 가거나 더 좋은 차를 사면 처음에는 신이 나지만 시간이 지나면 그 상태에 익숙해져서 이제는 새로운 행복의 원천이 되지 못한다.

예를 들면, 비슷한 수준으로 행복했던 두 사람이 있다고 가정해보자. 한 사람은 복권에 당첨되고 다른 사람은 교통사고를 당해 걸을 수가 없게 된 경우 이 두 사람의 행복도는 극명하게 갈릴 것이다. 그러나 2~3년만 지나면 두 사람 다 새로운 상황에 익숙해지고, 적응하게 된다. 적응한 상태가 되면 두 사람이 느끼는 행복도는 사건이 일어나기 이전과 비슷한 상태로 환원된다. 즉 우리가 원하는 어떤 소원이 이루어지면 더는 그 성취가 나에게 행복을 가져다주지 않는다는 것이다. 게다가 이렇게 복권에 당첨되거나 승진이나 새집을 사는 일이 일상적으로 자주 일어나는 일도 아니기 때문에 자신이 통제할 수 있는 일이라고 할 수도 없다.

이와 관련하여 Brickman과 학자들(1978)은 복권 당첨자 22명, 사지가 마비되는 사고를 겪은 사람 29명, 통제 집단 22명을 인터뷰하고 설문 조사를 했다. 액수가 엄청나게 큰 복권 당첨자들이 통제 집단보다 5점 만점에 0.18점 정도 더 행복하지만, 통계적으로 유의한 차이는 없었다. 손발이 마비되는 큰 사고를 겪은 사람들은 통제 집단보다 과거에 훨씬 더 행복했던 것으로, 현재는 훨씬 더 불행한 것으로 응답했다. 그래도 5점 만점에 2.96점으로 그렇게 불행하다고 응답하지는 않았다. 미래에 얼마나 행복하리라 생각하느냐는 질문에 대해서는 통계적으로 유의한 차이는 없지만 사지 마비 사고를 겪은 사람이 가장 행복할 것이라고 응답했다. 그 뒤로 복권당첨자, 그리고 통제집단 순이었다.

큰 사건으로 새로운 상황에 부닥치게 되면 과거에 기쁨이나 슬픔을 주었던 소소한 일들이 더는 기쁨이나 슬픔을 주지 않고, 새로운 상황에 익숙해지기 때문이다. 전자를 대비(Contrast), 후자를 습관화(Habituation)라고 한다. 복권 당첨자의 경우 과거에 소소한 즐거움을 주던 것들이 당첨 후에는 다시는 즐거움을 주지 않고, 복권 당첨 직후 큰돈을 쓸 때는 행복하지만 그것에 익숙해지면 큰돈을 쓰는 것이 더는 행복을 주지 않는다.[15] Brickman은 이런 연구 결과를 바탕으로 쾌락의 쳇바퀴(Hedonic Treadmill)라는 적응모델을 제시했다. 쾌락의 쳇바퀴는 우리 삶에서 자주 경험할 수 있는 현상이므로 다른 장에서 자세히 다루기로 한다.

세 번째 요소 의도적 행동

의도적 행동은 자발적으로 어떤 행동을 하기로 선택하고 행동하는 것이다. 행동을 선택하는 것은 개인의 마음에서 일어나는 요소로 통제 가능한 영역으로 분류된다. 쉽게 표현하면 '마음먹기'이다. 마음의 요소도 기질에 포함되는 부분이 많아서 유전적 요소로 볼 수도 있다. 그러나 여기서 마음먹기는 행동이나 생각의 훈련과 선택으로 결과를 달라지게 하는 요소에 해당한다. 이런 점에서 유전적 기질과 구분된다. 이 책에서 말하고자 하는 행복학의 핵심은 바로 이 세 번째 요소인 통제 가능한 영역에 대해서 우리가 무엇을 어떻게 할 것인가에 대한 정보를 주는 것이다.

우리가 학교에 들어가고 학습하고 노력하는 대부분의 활동은 거의 두 번째 요소인 삶의 조건을 개선하는 데 집중된다. 그러나 그 영향력이 10%인데 반하여 세 번째 요소인 의도적 행동 선택의 영역은 행복에

---

15   Brickman, Philip, Dan Coates, and Ronnie Janoff-Bulman. "Lottery winners and accident victims : Is happiness relative?." *Journal of personality and social psychology* 36.8(1978), p.917.

40%나 되는 영향력을 가진다. 삶의 조건을 개선하려 들이는 노력에 비하면 훨씬 적은 에너지이지만 세 번째 요소에 기울인다면 내가 느끼는 행복감은 더욱 올라갈 수 있다니 남는 장사라고 할 수 있다.

결론적으로 내가 부모로부터 물려받은 성향과 삶의 조건(돈, 결혼, 사회생활, 나이, 건강, 교육, 날씨, 인종, 성별, 종교)은 내 행복감에 그리 크게 내가 영향을 줄 수 없다. 특히 외적 환경에 해당하는 돈, 결혼, 사회생활 등은 일시적인 기쁨을 줄 수는 있지만, 지속적이고 일정한 내 행복의 세팅값에 미치는 영향은 크지 않다. 그렇다면 내가 변화시킬 수 있는 행복의 요소는 무엇일까? 이 부분에 관해서 이야기할 때 저자는 제일 곤혹스럽다. 결국 '마음먹기'의 문제라는 것을 고백해야 하기 때문이다. 여하튼 행복의 비밀은 마음에 40%가 달려있다. 무엇을 어떻게 해야 할 것인지 계속 다뤄보겠다.

'쾌락의 쳇바퀴(hedonic treadmill)'는 심리학자 필립 브릭먼(Philip Brickman)과 도널드 캠벨(Donald Campbell)이 발표한 『쾌락 상대주의와 좋은 사회설계(Hedonic Relativism and Planning the Good Society)』라는 논문에서 처음 제시한 개념이다. 1990년대 후반 영국 심리학자 마이클 아이센트(Michael Eysenck, 1944~)가 이 개념을 '쾌락의 쳇바퀴(hedonic treadmill Theory)'로 발전시켰다.

다니엘 카너먼(Daniel Kahneman, 1934~)은 1999년 한 걸음 더 나아가 '만족의 쳇바퀴(satisfaction treadmill)'이라는 개념으로 제시했다. 어떤 일로 유발된 심리와 정서가 시간이 지나면 익숙해져 다시 원래의 심리상태로 돌아가는 적응현상을 의미한다. 이렇게 사건이 일어났을 때 단기적으로는 행복 수준이 달라지지만, 다시 개인이 평상시 느끼는 행복의 원위치로 돌아가는 것이다. 행복은 열망 수준과 현실 간의 차이에 의해 결정된다. 사건으로 인한 즐거움이나 고통이 지속되지만, 그런 경험에 대한 평가는 열망 혹은 기대와 비교해서 평가되기 때문에 원위치로 돌아간다.

하버드대학 심리학 교수 대니얼 길버트(Daniel Gilbert, 1957~)는 로또에 당첨된 사람들을 연구했는데, 로또가 주는 행복의 효과가 평균 3개월이 지나면 사그라진다는 것을 확인했다. 출세의 꿈을 이룬 사람도 평균 3개월이 지나면 여전과 똑같은 크기만큼 행복하거나 불행해지며, 불행하다고 느끼는 사람도 마찬가지로 평균 3개월이 지나면 웃을 수 있다는 것도 확인했다. 이것도 '쾌락의 쳇바퀴'라고 할 수 있다.

복권에 당첨되면 단기적으로는 행복 수준이 증가하지만, 재산이 늘어나면서 열망하는 재산 규모가 높아지고, 따라서 복권 당첨으로 늘어난 재산이 행복 증가에 미치는 영향이 지속적이지 않다. 연봉이 올라가는 경우도 마찬가지로, 5천만에서 6천만 원으로 올라가면 단기적으로는 행복하지만, 시간이 지나면 6천만 원을 당연히 받아야 하고 7천만 원을 열망 수준으로 삼기 때문에 연봉 인상이 행복 수준에 미치는 영향이 지속적이지 않다.

영국 경제학자 리처드 레이어드는 『행복, 새로운 과학에서 얻는 교훈*Happiness :*

Lesson from a New Science』에서 인간의 물질적 욕망에는 '만족점(satiation point)이 없다고 다음과 같이 말했다.[16]

> "생활수준은 알코올이나 마약과 비슷한 면이 있다. 새로운 행복을 경험하면 그것을 유지하기 위해 더 많이 가져야 한다. 일종의 쳇바퀴를 타는 셈이다. '쾌락'이란 쳇바퀴를. 행복을 유지하려면 계속 쳇바퀴를 굴러야 한다."

이는 우리는 쾌감을 추구하지만 반복되는 경험 속에서 지루함을 느끼며 항상 새로운 쾌감을 추구하며 살아간다는 의미이다. 손에 넣은 것은 금방 익숙해지고 더 맛있는 음식, 더 좋은 차, 더 고급으로 나아가는 이유는 비슷한 자극에서는 쾌감을 얻을 수 없기 때문에 더 강한 자극을 찾는 것이다.

이 현상은 우리의 뇌가 새롭고 자극적인 것에 왕성하게 반응하는 세포들로 이루어져 있기 때문이다. 뇌의 뉴런은 새로운 자극에는 반응하며 흥분하지만 익숙한 것에는 별로 반응하지 않는다. 생존이라는 관점에서 보면 뇌가 새로운 것에 반응하는 것이 이해되기도 한다. 익숙한 환경은 위험할 게 없다는 것이 증명되었으니, 새로운 것이 나타났을 때 경계하고 대응해야 생존확률이 올라가기 때문이다.

추가로 이런 기제는 우리를 보호하기도 한다. 만약 우리에게 이러한 적응과 둔감화가 없고, 지속해서 자극에 대해 쾌감을 느낀다면 아마 다른 일에는 관심을 두지 않게 되거나 무심해질 수 있을 것이다. 따라서 이러한 적응과 둔감화는 어떤 특정한 감각을 유발하는 외부의 자극으로 우리가 압도되지 않도록 우리 자신을 보호해주는 기능을 하기도 한다.

문제는 현대사회가 우리의 반응을 끌어내기 위해서 너무나 많은 새로운 자극을 생산하고 우리 눈앞에 들이밀고 있다는 것이다. 그러면 우리는 그 자극에 반응하고 소비하고 금세 질려서 또 다른 뇌세포를 흥분시킬 자극을 찾는 쾌락의 쳇바퀴에서 빠져나오지 못하게 되는 것이다.

---

16   Lee, D. R.(2008). Richard Layard, Happiness : Lessons from a New Science. Journal of Bioeconomics, 10(1), p.97.

개인이 통제할 수 없는 요인

행복모델에서 제시한 행복을 좌우하는 3가지 요소에서 다음 두 가지 요소는 어느 정도 태어날 때 정해져 있다는 것이다. 개인이 행복을 느끼는 수준에 대해 유전적 요소가 50%, 환경적 요소 10%의 확정값을 가지고 있다는 메시지이다. 그렇다면 과연 어떤 내용이 유전적 요소와 환경적 요소에 들어가는지 알아보자.

국가

먼저 우리를 둘러싼 환경 중에 가장 큰 환경은 국가라고 할 수 있다. 어떤 나라에서 태어났는가가 중요하다. 대체로 국가 간 비교에서 부유한 국가의 국민은 가난한 나라의 국민보다 훨씬 행복했다. 국가의 1인당 GDP(국내총생산)는 국민의 주관적 안녕과 상관관계를 보인다. 그러나 세계 최빈국에 속하는 국가(네팔 등)의 국민은 높은 행복도를 보이고, 개인의 소득 수준이 오른 국가(미국 등)의 행복도가 증가하지 않는 경우도 나타났다. 결론적으로 위와 같은 상관관계는 개인의 소득이 빈곤 수준을 넘어서기 전까지의 경우이고, 그 이상의 증가액은 사실상 행복 수준에 영향을 미치지 않는다. 양극단의 예를 제거하고라도 경제적 부와 행복의 관계를 연구한 사례는 흔히 볼 수 있다. 일반적으로 행복 지수가 정체되는 시점은 보통 1인당 국민소득 2만 달러가 넘어선 시기로 본다.

국가의 경제적 여건뿐만 아니라 국가의 복지와 인권 수준도 국민의 행복에 영향을 준다. 독재 국가, 살인율이 높은 국가, 전쟁 중인 국가, 다수가 절대 빈곤에 허덕이는 국가에서 태어났다면 개인의 행복도는 떨어질 것이다. 지금도 중동의 많은 나라에서 전쟁과 민족끼리의 전투가 일어나고 있다. 또 아프리카와 아시아의 일부 나라, 남미 아메리카의 많은 나라에서 국가가 개인의 생명을 보호하지 못하여 살인과 강간, 방화가 빈번하다. 이런 국가에서 태어났다면 일단 살고 봐야 하는 시급함에 개인의 행복을 추구한다는 것이 굉장히 먼 이야기가 될 것이다.

반면에 자신의 의사를 자유롭게 표현할 수 있는 국가, 노력하면 자신이 원하는 것을 성취할 수 있는 국가에서 태어난다면 개인의 행복도는 높아질 것이다. 인종과 종교, 성적 취향과 미적 취향, 정치에 대한 견해가 자유로운 나라라면 이런 이유로 개인의 인권이 탄압받지 않기 때문이다. 개인의 개별적 선택이 가능하고 삶의 모습을 만들어갈 수 있는 나라에 태어난 자체는 행복의 수준에서 높은 위치에 올라 선 거나 다름 없다.

그러나 국가를 전혀 개인이 통제할 수 없는 요소라고 보긴 어렵다. 개인의 의지에 따라서 어느 나라에서 살지 선택하고 이민을 한 경우도 쉽게 찾아볼 수 있다. 국가를 바꾸는 것은 지구촌화된 세계에서 자신의 삶을 꾸려갈 경제적 능력과 직업적 선택이 가능하다면 더욱 어려운 일도 아니다. 노마드처럼 옮겨가면서 살고 싶은 나라와 도시를 선택해서 사는 사람도 많다. 영국 이코노미스트에서 선정한 '세계에서 가장 살기 좋은 도시'에 자주 언급되는 캐나다 벤쿠버, 토론토, 호주의 시드니와 멜버른과 유럽의 복지국가를 향해 이민계획을 세우고 있는 사람도 많다.

얼마 전 아프가니스탄에서 우리나라를 선택해서 탈출한 사람들이 있었다. 그들은 고국에서 우수한 인력이고 재산도 있었으나 모든 것을 뒤로한 채 목숨을 구하기 위해 탈출했다. 오늘내일 어떤 일이 일어날지 모르는 전쟁터에서 가족과 자신의 안전을 지켜줄 국가로 탈출한 선택은 그들은 행복에 좀 더 가까이 다가갔을 것이다.

유엔 산하 자문기구인 지속가능발전해법네크워크(SDSN)가 『2020년 세계행복보고서』를 발표했다. 행복지수의 산출지표는 1인당 국내총생산, 사회적 지원, 기대 수명, 사회적 자유, 관용, 부정부패, 미래에 대한 불안도의 7가지 지표를 기준으로 한다. 이들 지표를 기준으로 국가별 행복지수 순위를 살펴보면 1위 핀란드, 2위 덴마크, 3위 스위스, 4위 아이슬란드 순이었다. 한국은 전체 153개국 중 61위에 해당하였다.

그런데 아이러니하게도 이렇게 살기 좋은 국가로 이민하려고 해도 그 자신이 태어난 나라의 국력과 위상에 따라 이민이 더 어려울 수도 있고, 더 쉬울 수도 있다. 각 국가의 여권은 갈 수 있는 나라가 정해져 있다. 더 많은 나라를 갈 수 있는 여권이 있고 몇몇 나라에 한정된 여권이 있다. 우리나라를 포함하여 일본, 미국과 같은 나라는 전세계의 많은 나라에 무비자 입국이 가능하지만, 중국이나 북한, 대만 같은 경우는 몇몇 나라 외에 입국이 제한된다. 어느 나라에서 태어나는 것은 자신이 선택할 수 없다. 이렇듯 일단 좋은 나라에 태어났을 경우 국가선택의 자유도 주어지니 국가를 완전히 통제 가능한 영역으로 보기는 어렵다.

부모

어떤 부모 밑에서 태어났는가도 중요한 영향을 미친다. 금슬이 좋은 부모 밑에서 자라는 아이들은 날마다 싸우는 부모 밑에서 자란 아이들보다는 행복할 것이다. 금슬이 좋다는 것은 부부의 인성이나 성격적 특성을 잘 극복하고 배려한다는 의미로 해석할 수 있다. 부모의 성격과 품성은 그대로 자녀에 대한 양육태도로 영향을 미친다. 영아기에 어머니로부터 신뢰와 따뜻한 애정, 민감한 반응 등을 경험하며 자란 아이는 사회로 나와서 상처에 연연하지 않고 솔직한 태도로 이를 수용하는 삶을 살 가능성이 크다.[17]

---

17   B. R. Sarason, G. R. Pierce, & I. G. Sarason, Social support : The sense of acceptance and the role of relationships. In B. R. Sarason, I. G. Sarason, & G.

특히 부모의 양육 태도는 향후 인생을 성공적으로 사는 데 필요한 자신감과 자존감을 높이는 데 절대적인 영향을 준다. 어린 시절 부모의 행동과 말이 성인이 되어서도 상처로 남는 경우가 많은 것을 보면 좋은 부모를 만나는 것이 행복의 첫걸음이라고 볼 수 있다.

또한 부모는 가정의 경제적 수준을 결정한다. 경제적으로 절대 빈곤선 아래의 소득을 올리는 집에서 태어난 아이의 경우 부모가 돈을 버는 데 좀 더 집중해야 할 상황에 놓이게 된다. 부모는 아이와의 함께 할 시간을 마련하는 데 어려움을 겪을 가능성이 크다. 반면에 중산층 집안에서 태어난 아이는 부모로부터 좀 더 여유 있는 경제적 지원과 보호를 받을 가능성이 크다.

부모는 자녀에게 부모의 인성과 가정환경뿐만 아니라 식습관, 가치관, 정치적 신념, 삶의 태도, 건강 등에 이르기까지 많은 영역에서 지대한 영향을 미친다. 삶의 초기에 이렇게 많은 영향을 받는 부모는 어떤 부모 밑에서 태어날지는 자신이 선택할 수 없으므로 통제가 어려운 영역으로 본다.

나이

미국에서의 서베이를 분석한 결과, 나이와 관련해서는 나이가 많은 사람들은 젊은 사람들보다 더 행복한 것으로 나타났다. 젊은이들이 연

R. Pierce(Eds.), Social support : An interactional view(pp.97-128). NY : Wiley, 1990.

로한 사람들보다 더 강렬한 감정 경험을 한다(여성이 긍정적, 부정적 정서 모두 강하게 느끼는 것과 같다). 연로한 사람들은 그들이 열망하던 삶의 목표와 실제로 성취한 것의 차이를 작게 인식한다. 또한 그러한 차이를 수용하는 경향이 상대적으로 높다. 결론적으로 청년들이 노인들보다 더 행복할 것이라는 보편적인 시선은 문화적인 편견이며, 주관적 안녕(삶의 만족)은 나이가 증가함에 따라 오히려 더 증가한다.

좀 더 자세히 살펴보면, 주관적 안녕(삶의 만족)은 나이에 따라 U자의 형태에 가깝다. 20대 이전과 60대 이후는 다른 나이에 비해 높게 나타난다. 그러나 삶의 여러 과제를 해결해야 하는 20~60대 사이의 나이에서는 건강, 수입, 직업, 결혼 여부 등의 변수에 따라서 달라진다. 그리고 60세 이후부터 80세까지는 여러 스트레스에서 벗어나서 이전보다 행복도는 올라가고, 80세 이후에는 오히려 행복도가 떨어진다. 이는 건강이 악화함에 따라 행복도가 내려가는 것으로 판단된다.[18]

성별

여성은 남성보다 긍정, 부정 정서 모두 강하게 느끼는 경향이 있다. 특히 가임기(12~47세)의 여성은 생리 주기의 에스트로겐의 양이 변화하면서 감정변화에 영향을 받는다. 이런 경향은 비슷한 자극에서도 여성

---

18   Frijters, P., & Beatton, T.(2012). The mystery of the U-shaped relationship between happiness and age. Journal of Economic Behavior & Organization, 82(2-3), pp.525-542.

이 남성보다 정서적 반응의 폭이 커서 행복과 불행의 진폭도 커진다. 이런 호르몬의 차이는 정서적 체험과 연관되어 행복감에 영향을 미친다. 이에 비해 남성은 여성보다 정서체험에 있어서 둔감한 편이다. 결론적으로 전체적 수준으로 본다면 남성과 여성은 비슷한 수준의 행복감을 느낀다. 그러나 나이가 들수록 여성이 남성보다 더 행복한 것으로 나타났다. 독신 여성은 독신 남성보다, 기혼 여성은 기혼 남성보다 더 행복하다고 한다. 배우자와 사별하고 혼자 사는 여성은 배우자와 사별하고 혼자 사는 남성보다는 훨씬 더 행복하다.

다만 이혼한 여성은 이혼한 남성보다 불행하다. 여성들이 아이를 떠맡는 경우가 많은데, 여성들이 아이도 키우고 돈을 벌기 위해 일도 해야 하는 힘든 삶을 혼자 감당해야 하기 때문이다. 그런데 최근 들어서는 여성들의 행복도가 낮아져서 남성과 여성 간의 행복도 차이가 점차 줄어들고 있다. 여성들의 경제활동참가율이 높아지면서 집안일도 해야 하고 돈도 벌어야 하는 여성의 비율이 높아진 것이 중요한 원인이라고 분석된다.

통제불가능한 사건

우리 삶에는 개인이 통제하기 어려운 예측할 수 없는 큰 사건이 종종 발생한다. 현대사회에서 작게는 교통사고가 대표적이고, 큰 재난으로는 911테러나 일본 후쿠시마의 쓰나미와 같은 자연 재난도 예측하기가 어려운 사건이다. 이런 예측하지 못한 사건은 통제할 수 없으며 개인의 행복에 영향을 미친다. 재난과 반대로 복권 당첨과 같은 뜻밖의 행운도 예측할 수 없는 사고에 해당한다.

앞에서 언급한 심리학자 Brickman의 복권당첨자와 사지절단 환자들의 행복도 연구도 이런 예측할 수 없는 사건의 연구 사례이다. 비슷한 연구로 Silver(1982)는 척추 손상으로 불구자가 된 사람들을 추적 연구했다. 손상을 입은 후 8주 정도가 지나면 정신적으로 회복된다고 한다. 예상보다 아주 짧은 기간에 적응한다는 것이 밝혀졌다.

다른 연구들도 개인의 삶을 바꾸는 큰 사건이 행복에 미치는 영향은 시간이 가면서 줄어들어 10년을 가지 못한다고 보고하고 있다. Bonanno & Kaltman(1999)는 기존 연구를 비평하면서 사랑하는 배우자, 자식, 부모가 세상을 떠나는 큰 사건이 일어나도 많은 사람이 길지 않은 시간에 큰 슬픔에서 벗어난다고 한다.

그러나 적응이 된다고 해서 그 사건이 아예 없는 것처럼 회복되는 것은 아니다. 독일의 사회경제 패널조사에서 배우자와의 이혼과 사별의 발생 전후로 삶에 대한 만족도가 변화하는지 비교하였다. 이런 사건 이후 회복되기는 하지만 예전의 수준만큼 올라가진 않는다는 것도 알 수 있다.[19]

Headey & Wearing(1989)는 호주에서 649명을 대상으로 1981, 1983, 1985, 1987년에 면접 조사한 결과를 분석했다. 좋은 친구들을 많이 사

---

19   Diener, Ed, and Martin EP Seligman. "Beyond money : Toward an economy of well-being." *Psychological science in the public interest* 5.1(2004), p.19.

귀게 된 것, 직장에서 좋은 일이 생긴 것, 직장을 잃은 것, 재정적으로 어려움을 겪게 된 것, 자녀와 큰 갈등을 경험한 것, 결혼 등 큰 이벤트가 행복에 영향을 미치긴 하지만 곧 원위치로 돌아온다고 보고했다. 사람들이 변화에 빨리 적응하기 때문에 어떤 사건으로 인해 행복이 올라가거나 낮아져도 단기간에 원위치 돌아온다.

Suh, Diener, & Fujita(1996)는 심리학 수업을 듣는 대학 3학년과 4학년생을 대상으로 2년 동안 4번의 조사를 실시했다. 모두 115명의 학생이 4번의 조사에 참여했다. 학생들에게 과거 4년 동안 자신의 삶에 영향을 미칠만한 사건들을 경험했는지, 언제 경험했는지를 100가지 종류의 사건을 제시하는 체크리스트를 활용하여 조사했다. 체크리스트는 45개의 좋은 사건, 49개의 나쁜 사건, 6개의 중립적인 사건으로 구성되어 있었다. 73개는 수술을 했는지와 같은 객관적으로 측정되는 사건이고, 27개는 공정하지 않게 나쁜 성적을 받았는지와 같은 주관적으로 측정되는 사건이다. 분석 결과 최근에 겪은 사건들은 행복에 영향을 미쳤으나 그 효과는 단기간에 그친다는 것을 발견하였다. 6개월 전에 겪은 사건조차 현재의 행복에 영향을 미치지 못했다. 한 가지 흥미 있는 사실은 개인이 겪는 좋은 사건의 수와 나쁜 사건의 수 간의 상관관계가 상당히 높은 것을 발견했다. 좋은 일이 많은 사람에게 나쁜 일도 많았다. 활동적이고 세상일에 적극적으로 관여한 사람들에게는 좋은 일도 많고 나쁜 일도 많았다.

이런 연구들을 종합해보면, 사건이 행복에 미치는 영향은 단기적이라고 할 수 있다. 개인마다 행복의 지정값이 있어 균형(Equilibrium)에 해당하는 행복 수준이 있고, 사건이 생기면 단기적으로 행복이 오르거나 내려가지만, 시간이 지나면 다시 균형점으로 돌아간다는 모델을 발견할 수 있다. 또한 개인이 겪는 중요한 사건의 수가 사람에 따라 자주 일어날 수도 있고 그렇지 않을 수도 있다는 것이다. 사건을 자주 겪는 사람은 계속 자주 겪고, 가끔 사건을 겪는 사람은 그 이후에도 가끔 사건을 겪는다.

성격

개인이 통제할 수 없는 사건이나 상황적인 요인들이 행복에 영향을 미친다. 기쁨을 주는 사건이나 슬픔을 주는 사건 모두 단기적으로 행복에 영향을 미친다. 그러나 그것이 행복에 미치는 영향은 단기간에 그친다. 반면에 성격은 장기간에 걸쳐 행복에 영향을 준다. 동일한 사건에 대해 개인들의 특성에 따라 그 개인이 경험하는 행복이 달라진다. 행복에 영향을 미치는 사건이 완전히 운에 의해 좌우되는 것이 아니라 개인의 특성에 의해 좌우된다.

Suh, Diener, & Fujita(1996) 연구에서는 외향성(Extroversion)이 강한 사람들이 좋은 사건을 더 많이 경험하고, 신경질적 성향(Neuroticism)이 강한 사람들은 나쁜 사건을 더 많이 겪고, 경험에 대한 개방성(Openness to Experience)이 높은 사람들이 좋은 사건도 자주 경험하고 나쁜 사건도 자주 경험한다는 것을 발견했다. 나이가 들수록 좋은 사건도 적게 경험하고, 나쁜 사건도 적게 경험한다는 것도 알 수 있다.

개인의 삶을 바꾸는 큰 사건이 일어났을 때 그것이 행복에 미치는 영향은 개인의 인지적 해석 스타일, 적응 패턴, 성격적 요인에 의해 달라질 수 있다. Seligman(2006)에 의하면 낙관적으로 해석하는 성향이 강하면 몹시 나쁜 일이 일어났을 때도 크게 불행해지지 않고 회복 속도가 빠르다. 개인의 성격적 요소는 행복에 장기간에 걸쳐 영향을 미치고 인생을 바꿀만한 큰 사건 같은 요인은 상대적으로 단기간에만 영향을 미치는 것으로 정리할 수 있다.

성격이 개인의 행복에 미치는 영향은 특별해서 별도의 장에서 다루기로 한다.

개인이 통제할 수 있는 요인

국가나 성별과 같은 개인이 통제하기 어려운 요소를 떠나서 우리의 행복에 영향을 미치는 요소에는 돈, 결혼, 사회생활, 건강, 교육, 종교 등이 관련된다. 우리가 태어나서 성인이 될 때까지 가장 주력해서 노력을 기울이는 부분이기도 하다. 이 요소들은 개인이 노력하면 선택하거나 성취할 가능성이 큰 요소이기도 하다. 그렇다면 과연 이런 요소들이 행복에 어떤 영향을 미치는지 살펴보겠다.

좋은 직업과 경제적 부를 누리기 위해서 열심히 공부하고 좋은 배우자를 만나는 것은 대부분 사람이 추구하는 목표이기도 하다. 그런데 이런 삶의 조건들은 행복한 삶에 약 10%밖에 영향력이 없다는 학자들의 주장이 증명되고 있다. 저자도 이점에 배신감이 들기도 한다. 그렇다면 어떤 이유에 의해서 약 10%의 영향밖에 안 미치는지 알아보자.

소득과 경제적 수준

일반적으로 소득이 높아지면 행복도 높아질 것으로 생각한다. 소득이 높아지면 머릿속에서 상상하기만 했던 대안들을 실제 선택하고 시도해 볼 수 있다. 이 때문에 행복도 계속 높아질 것으로 예상하기 쉽다. 소득이 높으면 소득이 적어 포기했던 것들, 예를 들면 세계 일주 여행, 비싸고 좋은 음식, 명품 등을 살 수 있다. 선택할 수 있는 대안이 많아지기 때문에 대안이 적을 때보다 훨씬 큰 기쁨을 주는 활동을 할 수 있고, 그래서 훨씬 더 행복할 것 같기도 하다.

그런데 실증 연구 결과들은 그렇지 않다는 것을 보여 준다. 의식주가 충족되지 않은 상태에서는 소득이 늘어나면 행복 수준이 빠르게 올라간다. 그런데 이미 소득이 많은 상태가 되면 추가되는 소득이 약간의 행복을 높이기는 하지만 크게 영향을 못 미치게 된다. 소득과 행복 간에도 수확체감의 법칙이 작용한다.

이런 수확체감이 나타나는 이유는 두 가지로 볼 수 있다. 첫째는 이미 풍족한 삶에 익숙해지고, 바라는 바에 대한 열망도 올라가기 때문이다. 쾌락 쳇바퀴와 열망 쳇바퀴가 동시에 돌아간다. 행복은 현재 상황이 기대 수준 혹은 열망 수준을 충족시키느냐에 따라 달라진다. 급여 인상을 엄청나게 희망하는 근로자가 막상 연봉이 올라가면 잠시 기쁘지만 이내 그 연봉에 적응이 되고, 곧 더 많은 연봉을 열망하게 되는 것이다. 연봉이 5억이더라도 자신이 10억을 받는 것이 당연하다고 생각하면 연봉 5억에 대해 행복해하지 않게 된다.

둘째는 현대사회의 물질주의가 행복에는 부정적이기 때문이다. 물질을 숭상하는 분위기는 소득이 높아지는 것을 긍정적으로 생각한다. 그러나 실제 행복에는 부정적인 영향을 미친다. 물질주의는 돈을 많이 벌거나 재산이 많은 것에 대해 높은 가치를 두는 것이다. Nickerson과 학자들의 연구에 따르면, 물질주의적 성향이 높은 사람들은 돈을 벌려고 열심히 노력하기 때문에 돈을 많이 벌게 된다. 이때 소득이 늘어난 그 자체는 선택 가능한 대안을 늘리기 때문에 행복을 높여준다. 하지만 물질주의 그 자체는 행복에 부정적인 영향을 미쳤다.[20]

Kasser & Kanner(2004)는 물질주의가 강한 사람은 자존감이 낮고, 자아도취가 강하고, 다른 사람과 더 많이 비교하고, 공감을 잘하지 못하고, 내재적 모티베이션이 약하고, 다른 사람들과 갈등이 높다고 한다.[21] 물질주의가 강한데 소득이 낮은 사람은 주변 사람들과 좋은 관계를 맺지 못하고, 열망 수준 대비 소득이 낮을 가능성이 크기 때문에 그렇게 행복하지는 않다. 물질을 지나치게 숭상하는 경향은 행복에서 자신을 스스로 멀리 떨어뜨리는 결과를 가져온다고 볼 수 있다.

Easterlin은 절대적인 소득보다 상대적인 소득이 중요하다고 했다.[22]

---

20   Nickerson, C., Kahneman, D., Diener, E., & Schwarz, N.(2004). *Correlates and consequences of wanting money.* Unpublished manuscript, University of Illinois, Urbana-Champaign.

21   Kasser, Tim Ed, and Allen D. Kanner. *Psychology and consumer culture : The struggle for a good life in a materialistic world.* American Psychological Association, 2004.

소득수준에 대한 평가는 자신을 둘러싸고 있는 환경에 영향을 받는다. 가난한 동네에 사는 중산층은 부자 동네 사는 중산층보다 행복하다고 생각한다. 자신이 만족할만한 소득을 올리고 있는지를 주변 사람들과 비교해서 판단한다는 것이다. 이 연구에 따르면 한 국가 내에서 빈부격차가 심할 경우 국민의 상대적 박탈감이 커지고 이는 행복에 부정적 영향을 미친다고 할 수 있다.

Diener와 학자들은 소득과 행복 간의 관계에 대한 종단적 연구 결과를 발표했다. 자신들이 검토한 대부분의 연구에서 소득의 증가가 행복을 높이지 못한다고 보고했다.[23] 오히려 소득이 행복을 좌우하는 것이 아니라 행복이 소득을 좌우한다는 연구 결과도 있다. Diener와 학자들은 대학교 1학년 때 쾌활한 사람들이 19년 후에 더 높은 소득을 올리고, 특히 이 효과는 아주 부유한 가정의 학생들에서 가장 큰 것으로 나왔다.[24] 7,882명의 학생을 대상으로 자신이 얼마나 쾌활한지를 조사했다. 쾌활한 학생들은 19년 후에 직무만족도 높고, 19년 동안 실직할 위험도 낮은 것으로 나타났다. 다른 부모의 소득이 낮은 집단에서는 너무 쾌활하면 어느 정도 쾌활한 것보다 오히려 소득이 높지 않은 것으로 나타났

22   Easterlin, Richard A. Does economic growth improve the human lot? Some empirical evidence. *Nations and households in economic growth*. Academic Press, 1974, pp.89-125.

23   Diener, Ed, and Robert Biswas-Diener. Will money increase subjective well-being?. *Social indicators research* 57.2(2002), pp.119-169.

24   Diener, E., Nickerson, C., Lucas, R. E., & Sandvik, E.(2002). Dispositional affect and job outcomes. *Social Indicators Research*, 59(3), pp.229-259.

다. 부모의 소득이 높을수록 자녀의 소득도 높은 것도 확인하였다. 그러나 이 연구는 부모의 소득 수준이 사회적 수준과 상관이 높으며 이럴 때 자녀에게 이미 긍정적 후광효과와 백그라운드를 제공한다. 소득이 높은 부모를 가진 자녀는 더 당당하고 높은 문화적 교양을 이미 보유하고 있을 확률이 높으므로 자신의 직업에서 더 선호되고 인정받게 된다. 자녀의 쾌활함과 소득 간에서 부모의 소득은 조절효과를 갖는다고 제시하고 있다.

이외에도 행복이 소득에 영향을 미친다는 연구는 쉽게 찾아볼 수 있다. Marks & Fleming(1999)은 호주의 젊은이들을 대상으로 한 대규모 패널 자료를 바탕으로 행복에 영향을 미치는 요인과 행복이 가져오는 결과를 분석했다.[25] 16~18살에 설문 조사를 했고, 이들을 대상으로 4번에서 9번까지 추적조사를 했다. 마지막 설문 조사는 20살, 24살, 30살, 33살이었다. 그 결과 소득이 행복에 긍정적인 영향을 미치고 역으로 행복이 소득에도 영향을 미친다는 것을 발견했다. Staw와 학자들은 272명의 근로자들을 대상으로 18개월 추적 연구를 통해 긍정적인 감정이 가져오는 결과를 분석했다.[26] 긍정적인 감정을 가진 근로자들이 좋은 인사고과를 받을 가능성이 높고 연봉 인상 규모가 더 크고, 상사

---

25 Marks, Gary N., and Nicole Fleming. Influences and consequences of well-being among Australian young people : 1980-1995. *Social Indicators Research* 46.3 (1999), pp.301-323.

26 Staw, Barry M., Robert I. Sutton, and Lisa H. Pelled. Employee positive emotion and favorable outcomes at the workplace. *Organization Science* 5.1(1994), pp.51-71.

나 동료로부터 도움을 받을 가능성이 높다는 것을 발견했다. Graham 도 1995년부터 2000년까지 러시아 응답자 6500명의 패널 자료를 분석한 결과, 현재의 사회 경제적 지위를 제외하고도 행복과 미래에 대한 긍정적 기대가 미래 소득에 영향을 미친다고 보고했다.[27]

그렇다면 가족의 재산이 많은 사람은 행복할까? Csikszentmihalyi & Schneider(2000)는 부유한 동네 청소년들이 중산층 동네나 빈민가 청소년보다 덜 행복하고, 자존감이 낮다는 것을 발견했다.[28] 청소년들이 응답할 때의 기분이 좋을 때나 나쁠 때나 일정하게 발견되어서 설득력이 있다. Luthar(2003)는 이런 결과에 대해 성취에 대한 부모와 자신의 높은 기대, 어른들로부터의 상대적 소외를 원인으로 제시했다.[29]

재산이 행복에 미치는 영향도 소득이 행복에 미치는 영향과 거의 비슷하다. 재산이 한 푼도 없다가 재산이 많아지면 행복 수준이 올라가지만, 재산이 많은 상태에서 재산이 더 많아진다고 행복 수준이 많이 올라가지 않는다. 여기서도 쾌락 쳇바퀴, 열망 쳇바퀴는 똑같이 작동한다. 그리고 큰 재산을 일군 사람들은 일하느라고 너무 바빠서 다른 사람들과의 친밀한 관계나 신뢰를 쌓을 시간을 갖지 못하고, 그런 것에

27   Graham, Carol, Andrew Eggers, and Sandip Sukhtankar. "Does happiness pay?." *Challenges for Quality of Life in the Contemporary World.* Springer, Dordrecht, 2004, pp.179-204.
28   Csikszentmihalyi, M., & Schneider, B.(2000). *Becoming adult : How teenagers prepare for the world of work.* New York : Basic Books
29   Luthar, Suniya S. "The culture of affluence : Psychological costs of material wealth." *Child development* 74.6(2003), pp.1581-1593.

높은 가치를 두지 않는 경향이 있다. 명예와 부 같은 외재적 보상에 높은 가치를 두고 원만한 대인관계, 개인적인 성장, 공동체 봉사 등 내재적 보상에는 높은 가치를 두지 않는다. 이들은 자신에게 행복을 주는 여러 요소를 희생하며 부를 쌓다 보니 오히려 그렇게 행복하지 않은 삶을 살 가능성이 크다.

결과적으로 소득이 더 행복하게 만들어 주기보다는 행복한 사람의 경우 소득을 많이 올린다는 것을 알 수 있다. 또한 상대적인 소득이 높을 때 더 행복하다고도 볼 수 있다. 또한 미래에 대한 긍정적 기대나 부모의 기대 등이 소득 자체보다 오히려 행복에 더 영향을 미친다. 행복은 상대적이라는 것을 다시 한번 확인하였다.

교육 및 지능수준

지능은 행복에 강력한 영향을 주는 것으로 알려졌지만, 다른 인구 사회학적 변인들과 비교해 관계가 거의 없다. 다만 지능이 현저하게 우수하고 적절한 기대 수준을 지닐 때는 행복도가 높아지는 경향을 보인다. 결론적으로 교육 수준이 행복도와 정적인 상관을 보이긴 하지만 그 상관 정도가 상당히 미약하다.

직업

직업 만족도가 높아지기 위해서는 개인과 직업의 적합도가 중요하다. 결론적으로 직업 만족도는 행복도와 정비례 관계를 갖기 때문에,

개인의 성격과 적성이 직업적 업무와 환경이 잘 맞을 때 행복도가 높아진다. 여기서 직업은 단순히 돈을 벌기 위한 일이라기보다는 자신에게 가치 있고 생산적인 일이라고 보는 것이 더 행복과 연관성이 높다고 볼 수 있다.

결혼

여러 가지 주관적 안녕 연구에서 일관성 있게 나타나는 결과는 기혼자의 행복도가 미혼자보다 항상 높다는 것이다. 결혼과 행복도가 긍정적인 상관관계를 보임보다 더욱 중요한 것은 결혼생활의 질이다. 결론적으로 결혼은 행복에 있어서 중요하고 긍정적 영향을 미친다.

종교

종교는 개인적으로 삶의 의미를 제공하고 생활 속의 위기 대처에 도움이 된다. 결혼식이나 장례식과 같은 삶의 큰 애경사에서 종교적 도움은 심리적으로 큰 힘이 된다. 사회적으로는 집단적 정체감을 느끼고 비슷한 가치와 태도를 지닌 사람들과의 사회적 지지체계를 형성하게 한다. 결론적으로 종교는 행복도에 긍정적인 영향을 미친다.

건강

질병은 개인이 지향하는 목표 달성을 방해하고 주관적 안녕에 부정적 영향을 미친다. 긍정적인 정서는 고통에 대한 인내력을 증가시키고,

이러한 이유로 행복한 사람은 더 오래 사는 경향이 있다. 결론적으로 건강은 행복도와 밀접한 관계를 지닌다.

행복은 정신과 신체 모두와 영향을 주고받는다. 긍정적인 정서는 그 무엇보다도 육체에 영향을 끼친다. 불행은 육체를 철저히 망가뜨리지만, 행복은 육체를 새로 일으켜 세운다. 최근의 연구들은 몸과 정신의 관계를 새롭게 조명하고 있다.[30]

결론적으로 개인이 통제할 수 있는 요인들 중 대표적인 인구통계학적인 개인의 특징을 살펴보면, 결혼하고 종교가 있으며, 사회경제적으로 안정되어 있고, 일을 하고 있는 건강한 60세 이후의 사람은 다른 조건의 사람들보다 행복하다고 볼 수 있다.

30　　슈테판 클라인(2020), 김영옥 역, 『행복의 공식』, 이화북스.

행복한 사람들의 성격특성

성격과 행복의 관계는 오랫동안 연구된 주제이다. 외향적인 사람이 더 행복하다는 연구 결과는 매우 일관되고, 안정적이다. 일관된 정서를 성격으로 본다면 인간의 행복과 긍정 정서는 심리적 현상이면서 동시에 신체적 요인의 영향을 받는다. 인간의 심리적 경험은 뇌의 활동과 밀접한 관계를 지니고 있을 뿐만 아니라 유전적 요인에 의해서도 영향을 받는다.

긍정 정서의 유전적 영향

사람마다 자주 느끼는 정서의 종류나 강도가 다른 것은 유전 때문에 영향을 받는다는 주장이 제기되었다. Lykken은 각기 떨어져 양육된 쌍둥이에 대한 연구를 통해 주관적 안녕의 유전적 영향을 알아보았다. 일란성 쌍둥이의 행복도 점수는 상당히 높은 상관(r=.44~.53)을 나타내지만 이란성 쌍둥이의 상관(r=.08~.13)은 미약했다. 이러한 결과는 행복도의 44~53%가 유전 때문에 영향을 받는다는 것을 의미한다. 연구자들에 의하면 우리의 장기적 정서 상태를 결정하는 주된 요인은 초기 아동기의 정서 경험이나 후천적인 학습보다는 유전적 형질이다.

신경질적 성향

또한 신경질적인 성향은 동서양을 막론하고 행복과는 거리가 먼 특성이다. Diner(1984)는 주관적 웰빙에는 적어도 세 가지 요소를 가지고 있다고 주장했다. 긍정적 영향을 주는 요소, 부정적 영향을 주는 요소, 그리고 삶에 대한 만족과 같은 인지 변수로 나눌 수 있다. 그중 외향성은 긍정적인 영향을 주는 요소로서 확고하다. 반면에 신경질적 성향은 부정적인 영향과 밀접한 관련이 있다. 대부분의 행복의 척도는 외향성과도 긍정적으로 연관된다.

외향적인 성격

최근의 메타 분석연구에서 외향성은 행복과 가장 강하고 긍정적으로 연관된 개인의 성격으로 여겨지게 되었다. Norris(1981)는 종적 연구에서 외향성이 17년 후에도 긍정적인 영향 준다고 보고했다. 외향적인 사람은 활동을 많이 하고 사람들을 만나는 특징을 보여준다. 반면에 신경질적인 사람은 반대로 사람을 덜 만나고 덜 활동하는 경향을 보이는 점에서 행복과 거리가 멀다. Myers와 Diener(1995)는 이런 연구 결과들을 토대로 '외향성'을 행복의 한 가지 요소로 포함시켰다.[31]

Hills와 Argyle(2001)는 약 270명의 성인들을 대상으로 옥스포드 행복 목록, 아이센크 성격 설문지의 외향성 및 신경증 항목 및 개인 성격의 몇 가지 측면을 측정했다. 외향적 성향은 이전 연구에서 발견되는 것처럼 행복과 관련이 있었다. 외향성은 주로 사교성의 척도이고, 사회적 관계는 행복의 자명한 원천이다. 즉 외향적인 성향을 가진 사람들은 집 밖으로 나가 사람들을 만나고 사회적 활동을 활발히 함으로써 행복감을 느끼는 확률이 높다.

그럼 여기서 내향적인 사람들의 행복은 어떨까를 생각하게 된다. 내향적인 사람들은 고독에 대한 선호, 친구와의 관계, 그리고 잠재적으로 내성적인 활동에 참여함으로써 행복감을 느꼈다. 이들은 외향적인 사람들처럼 파티나 사회적 활동을 즐기지는 않지만 내면적 활동을 통해서 행복을 느낀다.

내향성-외향성은 각기 자신이 선호하는 활동을 통해서 행복을 느낀다는 점에서 행복한 내성적인 사람들과 행복한 외향적인 사람들의 행동은 사실상 동일하다고 할 수 있다. 자신의 행복을 성취하기 위해 어떤 방법을 선택하는지에 대해 내향성과 외향성은 중요변수가 된다는 것을 알 수 있다.[32]

사회적 상호작용이 외향적인 사람들에게 즐거움과 행복의 주요 원

---

31   Myers, D. G., & Diener, E.(1995). Who is happy?. *Psychological science*, 6(1), pp.10-19.

32   Hills, P., & Argyle, M.(2001). Happiness, introversion–extraversion and happy introverts. *Personality and individual Differences*, 30(4), pp.595-608.

천이 될 수 있다는 것은 거의 의심할 여지가 없다. 외향적인 사람들은 사회적 상황에서 더 많은 시간을 보내고 사회적 상호작용으로 생성되는 긍정적인 감정을 경험할 기회에 더 자주 노출되기 때문에 더 행복할 수 있다.[33]

---

33 Diener, E., Larsen, R. J., & Emmons, R. A.(1984). Person× Situation interactions : Choice of situations and congruence response models. *Journal of personality and social psychology,* 47(3), p.580.

행복증진전략

의도적 활동은 어떤 활동일까? 사람들은 어떤 활동을 할 때 행복을 느낄까? 또 과연 이 활동은 행복에 효과적일까? 이것을 연구한 학자가 있다. Tkach와 Lyubomirsky(2006)은 인종적으로 다양한 500명의 학부생에게 행복전력으로서 행복을 유지 또는 증진하게 시키기 위해 어떤 활동을 하는지, 또 그 활동이 효과적인지 조사했다.[34] 8개의 활동으로 그룹화할 수 있는데 주로 공동체 활동, 파티, 생각 통제, 목표 추구, 수동적 여가, 능동적 여가, 종교, 직접적 행복 추구의 8가지 일반 전략으로 나눌 수 있다.

미국 대학생들은 행복해지기 위해 어떤 활동을 하는지 빈도대로 나열하면 다음과 같다. 가끔 중복된 내용은 전략을 목표로 했을 때 구분으로 참고하기를 바란다.

34　Lyubomirsky, S., Tkach, C., & DiMatteo, M. R.(2006). What are the differences between happiness and self-esteem. *Social indicators research*, 78(3), pp.363-404.

전략 1. 공동체 활동(Social Affiliation)	전략 2. 파티와 클럽(Party and Clubbing)
• 친구들과 서로 지지와 격려하기 • 다른 사람 도와주기 • 친구들과 즐기며 킬링 타임 • 대화 나누기 • 그림 그리기 • 청소 • 미뤄놓은 일하기 • 유머감각 키우기	• 파티하기 • 친구와 클럽이나 펍 가기 • 술 마시기 • 사람들 만나기 • 춤추기 • 불법적 약물 복용
전략 3. 부정적 생각 통제(Mental Control)	전략 4. 도구적 목표 추구행동(Instrumental Goal Pursuit)
• 불행에 대해 생각 안하기 • 무엇이 잘못되었는지 생각해보기 • 실패했지만 긍정적으로 바라보기 • 내 인생의 부정적인 것 외면하기 • 현재에 만족하며 그대로 받아들이기 • 외모 가꾸기 • 혼자 영화보기 • 불법적 약물 복용	• 경력 관리 행동 • 잘 안되는 일 시도하기 • 공부하기 • 목표한 것 도전하기 • 학점관리 • 목표와 시간 다시 계획하기
전략 5. 수동적 레저 여가(Passive Leisure)	전략 6. 적극적 레저 여가(Active Leisure)
• 티비/비디오 보기 • 인터넷 서핑하기 • 친구와 영화보러 가기 • 조용히 집에서 시간 보내기 • 쇼핑하기 • 잠자기 • 책 읽기 • 노래하기 • 나에게 의미있는 시간 보내기	• 몸 만들기/피트니스 • 만들기와 같은 취미활동 • 운동하기 • 내 재능 활용할 일 찾기 • 숙제 해치우기 • 스트레스 줄이기 • 혼자 영화보기 • 마인드컨트롤 하기
전략 7. 종교 신앙생활	전략 8. 직접적 시도
• 신앙에서 구하기 • 기도와 같은 종교 활동 • 술 마시기	• 행복한 미소 짓기 • 스스로 행복한 감정 느껴보기 • 행복해지기로 결심하기 • 사회적 스킬 향상시키기 • 마인드컨트롤 하기 • 일기 쓰기 • 그림 그리기

어떤 일들은 행복해지는 데 효과가 있었지만, 어떤 일들은 오히려 행복해지는 데 방해가 되는 활동도 있었다. 행복에 영향을 미치는 활동을 순서대로 나열하면 행복의 직접 시도, 공동체 활동, 종교, 파티, 적극적 여가 순이었고, 부정적 생각 통제는 오히려 부정적이었다.

전략 1 공동체 활동은 행복에 가장 강력한 영향을 미쳤다. 가장 빈번한 항목인 "남을 돕는", "친구와 소통하는" 항목은 사회적 관계를 맺음으로써 행복에 대한 가장 긍정적 관계를 보여 준다. 이러한 결과는 사회활동에 관한 연구들에서도 찾아볼 수 있다. 사람들은 다른 사람과 함께 있을 때 행복해하고, 사회에 연결되어 있다고 느낄 때, 동질감을 느낄 때 행복해한다.

공동체 활동은 특히 다른 나머지 행복 전략에도 영향을 미친다. 즉 공동체 활동은 나머지 목표 추구 행동이나 직접적 추구, 적극적 레저 활동, 파티 등이 일어날 확률을 높이고 결과적으로 행복을 느끼는 빈도를 높게 한다.

전략 2 파티 및 클럽 활동은 예상외로 행복에 큰 영향을 미치지는 않았다. 우리는 파티 장면을 볼 때 모두 활짝 웃고 행복해 보이지만 이것은 표면적인 경우가 더 많다고 볼 수 있다. 단지 현재 좋은 기분이라는 정도로 해석할 수 있다. 오히려 외향적인 행동을 하는 것으로 봐야지 직접적으로 행복해졌는지는 확신할 수 없다.

전략 3 부정적 생각 통제하기는 대부분 전략이 행복에 도움이 된 것과 다르게 오히려 불행과 관련이 있는 것으로 보인다. 특히, 불행한 기분, 생각, 불쾌한 일들을 생각하지 않는 것은 자동으로 불행한 생각을 떠올리게 되기 때문이다. 불행한 생각에 대해 무엇이 잘못되었는지 생각해보는 것, 그 부정적인 경험들에 관심을 집중시키는 것은 행복과는 반비례했다. 부정적 감정과 생각을 통제하거나 억누르는 것, 감정표현의 억압은 행복의 입장에서는 무의미한 것으로 보인다.

전략 4 수단적 목표 추구 활동은 이 연구가 대학생을 대상으로 했다는 점에서 당연한 결과처럼 보인다. 목표 추구 활동은 현재 상황을 변화시키는 중간다리 역할을 하므로 목표에 헌신함으로써 행복을 느끼는 데 도움을 주었다. 구체적으로 전공 공부를 한다든지, 과제를 마무리하는 일을 함으로써 보다 나은 상황을 만든다는 느낌은 행복감으로 연결되었고 효과적인 전략으로 판단할 수 있다.

전략 5 수동적 여가활동은 행복과 직접적인 연관이 없었다. 흔히 'TV 시청', '비디오 게임', '수면' 등은 편안하고 쾌적해 보이지만 게으름과 관련이 있고, 이러한 활동은 행복에 영향을 주지 않았다.

전략 6 적극적 여가활동은 행복과 가장 관련이 깊었다. 이 전략은 '건강과 체력을 유지하도록 노력'하는 취미생활과 운동이 포함된다. 운동은 원치 않는 생각, 주의 산만, 집중의 어려움을 개선하고 행복에 이바지한다는 연구가 많다. 또한 운동은 스트레스와 불안, 우울증 개선에 도움을 주고, 부정적인 기분에서 벗어나는 데 효과적인 전략으로 인정받고 있다.

전략 7 '기도'와 '종교의식 수행'과 같은 종교 전략은 일반적으로 그리 빈도가 높은 인기 전략은 아니지만, 행복을 증진시키는 데 효과적이다. 종교 활동이 사회적 활동을 증가시키고 참여시킴으로써 개인의 행복에 긍정적 영향을 준다는 연구는 쉽게 찾아볼 수 있다.

전략 8에 해당하지만, '술 마시기'는 장기적으로 행복에 부정적 영향을 미친다. 술을 마시는 당시에는 기분이 좋아진다고 느끼지만 지속되면 행복에는 오히려 악영향을 미친다.

전략 9 행복의 직접적 시도는 의미심장하게도 행복에 긍정적 영향을 미친다. 행복한 미소 짓기와 같은 행동은 실제로 행복감을 느끼도록 돕는다. 직접적 시도 전략은 Morris와 Reilly's(1987)에 의하면 표현적 행동이 부정적인 기분을 풀어줄 수 있다고 한다. 즉, 어떤 감정을 표현하는 행동을 하면 그 감정을 더 고양한다는 것이다. 그룹을 나눠서 행복, 분노, 공포를 육체적으로 표현하도록 하면 해당 감정으로 인해 더 강해지거나 심지어 그것을 촉발하기도 한다. 결과적으로 의도적인 행복 증진 전략으로서의 행복한 미소 짓기와 같은 시도는 행복에 도움을 준다. '행복해서 웃는 것이 아니라 웃으면 행복해진다'라는 말이 헛말은 아닌 셈이다. 행복하게 행동한다면, 자신을 스스로 행복하게 만드는 것이 가능할지도 모른다.

행복 전략을 사용하는 빈도는 성별로도 차이가 있었다. 남성들이 적극적 레저와 생각 통제를 적극적으로 활용하였다. 반면에 여성은 공동체 활동과 목표 추구, 수동적 레저, 종교 순으로 선호했다. 결론적으로 행복의 수준은 어떤 행복 전략을 사용하느냐에 따라 달라질 수 있고 특히 공동체 활동과 직접적 행복 추구 노력은 행복해지는 데 효과적인 도움을 주었다.

Henricksen과 Stephens(2013)는 행복 증진 활동을 평가하기 위해 Lyubomirsky와 동료들(2005)이 제시한 의지적 활동의 개념을 바탕으로 행복 증진 활동 척도를 개발하였다. 행복 증진 활동을 크게 관계 중심(other-focused) 활동, 여가 및 취미(personal recreation and interests) 활동, 사고 관련(thoughts and attitudes) 활동, 성취(achievement) 활동, 영성적 (spiritual) 활동, 자신에게 잘 맞는 작업(self-concordant) 활동의 6가지로 분류하고, 이에 해당하는 22문항을 개발하였다.

관계 중심 활동은 가족 및 친한 친구들을 만나 함께 시간을 보내는 활동과 타인을 도와주는 활동을 말한다. 여기에는 아내 또는 남편과 대화 나누기, 친한 친구 만나기, 봉사활동 참여하기 등이 포함된다.

여가 및 취미 활동은 적정 수준의 기술, 열정과 노력, 신체적 움직임을 요구하는 활동뿐만 아니라 신체적 활동이 적은 오락 및 휴식 활동을 말한다. 예를 들면, 정원 가꾸기, 운동하기, TV 시청하기 등이 포함된다.

사고 관련 활동은 감사한 마음을 갖거나 긍정적인 생각을 하는 활동을 말한다. 예로는 자신의 인생에서 감사한 일들을 세어보거나 사물이나 사건에 대해 긍정적인 시각으로 바라보는 것 등이 포함된다.

성취 활동은 일상생활의 작은 성취 활동과 개인의 포부와 관련된 미래지향적이고 장기적인 목표를 달성하기 위한 활동을 말한다. 여기에는 짧은 여행을 다녀오거나 직장에서 업무량을 줄이는 것 등의 일상적 목표를 이루는 활동, 새집으로 이사를 하거나 새로운 기술을 익히는 등의 장기적 성취 활동 등이 포함된다.

영성적 활동은 신앙과 관련된 활동을 말한다. 여기에는 기도를 하거나 명상을 하는 활동 등이 포함된다. 마지막으로, 자신에게 잘 맞는 작업 활동은 개인이 가지고 있는 기술과 흥미에 맞는 작업과 관련된 것으로, 보상과 상관없이 자율적으로 즐겁게 할 수 있으며 중요하다고 느끼는 일을 하는 것을 말한다.

행복이란 문화적 배경을 무시하기 어렵다. 따라서 우리나라 성인의 행복 전략 행동은 어떤 것이 있는지 조사한 연구를 소개한다. 임정하 외(2016)는 Henricksen과 Stephens(2013)의 연구를 기반으로 서울 경기 지역의 20~59세의 성인 805명을 대상으로 한국 성인의 행복 증진 활동의 일반적 경향을 조사하였다. 연구 결과, 한국 성인의 행복 증진 활동은 성취 지향적 활동, 여가 취미 활동, 공동체 활동, 개인적 관계 중심 활동의 4 요인으로 구성되었다.

성취 지향적 활동에는 도전정신을 필요로 하며, 성취감을 느낄 수 있고, 개인의 목표를 이루기 위해 노력하는 성취와 관련된 활동들이 포함되었다. 여가 취미 활동에는 즐겁고 재미있는 일을 하는 것, 취미 생활을 하는 것 등 여가 및 취미와 관련된 활동들이 포함되었다. 공동체 활동에는 종교 및 봉사활동, 유사한 관심사를 가진 사람들을 만나는 활동 등 공동체에 속해서 다른 사람들과 함께하는 활동들이 포함되었다. 개인적 관계 중심 활동에는 가족이나 친구와 같이 개인적으로 가까운 관계에 있는 사람들과 함께하는 활동들이 포함되었다.

한국판 행복증진활동[35]

성취 지향적 활동	여가 취미 활동
• 도전정신이 요구되는 활동 • 직업적 목표를 위한 활동(예 : 취업 준비, 자격증 취득, 승진, 성과) • 성취감을 느낄 수 있는 활동 • 나의 강점과 기술을 사용하는 활동 • 내 경제적 목표를 위한 노력(예 : 부동산 매입, 차량 구매, 자금 마련)	• 내가 하고 싶은 일을 하며 혼자만의 시간 보내기(예 : 휴식, TV 시청, 인터넷 서핑) • 재미있거나 즐거운 것(예 : 코미디 프로그램 시청) • 친한 친구들과 대화와 함께 시간 보내기 • 취미 생활(예 : 화초 가꾸기, 독서, 스포츠 관람, 영화 관람)
공동체 활동	개인적 관계 중심 활동
• 영성적 활동(예 : 기도, 명상, 예배) • 비슷한 관심과 취향 공유(예 : 동호회, 종교 활동) • 다른 사람을 돕는 활동(예 : 봉사활동, 기부금)	• 가족들과 대화 또는 함께 시간 보내기 • 배우자 또는 이성친구와 함께하기 • 여행가기(예 : 가족·친구 방문, 당일 여행, 휴가) • 외출하기(예 : 외식, 행사 참여)

행복을 추구하기 위해 하는 활동에는 개인차가 존재하며, 한 가지 활동을 많이 한다고 해서 다른 행복 추구 활동들도 반드시 많이 한다고 보기는 어렵다. 이는 행복 증진을 위한 의지적 활동은 개인의 특성에 따라 다르다는 기존 연구 결과를 뒷받침한다.

---

35   임정하·김경민·조은영·강현지(2016), 「한국판 행복증진활동 척도 타당화」, 『人間發達研究』, 23(2) 131-149면.

행복 증진 활동의 모든 하위요인은 삶의 질과 비교적 높은 관련성이 있는 것으로 나타났다. 이는 삶의 질이나 주관적 행복감이 높은 사람의 경우 행복감 증진을 위한 활동을 더 많이 한다는 기존 연구와 일치한다. 특히, 행복 증진 활동의 하위요인 중 성취 지향적 활동과 개인적 관계 중심 활동이 삶의 질과 가장 밀접한 관련을 가지는 것으로 나타났다.

목표를 이루기 위해 일하고 도전하는 활동은 개인의 삶이 의미 있다고 느끼게 해주며, 가족 및 가까운 지인과의 관계는 사회적 지원을 제공해준다는 점에서 개인 삶의 질에 있어 중요하다는 기존 연구 결과들과 같은 맥락에 있다.

또한 한국인은 성취 경험을 통해 가장 강한 행복감을 경험하고, 가족 및 친구와의 관계 속에서 가장 빈번한 행복감을 경험한다는 연구 결과와도 일맥상통하는 결과이다. 따라서 한국 성인들이 높은 수준의 삶의 질을 누리기 위해서는 성취 지향적 활동과 개인적 관계 중심 활동에 중점을 둔 대책 마련이 필요하다고 생각한다. 이와 더불어 진정한 성취의 의미와 개인적 관계의 형성 및 유지의 중요성에 대해 교육한다면 한국 성인의 행복 수준 향상을 도울 수 있을 것으로 생각한다.

결과적으로 정리하자면, 한국 성인을 대상으로 한 연구는 성취 지향적 활동이 가장 많은 것으로 나타났다. 이는 미국인의 경우 자신에게 잘 맞는 일로 개인적 만족감이 많지만, 한국인의 경우 성취 지향적 활동은 외적 보상이나 인정 등이 포함된 활동들로 구성되어 있다. 이는 한국 성인의 경우 내면적 만족을 추구하는 활동도 중요하지만, 이와 함께 외적으로 드러나는 목표를 달성하는 것 역시 행복을 증진하는 활동으로 생각한다는 것을 알 수 있다.

또한 집단주의 문화권에 속하는 한국 성인들은 행복을 증진시키기 위한 활동으로 다른 사람과 함께하는 활동을 중요시한다는 것도 미국과 차이를 보인다. 이런 결과는 행복을 추구하는 활동을 파악할 때 문화적인 차이를 고려해야 한다는 것을 알려 준다.

개인주의와 집단주의 국가들은 행복 추구에 대한 가치관 및 관점에서 차이가 있다(Boehm & Lyubomirsky, 2009). 개인주의 국가들의 경우 자기 자신의 행복을 추구하기 위한 활동들을 중요시하지만, 집단주의 국가들의 경우 사회적 관계와 사회적 조화도 중요하게 여기기 때문에 개인의 행복을 증진시키기 위한 활동에 가정이라는 집단의 목표를 성취하거나 집단에 소속되어 함께하는 활동 등이 포함된 것으로 생각된다.

성별에 따라 차이가 있는데, 남성들은 여성들보다 성취 지향적 활동을 많이 하지만, 여성들은 남성들보다 개인적 관계 중심 활동을 더 많이 하는 것으로 나타났다.

마지막으로 소소하지만, 행복에 효과적인 전략을 하나 더 소개한다. 사람들은 불행한 감정에는 바로 관심을 기울이지만 행복한 감정에는 소홀해지기가 쉽다. 예를 들어 친밀한 사람과 마주보기 등은 소홀히 한다. 모든 것이 원하는 대로 진행되면 우리는 그것을 즐길 여유도 없이 서둘러 다른 생각을 하기 시작한다. 충분히 행복해하는 대신 눈앞에 놓여 있는 다른 과제나 근심에 주의력을 집중한다. 아마도 이것은 인간이 태생적으로 목표와 자극을 추구하기 때문으로 판단된다. 우리가 행복을 단지 어렴풋하게만 느낀다면, 그것은 유쾌한 감정을 박탈당하는 일일 뿐 아니라 무엇이 우리에게 좋은 것인지에 대한 지식마저 상실하는 것이다.[36]

이탈리아 심리치료사 조반니 파바는 자신의 행복을 인정하지 않는 나쁜 버릇은 우울증 환자에게 만연한 것이고 이는 치료를 방해한다고 주장했다. 이에 착안해서 행복한 느낌을 위한 치유 프로그램을 만들었다. 다음과 같은 단계로 자신의 행복한 순간에 머물러 행복을 충분히 느껴보자.

1단계 : 행복일기 쓰기_상세히 기록 후 0~100점 점수 주기
2단계 : 행복의 순간을 왜곡하게 만드는 생각이 무엇인가?

이런 훈련은 만성적으로 우울하고 불행하다고 느끼는 사람들에게 도움을 줄 수 있다. 어떤 사건보다 그것을 보는 관점이 나를 더 지배한다. 마찬가지로 뇌는 고정된 방식으로 생각하는 경향이 있다. 뇌도 고집이 있다. 관성의 법칙이 작동한다. 우울함이 뇌의 고집이라는 것을 알아차린 사람들은 깊은 상심에서 해방되었다. 무엇보다 삶을 바라보

---

36   슈페판 클라인(2020), 김영옥 역, 『행복의 공식』, 이화북스, 321면.

는 방식을 좋은 방향으로 전환하는 데는 대단한 변화가 필요한 것이 아님을 인식하게 되었다.

삶은 수많은 퍼즐 조각처럼 많은 행복한 순간들로 채워진다. 바로 이 순간의 행복을 의식하고 행복의 순간에 집중할 때 자신의 불행을 멀리 보낼 수 있다.

chapter 3

긍정 정서와 행복

긍정심리학과 신체 생물학적 관계

사람들이 언제 행복한지를 조사하기 위한 연구의 관건은 사람들이 어떤 감정으로 시간을 보내는지, 현재 어떤 상태의 감정인지를 아는 것이다. 가장 주관적인 심리상태로서의 행복에 있어서 가장 중요한 요소는 긍정적인 정서 체험이다. 만약 기쁘거나 편안한 즐거운 감정을 느끼지 못한다면, 우리의 삶이 행복할 수 있을까? 이런 점에서 긍정 정서는 주관적 안녕의 핵심적 요소이다. 일반적으로 쾌감은 지속 기간이 짧고 특정한 자극과 연결된 반면 정서는 주관적인 느낌뿐만 아니라 특징적인 생리적 반응, 사고 및 행동 패턴과 관련되어 있다는 점에서 좀 더 복잡하다.

정서는 신체 생리적 반응과 행동적 반응으로 표출되지만, 정서가 가장 즉각적으로 표현되는 곳은 표정이다. 우리는 주로 표정을 통해 정서를 표현하고 상대방의 정서 상태를 읽는다. 정서는 문화의 차이에 상관없이 보편적인 표정으로 표현되는 반면, 어떤 정서는 문화마다 차이를 보인다. Ekman에 따르면 공포, 놀람, 분노, 혐오, 슬픔, 기쁨 등의 정서는 여러 문화권에서든 유사하지만, 수치, 관심, 경멸 등의 감정은 보편성이 현저하게 떨어진다. 이처럼 정서 표현은 문화에 따라 달라질 수 있으며 개인에 따라 차이가 나타난다.

심리학에서는 오랫동안 긍정 정서의 역할이 간과되어왔다. 그 이유는 긍정 정서와 부정 정서가 같은 연속선상의 양극단에 있다는 가정 때문이었다. 부정 정서는 인간이 처하게 될 위험과 위협에 대응하도록 만드는 적응적 기능을 지닌다. 따라서 다양한 잠재적 위험에 대해서 각기 다른 경고 메시지를 전달하는 두려움, 공포, 불안 등의 다양한 부정 정서가 필요했을 것이다. 이러한 부정 정서는 위험으로부터 도피, 대처, 대비 등의 행동을 하게 만들어 생존에 도움을 주었다. 인간에게 부정 정서는 필요조건이었을 것이다.

생존 기제로 발달한 부정 정서와 달리 긍정 정서는 생존 이상의 행복과 번영, 풍요의 기제에서 발달한다. 그러므로 위험과 사고를 대비하는 부정 정서와 비교해서 기본정서의 수가 적을 뿐만 아니라 행동 경향성도 모호한 경향이 있다. 부정 정서에 수반되는 표정은 다양하지만 모든 긍정 정서는 웃음의 특성을 공유하고 있다. 이러한 차이는 부정 정서에 집중하게 만들고 연구 대상으로서 부정 정서가 긍정 정서보다 더 수월한 주제였을 것이다.

인간의 행복과 긍정 정서는 심리적 현상이지만 신체적 요인의 영향을 받는다. 인간의 심리적 경험은 뇌의 활동과 밀접한 관계를 지니고 있을 뿐만 아니라 유전적 요인에 의해서도 영향을 받는다. 연구에 따르면 행복 경험은 도파민 수준 증가와 관련이 있다. 엔도르핀과 엔세팔린 같은 신경전도 물질은 쾌감을 높이고 고통을 감소시키는 것으로 알려졌다. 이처럼 다양한 신경전도 물질이 인간의 행복감에 영향을 미친다.

사람마다 자주 느끼는 정서의 종류나 강도가 다른 것은 유전 때문에 영향을 받는다는 주장도 제기되었다. Lykken은 각기 떨어져 양육된 쌍둥이에 관한 연구를 통해 주관적 안녕의 유전적 영향을 알아보았다. 일란성 쌍둥이의 행복도 점수는 상당히 높은 상관(r=.44~.53)을 나타내지만 이란성 쌍둥이의 상관(r=.08~.13)은 미약했다. 이러한 결과는 행복도의 44~53%가 유전 때문에 영향을 받는다는 것을 의미한다. 연구자들에 의하면 우리의 장기적 정서 상태를 결정하는 주된 요인은 초기 아동기의 정서 경험이나 후천적인 학습보다는 유전적 형질 때문일 가능성이 훨씬 크다고 볼 수 있다.

긍정 정서와 건강[37]에 대해서 Ostir 등(2001)은 긍정적 정서가 뇌졸중의 발생률을 낮출 수 있다는 것을 보고하였고, 다른 몇몇 연구자들은 당뇨나 고혈압, 감기 등과 같은 질환의 위험성을 낮출 수 있는 것으로 보고하기도 하였다.

Middleton과 Byrd(1996)는 퇴원 후 90일 동안 행복 지수가 높은 사람에게서 재입원율이 낮아지는 것을 보고하였고, 이러한 긍정적 정서 경

37　　강은호(2007), 「긍정심리학과 신경생물학, 유전」, 『스트레스硏究』, 15.3, 221-225면.

험의 보고가 퇴원 당시의 건강 상태나 입원 치료 기간보다도 재입원율의 예측에 크게 작용한다고 하였다.

경피적 관상동맥 중개술을 시행 받은 환자들에서 시술 전, 행복감, 만족감, 평정감, 희망, 걱정, 숨이 가쁨, 두려움, 슬픔 등의 정서 상태를 측정하였고 PCI 동안의 허혈, 심혈관계 부작용, 6개월 후의 사망 등 3개 지표와의 관계를 알아보았다. 흥미롭게도, 허혈이 많이 일어난 환자군에서 그렇지 않은 환자들에 비해 시술 전의 희망과 행복감 지수가 낮은 것을 보였다.

또한 성격적 특성과 관련된 낙관주의가 건강과 관련된다는 보고들이 있다. Scheier 등(1989)에 의하면 낙관주의자들에서 관상동맥우회술 후의 예후가 좋다고 하였고, 이들은 낙관주의를 중요한 미래의 결과물에 대한 일반적인 기대와 관련된 성격적 특성으로서의 긍정적 정서의 지속적인 경험이라고 하였다.

수녀들을 대상으로 한 Danner 등(2001)의 연구에서 대상자들이 22세에 기록한 자서전의 내용을 분석하고, 그 결과를 75세에서 95세가 되었을 때의 사망률과 비교한 결과 젊었을 때의 높은 긍정적 정서 수준이 60여 년 후 사망률을 낮추는 것으로 나타났다. 이러한 현상에 대한 생물학적 기전은 아직 명확치는 않으나 긍정심리학적인 요소들이 만성적 스트레스와 관련된 부정적인 효과에 대해 완충 역할을 하기 때문으로 생각하고 있다. 이에 대해서는 아직 많은 연구가 필요할 것으로 생각된다.

웃음이 좋은 치료 효과가 있다는 것은 여러 연구에서 관심 주제였으나, 객관적으로 입증할 만한 증거는 많지 않았다. Bachorowski와 Owren(2001)은 소리 내서 크게 웃는 것이 긍정적인 정서를 유발할 수 있다고 보고하였고, Mahoney 등(2002)은 긍정적 정서에 대한 주관적인 경험이 면역계통에 영향을 줄 수 있다는 것을 시사하였다. 웃음은 종종 유머와 동반되는데, 유머는 대개 특정 상황, 특히 스트레스 상황에서의 인지적 대처 방식 중의 하나로 많이 이용된다. 또 하나 흥미로운 연구는 유머를 더 많이 대처 방식으로 삼는 사람들은 침 분비 면역글로불린 A (S-IgA)가 높게 나타나기도 하였다.

유머나 웃음에 의해서 또는 즐겁고 기쁜 일이 있어서든, 긍정적인 정서는 우리의 건강과 삶의 질에 큰 영향을 준다는 것은 의심하기 어렵다. 평균 수명 100세 시대를 바라보는 시점에서 건강히 오래 살기 위해서라도 긍정 정서는 내 삶의 필수요소이다.

긍정 정서 콜렉션_나를 기분 좋게 만드는 것들

무엇이 나를 행복하게 만들어 주는가? 나를 웃게 만들고 기분 좋게 만들어 주는 것들이 무엇이 있는지 떠올려 보자. 자신만의 행복 리스트를 만들어 보길 바란다. 예전에 어느 동료 교수가 이런 질문을 한 적이 있다. "여자들은 왜 쓸데없이 그렇게 큰돈을 주고 명품 가방을 사는지 모르겠다." 이 말을 듣고 '쓸데없이'라는 말에 발끈해서 이렇게 답변해 주었다. "나를 기분 좋게 만들어 준다."

가방은 외출에 필요한 물건을 넣어 다니는 주머니 정도로만 생각한다면 명품 가방에 내는 돈은 터무니없이 큰돈이 된다. 그런데, 그 가방을 볼 때마다 나를 기분 좋게 만들어 주고, 그 예쁜 디자인이 나에게 시각적 쾌감을 준다면 그 가방은 다이아몬드가 되고 멋진 자동차이기도 한 것이다.

여기서 좋은 기분은 긍정 정서라고 볼 수 있다. 나쁜 기분은 부정 정서가 된다. 그렇다면 '정서'라는 말을 한번 짚고 넘어가야 하겠다.

'정서'란 개인이 어떤 일을 경험하거나 추구하는 과정에서 접하는 의식적 무의식적 평가의 결과로 만들어지는 감정이며, 지속적이고 잘 변하지 않는 감정으로 볼 수 있다. 여기에는 크게 좋은 감정으로 느껴지는 긍정 정서와 나쁜 감정으로 대표되는 부정 정서로 나눌 수 있다.

심리학자 프레드릭슨은 긍정 정서를 집중적으로 연구하였다. 그는 대표적인 긍정 정서로 기쁨, 감사, 평온, 흥미, 희망, 자부심, 재미, 영감, 경이, 사랑의 10가지를 꼽았다. 중학생부터 중년 이상의 성인을 대상으로 정서 경험을 조사한 결과 이 10가지 형태의 긍정 정서가 우리 삶에서 가장 빈번하고 지배적으로 나타난다는 것을 발견했다.

사람마다 각자 자신을 기분 좋게 만드는 것은 다양할 것이다. '소확행'이라는 말이 유행한 적이 있다. 일본의 소설가 하루키가 1986년 출산한 에세이 '랑겔한스섬의 오후'에서 처음 사용해서 유명해졌다. '작지만 확실한 행복'을 의미하는 말인데 지극히 사적인 일상 속의 작은 일을 보물처럼 생각한다는 의미이기도 하다.

'갓 구운 빵을 손으로 찢어먹는 것, 서랍 안에 반듯하게 접어 넣은 속옷이 잔뜩 쌓여 있는 것, 새로운 산 정결한 면 냄새가 풍기는 하얀 셔츠를 머리에서부터 뒤집어쓸 때의 기분 등'

이렇듯 하루키처럼 일상의 작은 순간순간을 들여다보면 우리 삶에서 행복감을 느끼게 하는 일은 많다. 일반적으로 우리가 추구하는 행복의 장면은 하루키가 느꼈던 음식이나 깨끗하게 세탁한 면 내의 냄새에서 찾는 것보다 훨씬 크고 어려운 것들이 많을 것이다. 예를 들면, 내 집 마련, 드림카 소유하기, 학위나 자격증, 대기업 취직 등 우리 삶에서 시간 대부분이 시간과 노력을 들여 추구하는 목표들일 것이다. 그러나 이 목표에 도달해서 행복감을 느끼기에는 시간도 오래 걸리고 이런 일들이 발생할 빈도도 그렇게 높지 않다. 또 그 행복들은 방황과 고생스러운 고군분투의 시간을 지나고 나서야 겨우 '쟁취'할 수 있는 것들이다. 그리고 내가 노력을 기울인 만큼 그에 보답해서 꼭 같은 행복이 돌아오는 것도 아니다.

몽테뉴는 위대하고 영광스러운 인간은 목적을 갖고 사는 자라고 하였다. 몽테뉴가 말하는 위대하고 영광스러운 인간은 역사적 위인이나 사회적으로 인정받는 사람이 아니라, 목적 있는 삶을 사는 사람이다. 우리 삶에서 지속적인 행복을 누리기 위해서는 목표는 필수적이다. 목표를 정하는 것은 현재를 즐겁게 만든다. 스스로 목표를 선택하고 추구하는 과정에서 사람들은 통제감의 욕구를 충족하고 만족감을 경험한다. 이것이 삶의 의미다. 의미는 긍정적 정서와 함께 행복의 구성요소 중 하나다.[38]

이렇듯 목표를 추구하는 과정에서 번아웃 되지 않고 생활을 정상적으로 지탱하려면 일정 수준 이상의 행복이 유지되어야 한다. 그 기본적인 하한선을 충족시켜주는 존재가 바로 입는 옷, 먹는 음식 등을 통해 확보되는 지극히 일상적인 '소확행'이라고 볼 수 있다. 아이러니하게도

---

38   한민(2021), "한민의 문화등반 20", 교수신문, 2021.9.28.

이런 '소확행'은 열심히 충만하게 헌신한 결과로 누릴 수 있는 기분이기도 하다. 만약 온종일 빈둥빈둥하고 시간을 의미 없이 보낸 사람과 종일 책상에서 책과 씨름하고 목표한 학습량을 마친 후 마시는 차가운 맥주 한 잔은 그 맛이 다를 것이다. 맥주가 맛있기 위해서는 적절한 갈증이 필요하다.

고된 하루를 마무리하고 일터에서 돌아온 내 작은 공간에서, 각자의 역할을 다하고 모인 호프집에서의 작은 행복은 먼 목표지점을 향해 가는 우리 삶에 지속적인 에너지를 충전해줄 수 있다. 일상에서 개인이 누릴 수 있는 행복이 중시되면서 지금은 일반 명사로 자리 잡은 듯 '소확행'에 우리들의 소확행 리스트를 만들어 봄 직하다.

저자의 경우 확실한 행복을 주는 장면이 몇 개 있다. 차가운 날씨에 따뜻한 노천탕에 들어갈 때, 전날 저녁을 거른 다음 날 아침의 맛있는 식사, 하루를 마치고 잘 정리된 침대와 이불 속으로 다시 들어갈 때 이런 소소한 행복을 느낀다. 아마 여러분도 하루 중 이런 소소한 개인적 행복의 순간들이 떠오를 것이다.

학자들은 무엇이 사람을 기분 좋게 만드는지를 연구했는데 대표적인 긍정 정서는 평소 우리가 콧방귀도 안 뀌는 명사 : 기쁨, 감사, 평온, 흥미, 희망, 자부심, 재미, 영감, 경이, 사랑과 같은 단어들로 가득 차 있다. 나를 기분 좋게 하는 것을 한번 떠올려 보자. 사람들은 생각보다 자기 자신에 대해 잘 알지 못한다.

"나 자신은 나로부터 꼭꼭 숨겨져 있다. 어떤 보석 채굴장에서든
나 자신은 맨 마지막에야 발견되는 보물이다."

— 프리드리히 니체

니체가 말한 것처럼 거의 생의 마지막 시점에 가서야 '나는 이런
사람이었어'라고 말할 수 있게 될지도 모른다. 자신이 어떤 사람인지도
모른 채 자신의 삶을 사는 것은 그리 유쾌한 일은 아니다. 계속 좌충우
돌할 테니 말이다. 아직 자신의 정서에 대해 잘 알지 못하더라도 다음
장에 나오는 긍정 정서 10가지에 대해 하나씩 알아보고 내 것으로 만들
어 보기로 하자.

행복과 대표 강점[39]

좋은 성격을 통찰, 협동심, 친절, 희망과 같은 긍정적인 성향의 군집이라고 정하고 좋은 성격이 다차원적임을 드러내기 위해 각 요소를 성격 강점이라고 부른다. 성격 강점은 약간의 안정성과 일반성을 가진 개인차라는 점에서 특질이라고 가정하였다. 그러나 이 특질이 고정되어 있거나 절대 변하지 않는 생물학적 특성에 근거하지는 않는다. 긍정심리학의 기본 전제는 나쁜 성격을 가지고 있다고 해서 좋은 성격이 부정되거나 축소되지 않는다. 오히려, 성격 강점은 좋은 성격 그 자체로 정의되고 평가받는다.

또한 강점에 포함되는 좋은 성격들은 문화 보편적이며 전 세계적으로 폭넓게 영향을 미친 종교적 철학적 전통 속에서 광범위하게 인정되고 존중받아왔다. 특히 이러한 전통 안에는 지혜, 용기, 인간애, 정의,

---

39   크리스토퍼 패터슨(2010), 문용린·김인자·백수현 역, 『긍정심리학 프라이머』,
       물푸레.

절제, 초월성 덕목에 대한 인식이 거의 보편적으로 인식되며 숭배되었다.[40]

개인이 소유한 강점 중에서 뛰어나고 빈번히 사용되는 긍정적인 특성을 대표 강점이라고 한다.

대표 강점을 훈련하는 것은 자아 완성에 기여하고, 이러한 준거는 기쁨, 열망, 당위성, 발견, 고무와 같은 관점에서 자아 완성이라는 동기적이고 정서적인 특징을 보여 준다는 것이 전제된다.

자신의 대표 강점을 알아보기 위해 www.authentichappiness.org 또는 http://www.viastrengths.org를 방문해서 테스트에 응하면 된다. 한국어 지원이 되므로 당황하지 말고 언어를 선택하고 간단한 개인정보를 입력한 뒤 아래에 있는 등록 버튼을 클릭한다. 설문지 작성에는 30분 정도 시간이 필요하고 바로 결과를 확인할 수 있다. 결과지에는 24가지 강점 중 자신에게 높게 나타난 순서대로 나열되고 각각의 항목에 대한 설명이 제공된다.

긍정심리학의 창시자 격인 셀리그만(Seligman)은 누구나 2~5가지 대표 강점을 지니고 있다고 주장한다. 긍정심리학자 피터슨(Peterson)과 셀리그만은 체계적인 검사로 대표 강점의 효과를 입증했다. 이들에 따르면 대표 강점은 다음과 같은 특징을 지닌다.

40 　Dahlsgaard, K., Peterson, C., & Seligman, M. E.(2005). Shared virtue : The convergence of valued human strengths across culture and history. *Review of general psychology*, 9(3), pp.203-213.

자신의 진정한 본연의 모습("이게 바로 나야")이라는 느낌을 준다.

대표 강점을 발휘할 때(특히, 처음에 발휘할 때) 유쾌한 흥분감을 느끼게 된다.

대표 강점과 관련된 일을 배우거나 연습할 때 학습 속도가 빠르다.

대표 강점을 발휘할 수 있는 새로운 방법을 지속해서 찾게 된다.

대표 강점과 일치되는 방향으로 행동하고 싶은 열망을 느낀다.

대표 강점을 사용할 수밖에 없다는 느낌, 즉 그러한 강점의 표현을 멈추거나 억제할 수 없는 듯한 느낌을 느낀다.

대표 강점은 숨겨져 있던 자신의 능력이 드디어 발현되어 나타나는 것처럼 여겨진다.

대표 강점을 활용할 때는 소진감 보다 의욕과 활기가 넘치게 된다.

대표 강점과 관련된 중요한 일들을 만들어내고 추구하게 된다.

대표 강점을 사용하고자 하는 내재적 동기를 지닌다.

이러한 대표 강점은 개인의 직업적 성취나 자아실현과 같은 인생의 과업에서 대표 강점을 활용하거나 발휘하는 방향으로 발전해나가는 것이 얼마나 중요한가 짐작하게 해준다. 아래 대표 강점 중에서 자신이 발휘하고 있다고 생각하는 강점에 표시해보기를 바란다. 생각보다 내가 발휘하는 강점이 많다는 걸 발견할 수 있다. 또는 나에게 약하다고 생각하는 강점이나 키우고 싶은 강점의 구체 행동을 보면서 내 안의 강점을 끌어내어 행동에 옮겨 보는 것도 좋은 방법이 된다. 사람의 성격이 행복에 영향을 미친다는 것은 부인할 수 없는 사실이다. 성격은 관련 행동과 상호작용하며 나 자신의 내부와 외부의 인정으로 변화할 수 있다. 행동이 변화를 이끈다.

대표 강점 24[41]

	강점	구체 행동
1	공정함	• 적어도 하루에 한 번 정도는 내 실수를 인정하고 그에 대한 책임을 진다. • 적어도 하루에 한 번은 내가 썩 좋아하지 않는 사람에게도 응당의 신임을 보인다. • 사람들의 이야기를 방해하지 않고 잘 듣는다.
2	감사	• 하루 동안 얼마나 내가 '고맙습니다'라고 말하는지 세어보고, 일주일 동안 그 횟수를 늘려간다. • 매일 하루를 마감할 때, 현재 잘되어가는 세 가지 일을 써본다. • 감사의 편지를 쓰고 보낸다.
3	개방성	• 대화 중에 선의의 비판자가 되고, 나의 의견과 반대되는 처지에서 생각한다. • 매일 나의 독선적인 의견이 무엇이며 어떤 점에서 잘못되었는지 생각한다. • 나와 다른 정치 노선의 입장에 대한 의견을 듣고 기사를 검토한다.
4	겸손	• 온종일 나 자신에 관한 얘기를 전혀 하지 않는다. • 너무 눈에 띄는 옷을 입지 않는다. • 나보다 친구들이 더 뛰어난 점이 무엇인지 생각하고 그 점에 대해 칭찬한다.
5	사랑	• 부끄러워하지 않고 칭찬을 수용하며 고맙다고 한다. • 사랑하는 사람에게 짧은 문자나 메일을 보낸다. • 가장 친한 친구가 정말로 좋아하는 무언가를 함께 해준다.

---

41 크리스토퍼 패터슨(2010), 문용린·김인자·백수현 역, 『긍정심리학 프라이머』, 물푸레, 290~293면.

	강점	구체 행동
6	사회성	• 타인을 편안하게 해준다. • 친구나 가족이 어려운 일을 한다는 것을 알아주고 격려의 말을 한다. • 누군가가 나를 힘들게 하더라도, 보복하기보다 그들의 동기를 이해한다.
7	심미안	• 친숙하지 않은 미술관이나 박물관을 방문한다. • 매일 내가 보았던 가장 아름다운 것에 대해 일기를 쓴다. • 적어도 하루에 한 번은 멈춰 서서 일출이나 꽃, 새의 노랫소리와 같이 자연의 아름다움을 느낀다.
8	용기	• 집단에서 대중적으로 호응 받지 못하는 아이디어도 당당하게 말한다. • 명백히 부당한 행위를 하는 권력 집단을 목격할 경우, 이의를 제기한다. • 평소 두려움 때문에 잘하지 못했던 일을 한다.
9	용서	• 매일 인색함을 떨쳐버린다. • 내가 정당한 일을 하고도, 나를 짜증나게 하는 사람이 있을지라도 편히 생각하고 내가 어떻게 느끼는지 사람들에게 말하지 않는다. • 용서의 편지를 쓰되 그것을 보내지 말고 1주일 동안 매일 읽어 본다.
10	유머	• 하루에 적어도 한 명씩은 미소 짓거나 웃게 만든다. • 마술이나 유머 솜씨를 익히고 친구들 앞에서 보여 준다. • 자신을 웃게 만든다.
11	인내	• 해야 할 일의 목록을 만들고, 매일 목록에 있는 일 한 가지씩을 한다. • 일정에 앞서 중요한 일을 마친다. • TV를 틀거나 핸드폰, 간식, 이메일 체크 같은 것에 마음이 흐트러지지 않고 정해진 시간 동안 일에 집중한다.
12	자기 조절	• 운동 프로그램을 시작하여 일주일 동안 매일 꾸준히 실천한다. • 타인에 대한 뒷담화나 비열한 이야기를 하지 않는다. • 이성을 잃으려고 할 때, 열을 세고 그것이 정말 필요한지 반추한다.
13	절제	• '부탁합니다' 또는 '고맙습니다'라는 말 외에 다른 것들을 말하기 전에 두 번 생각한다. • 운전할 때, 속도 제한에서 시속 5Km를 낮추어 달린다. • 간식을 먹기 전에, "이것은 살이 찌더라도 꼭 먹어야 하는가?"라고 자문한다.

	강점	구체 행동
14	종교성	• 나의 삶의 목표에 대해서 매일 생각한다. • 매일 일과를 시작할 때 기도하거나 명상한다. • 친숙하지 않은 종교의식에 참가한다.
15	지도력	• 친구들을 위해 사교 모임을 만든다. • 직장에서 즐겁지 않은 일을 도맡아 하고 그것을 완수한다. • 처음 만난 사람이 편안하게 느끼도록 행동한다.
16	진정성	• 마음에서 우러나오지 않는 칭찬을 포함하여 친구들에게 선의의 거짓말조차도 하지 않는다. • 내가 가장 가치 있게 생각하는 것이 무엇인지 생각하고, 그것과 관련된 일을 매일 한다. • 내가 어떤 일을 하고자 하는 동기를 다른 사람에게 말할 때 진실하고 정직하게 설명한다.
17	창의성	• 도예, 사진, 조각, 그리기, 채색하기와 같은 수업에 참여한다. • 운동용 자전거를 옷을 담는 선반으로 사용하는 것처럼 집에 있는 물건을 정해서 그것을 전형적인 쓰임이 아니라 다른 용도로 사용해본다. • 내가 만든 작품이나 시 등을 친구에게 보낸다.
18	친절	• 병원에 있는 사람에게 병문안을 간다. • 운전 중 보행자에게 양보하고, 보행할 때는 운전자에게 양보한다. 후자의 경우는 신중한 행동으로 설명할 수 있다. • 친구나 가족에게 익명으로 도움을 준다.
19	통찰	• 내가 아는 가장 현명한 사람에 대해 생각하고 그 사람처럼 하루를 살아본다. • 누군가 요청했을 때만 조언을 주거나 할 수 있는 한 심사숙고하여 행동한다. • 친구나 가족 또는 동료들 간의 논쟁을 해결한다.
20	학구열	• 학생이라면 필독서가 아니라 권장 도서까지도 읽어 본다. • 새로운 어휘를 매일 배우고 사용한다. • 비소설류의 책을 읽는다.
21	호기심	• 내가 모르는 주제에 대한 강의를 듣는다. • 익숙하지 않은 음식을 하는 식당을 방문한다. • 우리 동네에 새로운 곳을 발견하고 그곳의 역사에 대해 배운다.

	강점	구체 행동
22	활기	• 적어도 일주일 동안 매일 알람을 맞출 필요가 없을 만큼 일찍 잠을 자고, 일어나서 영양이 풍부한 아침 식사를 한다. • "왜 해야 하는데?"라고 말하기보다 "해보는 게 어때?"라고 말하는 것을 세 배만큼 늘린다. • 매일 나에게 필요한 일보다는 하고 싶은 일을 한다.
23	협동심	• 내가 할 수 있는 가장 멋진 팀 구성원이 되어 준다. • 매일 하루 5분씩 길에 떨어진 물건을 주워 쓰레기통에 집어넣는다. • 자선 단체에서 봉사한다.
24	희망	• 과거에 실망했던 것에 대해 생각하고 그것을 가능하게 하는 기회를 찾는다. • 다음 주, 다음 달, 내년의 목표를 쓰고 이 목표를 성취할 수 있는 구체적인 계획을 세운다. • 나의 비관적인 생각을 반박한다.

강점 연구는 약점을 개선하는 데 치중해오던 오래된 교육학의 전통과 맞서야 한다. 사람들은 잘 할 수 있는 것을 강화함으로써 가장 잘 향상될 수 있다. 글을 잘 쓰지만, 말을 잘 못 하는 사람이 있다고 생각해 보자. 그 사람에게 회사에서 글쓰기 관련 일을 준다면 뛰어난 성과를 낼 것이다. 반면에 대중 앞에서 말하는 일을 준다면 기껏해야 평범한 수준에 머물게 될 것이다.

자신에게 주어진 일을 잘 해낸 사람들은 승진하는데 그들이 잘 해낼 수 없는 일을 만나면 그 자리에 정체되고 만다. 이를 피터의 원리라고 한다(Peter & Hull, 1969). 피터의 원리는 근로자들이 만약 그들이 잘 해내기 어려운 일에 배치된다면 그들의 능력은 쇠퇴할 것이라는 점을 보여준다(Lazear, 2004). 물론 어떤 직업이든 상식적인 수준 이상의 자질을 갖추어야 할 것이다. 말할 때 발음을 알아들을 수 없는 정도라면 아무리 글을 잘 쓴다고 해도 높게 인정받긴 힘들다. 시간을 잘 못 지킨다면 다른 영역의 강점으로 이 약점을 상쇄시키기는 어려울 것이다.

대학을 포함하여 교육은 학생의 흥미와 기술을 확인하고 키워주는 것, 그리고 직업은 이러한 면을 고려하여 자신들이 빛날 수 있는 적재적소에 일을 갖는 것이다. 그것을 가능하게 만드는 것은 사회와 우리 모두의 과제이다.

긍정 정서_긍정 정서 확장이론

　한때 구글 사무실이 놀이터와 같아서 직원들의 창의성이 올라간다는 말이 뜨거운 이슈가 된 적이 있다. 그 영향으로 국내 기업 사무실도 놀이터처럼 바뀐 사례도 언론에 소개되곤 했었다. 가깝게는 대학의 도서관도 요즘에는 전통적인 책상과 의자가 아니라 놀이공간처럼 무엇이든 허용된 공간이 많이 생겨났다.

　그럼, 여기서 놀이터라는 공간이 주는 의미는 무엇일까? 놀이터는 무엇이든 허용이 가능한 장소이다. 논다는 것은 자신이 재미를 느낄 수 있는 행동이나 장난, 실험 등을 마음껏 해보는 행동이다. 목적도 없이 스스로 흥미와 재미에 이끌려서 이어지는 행동이다. 또는 그냥 멍하게 있어도 누가 뭐랄 사람이 없다.

　이렇듯 놀이터는 흥미와 재미를 추구하는 공간이다. 이 놀이터와 같은 공간을 기업이 관심을 두는 것은 생산성에 도움이 되기 때문이다. 긍정심리학자 바바라 프레데릭슨에 의하면 긍정성은 사람들의 심리적 에너지를 확장하고 성과를 구축한다고 하였다. 사람들이 공포나 억압, 분노를 느끼면 새로운 일을 창작하거나 시도하기에 부담을 느낀다. 새로운 것을 시도해서 실패를 겪으니 차라리 기존에 이미 시도되어서 검증된 안전한 방법을 택하게 되는 것이다. 따라서 부정적 정서는 자신이 할 수 있는 능력보다 덜 시도하게 만든다. 실패했을 때 경험해야 하는 두려움과 고통이 크기 때문에 모험을 하지 않게 되는 것이다. 결과적으로 부정적 정서는 사람들의 아이디어를 축소시킨다.

반면에 기쁨, 감사, 흥미와 같은 긍정적 정서는 평소보다 자기 자신에게 용기를 준다. 새로운 시도를 할 때 실패에 대한 두려움보다는 성공했을 때의 기쁨과 성취를 더 중요하게 생각하게 만든다. 이런 긍정 정서는 실행 가능한 범위와 역량에서 더 자신감을 주어 아이디어도 풍성하게 만들고 더 과감한 시도를 하게 만든다. 예를 들어 기쁨과 같은 긍정 정서는 더 다양한 놀이를 추구하게 하고 새로운 창작의 욕구를 북돋운다. 흥미는 새로운 분야와 가능성에 대한 탐구를 시도하게 하고 학습의 욕구를 촉진 시킨다. 평온한 정서는 현재 상황을 음미하고 깊이 있게 성찰하게 한다. 그리고 현재를 자기 자신과 주변 세계로 확대해서 새롭게 적용하고 유연한 관점으로 통합하는 능력을 키우는 데 도움을 준다.[42]

이처럼 긍정 정서가 요즘 한창 중요하게 강조되고 있는 창의성에

---

42   Fredrickson, B.(2013). Positive emotions broaden and build. *In Advances in experimental social psychology*(Vol. 47, pp.1-53). Academic Press.

도움을 주기 때문에 기업들이 구글의 사무실과 같은 실험적인 공간을 회사 내에 마련하는 현상이 유행처럼 번지게 되었다. 이런 논리를 개인에게 적용하자면, 나 자신을 긍정적인 정서 상태에 머물게 하면 나는 더욱 창의적으로 사고하고 창작하고 더 생산적인 역량을 가진 사람이 될 가능성이 커지는 것이다. 따라서 내가 긍정 정서를 갖는 것은 매우 유익한 결과로 이어질 수 있다.

그렇다면 나를 긍정 정서를 가진 상태로 만들려면 어떻게 해야 할까? 긍정 정서가 무엇인지를 아는 것부터가 출발이다.

정서란 어떤 상황에서 개인이 느끼는 감정이기 때문에 매우 개인적으로 다르게 나타날 수 있다. 똑같은 영화를 보고 한 사람은 재미를 느꼈고, 다른 사람은 공포를 느꼈을 수 있다. 이렇듯 정서는 외부의 자극이나 환경보다는 개인이 그동안 겪은 경험이나 학습 등의 자기 내면에서 일어나는 해석에 더 많은 영향을 받는다. 어떤 사람에게는 무한한 영감을 주는 것이 다른 사람에게는 아무런 감흥을 못 일으키기도 한다. 따라서 인생에서 긍정성을 증대시키기 위해서는 자신에 관한 연구가 필요하다. 여러분에게는 어떤 자극이나 환경이 자신의 긍정 정서에 도움이 되었는가를 각자 떠올려 보길 바란다.

프레데릭슨[43]이 말한 대표적인 긍정 정서를 10가지를 꼽을 수 있다. 이 10가지 긍정 정서는 실험실에서 측정할 때 사람들이 가장 빈번히

---

43   프레데릭슨(2009), 최소영 역, 『긍정의 발견』, 21세기북스

느끼는 정서에서부터 빈도순으로 제시하였다. 다만, 사랑은 가장 일상적이고 반복적으로 느끼는 정서여서 가장 나중에 위치시켰다. 위에 얘기한 것처럼 개인마다 자신이 기분 좋은 상태는 각자 다르겠지만 보편적으로 기쁨(Joy), 감사(Gratitude), 평온(Serenity), 흥미(Interest), 희망(Hope), 자부심(Pride), 재미(Amusement), 영감(Inspiration), 경이(Awe), 사랑(Love)과 같은 정서를 꼽을 수 있다. 이런 감정들이 단순하게 좋다, 나쁘다로 구분되는 정도에서 끝난다면 10가지의 감정을 골고루 다양하게 느끼긴 어려울 것이다. 그래서 감정에 깨어있을 필요가 있고, 그 감정을 구분해서 알아볼 필요도 있다.

감정에 무딘 사람은 감정을 기분 좋다, 기분 나쁘다는 것으로 구분하는 걸로 끝나고 마는 경우가 있다. 이런 경우는 다양한 감정을 오케스트라로 비유했을 때 오케스트라의 다양한 악기가 내는 아름다운 음악에서 단지 큰북이나 트럼펫 소리만 듣는 것과 같다고 볼 수 있다. 감정의 다양한 하모니를 구분할 수 있다면 우리는 그중에서 긍정적 정서는 키우고 유지하고, 부정적 정서는 관리하고 순화시킬 수 있다. 삶에서 일어나는 많은 사건과 일에서 우리가 느끼는 긍정과 부정의 감정을 지휘할 수 있다면 이 어려운 삶이 조금은 덜 힘들어지고 견디기가 좀 더 수월할 것이다.

긍정 정서_자부심

자부심은 인간이 경험하는 가장 강력한 심리학적 힘 중 하나이다. 자신이 한 일이 훌륭하다고 평가받거나 우수한 성과를 냈을 때 우리는 자부심을 느낀다. 자신에게 힘을 주는 정서이면서 동시에 남의 이목을 의식하는 감정 중 하나다.

자부심 연구는 긍정적 정서인 자부심(authentic pride)과 부정적 정서인 자만심(hubristic pride)으로 구분되어 연구되는 추세이다. 자부심은 타인으로부터 인정받을 수 있는 우월감으로 타인과의 의사소통에 활용함에 있어 긍정적인 피드백을 이끌어 올 수 있지만, 자만심은 자신을 지나치게 보호하고, 교만으로 여겨져 오히려 타인으로부터 인정받지 못하는 원인이 되기도 한다. 교만은 타인과의 의사소통과 관계유지에 오히려 역효과를 줄 수 있는 감정으로 구분되기도 한다.

자부심은 사고에 미치는 범위가 넓어서, 비슷한 영역에서 더욱 큰 업적을 이루려는 꿈에 불을 지핀다. 다음 단계의 성취를 향해서 도전할 마음을 자극한다. 이는 세상을 변화시키는 원동력이 된다. 자부심을 느낄 때 사람들은 어려운 과업을 더 끈기 있게 수행한다.

자부심은 자신이 기대하는 성취를 얻기 위해 감수해야 하는 여러 장애와 고통을 감수하게 해주는 핵심 기제이기도 하다. 자부심은 개인이 속한 집단 속에서 사회적으로 의미 있는 성취나 일을 해냈다고 생각할 때 느끼는 감정이다. 이는 개인이 집단의 일원이라는 정체성과 다른 집단 구성원들과 공동의 목표를 공유하게 되는 과정을 거쳐 발생한다. 테니스장에서는 테니스를 잘 치는 사람이 인정받고, 무도회장에서는 춤을 잘 추는 사람이 인정받는다. 그 집단의 구성원이 성취하고 싶은 목표에 도달했다고 자신과 타인이 인정했을 때 느끼는 뿌듯함은 그동안의 어려운 과정과 훈련의 고통을 잊게 할 만큼 짜릿하다. 이 짜릿함은 그 다음 높은 목표에 도전하는 추진력을 제공한다.

자부심은 개인이 어려운 일을 겪어내고 끈기 있게 과업을 성취하도록 동기부여하는 감정인데 그렇다면 왜 인간은 자부심을 유지하려고 할까? 그것은 바로 타인의 인식과 판단에 큰 영향을 받기 때문이다. 우리는 스스로의 가치를 인정받지 못하면 괴로워한다. 악셀 호네트는 『인정투쟁』에서 이것이 삶이 기본 원리라고 말한다. 우리는 스스로에 대한 기대와 개념이 있고 자신이 능력과 사회적 가치도 어느 정도 정해두고 있다. 그런데 타인이 그 가치를 인정해 주지 않으면 고통을 느낀다.

자부심을 통해서 자기 존재에 대한 타인의 인정을 확인받는 것은 공동체에 소속되어 있다는 것을 확인 받는 과정이다. 우리는 구성원들의 인정을 받아야만 사회의 일원이 되거나 공동체에 속할 수 있다. 공동체에 소속된다는 것은 내밀한 욕구이다.

또한 우리가 능력이나 자아 정체성에 확신을 얻는 방법은 타인에게 확인받는 것 외에는 없다. 여기에서 타인이란 다양한 사회집단이 될 수 있다. 어린아이의 경우에는 가족이나 애착 관계에 있는 주변 환경일 것이다.

자부심은 유능감과 연결된다. 서울대학교 최인철 교수는 사람이 행복을 느끼기 위해서는 좋은 관계, 추구할 목표, 그리고 유능감을 언급했는데, 여기서 자부심이 유능감을 의미한다. 따라서 자부심은 행복을 느끼기 위해서 필요한 자기인정과 타인인정을 모두 충족하는 긍정 정서이다.

긍정 정서_희망

　판도라가 상자를 열었을 때 세상의 모든 질병과 불행과 재앙의 씨앗이 튕겨져 나왔다. 증오, 질투, 잔인성, 분노, 굶주림, 가난, 고통, 질병, 노화 등 장차 인간이 겪게 될 온갖 재앙이 쏟아져 나왔다. 깜짝 놀란 판도라가 상자의 뚜껑을 얼른 닫으려 할 때 마지막으로 남은 것이 희망이었다. 그 뒤로, 인간들은 갖가지 불행에 시달리면서도 희망만은 고이고이 간직하게 되었다.[44]

　지금까지 다룬 기쁨, 감사, 평온, 흥미 등의 긍정 정서들은 다 만족스럽고 안전한 상황에서 발생한다. 그러나 희망만은 상황이 좋지 않게 돌아가거나 앞으로 어떻게 전개될지 불확실한 갑갑한 상태에서 희망이 싹을 틔운다. 참고로 저자 본인의 이메일 아이디에 'hope'가 들어간다. '인생에는 희망이 있어야 한다'라는 의미로 지은 것이다. 희망이 있다

---

[44]　베르나르 베르베르(2016), 임호경·이세욱 역, 『베르나르 베르베르의 상상력 사전』, 열린책들.

면 가장 어두운 절망 속에서도 빛을 찾아 살아갈 힘을 얻는다. 우리가 사주팔자를 보거나 별점을 치고, 타로로 운을 점치는 것은 현재의 고통스러운 상황에서 앞으로 나아질지의 희망을 찾는 행위라고 볼 수 있다. 그래서 대부분 점괘나 타로는 긍정적으로 마무리되는 경우가 많다. 그것이 맞든 그렇지 않든 한 줌의 희망을 손에 쥐면 어려운 시기를 뚫고 나갈 수 있으니까.

<빨간머리 앤>의 주인공 앤 셜리 커스버트는 희망의 아이콘이다. 보육원의 불행했던 시절에 코딜리아 공주처럼 살 거라는 희망을 품고 어려움을 견뎌낸다. 친구인 루비의 집에 불이 났을 때 '희망이 있으면 견디기가 수월하다'라며 어려움을 견디는 지혜를 나누어 준다. 이렇듯 희망은 고통스러운 시간이 더 악화하는 것을 견디게 해주는 아스피린과 같은 역할을 해준다.

이런 이유로 희망은 학문적으로도 인기 있는 연구 대상이다. 인생에서 무언가를 원하고 고통을 견디는 과정은 필연적이다. 이런 순간에 희망은 목표와 계획들이 성공적으로 성취되고 수행될 것이라는 믿음이다. 그리고 그 목표에 대한 의지와 그 경로를 찾을 수 있다는 긍정적인 동기부여 상태로 정의된다.[45]

희망은 좋은 결과가 일어날 가능성에 대한 믿음을 내포하고, 자기가

45　Snyder, C. R., Sympson, S. C., Ybasco, F. C., Borders, T. F., Babyak, M. A., & Higgins, R. L.(1996). Development and validation of the State Hope Scale. *Journal of personality and social psychology,* 70(2), p.321.

가지고 있는 자원에 대한 스스로의 자각에 의해 생겨난다. 사람들은 자신의 목표를 달성할 수 있다고 지각하고 있고, 그 목표가 사회적·도덕적으로 수용될 수 있는 범위 안에 있을 때 희망을 품게 된다.[46]

희망은 객관적 상황보다도 개인이 인식하는 세계관에 더 큰 영향을 받는다. 희망 수준이 높은 사람은 목표에 이르는 경로인 방법을 빠르고 효과적으로 발견할 수 있고, 난관에 봉착했을 때도 더 적응적이고 긍정적인 정서 반응을 보이는데 그것은 다른 추가적인 통로를 탐색할 수 있다는 확신 때문이다.

희망은 정서이며 동시에 사고 과정으로서, 희망이 높은 사람은 목표를 달성할 가능성을 크게 생각하고 실패보다는 성공이나 도전 의식과 같은 긍정적인 가능성에 초점을 맞춘다. 반대로 희망이 낮은 사람은 목표를 추구하면서도 목표가 이루어질 가능성을 낮게 두고 실패할 확률에 초점을 맞추고 부정적인 감정 상태를 보인다. 목표에 대한 동기부여와 목표 행동에 대해 영향을 준다는 점에서 자기효능감과 비슷하지만, 목표가 이루어지는 과정에 초점을 두고 작용한다는 점에서 자기효능감과 구분된다.[47]

희망은 다양한 분야의 경험적 연구를 통해 긍정적인 성과에 영향을

---

46 Averill, J. R., Catlin, G., & Chon, K. K.(1990). *Recent research in psychology. Rules of hope*. Springer.

47 Youssef, C. M., & Luthans, F.(2007). Positive organizational behavior in the workplace : The impact of hope, optimism, and resilience. *Journal of management*, 33(5), pp.774-800.

미치는 변인으로 증명되고 있다. 일반적으로 희망은 학업이나 운동적 성취, 육체적·정신적 건강과 생존과 관련된 대처, 믿음과 기술, 바람직하고 긍정적인 삶의 결과 등과 유의미한 관계가 있거나 영향을 주는 것으로 나타났다.

긍정 정서_감사

감사는 이렇게 몇 쪽에 정리하기에는 벅찬 주제라고 할 수 있다. 그만큼 긍정 정서에서 차지하는 비중이 크다. 감사란 자신에게 주어진 혜택이나 아름다운 자연 같은 선물을 받고 마음속으로 고마워하고 즐거워하는 태도이다. 인간이 신에 대해 올리는 감사의 기도는 종교가 가진 가장 큰 미덕이라고 생각한다. 종교의 교리를 떠나서 기도의 순간에 감사하는 마음을 갖고 그 이유를 되뇌는 것은 긍정 정서를 갖는 데 효과적이기 때문이다. 마틴 루터는 감사란 "근본적인 기독교인의 태도"라고 불렀는데, 오늘날에도 여전히 "복음의 핵심"으로 언급된다.[48]

또한 여러 나라의 전통이나 문학 작품 속에서도 감사의 마음을 강조하는 구절을 쉽게 찾을 수 있다. 소설 '오래오래'에는 사랑하는 여인과

---

48   Emmons, Robert A., and Teresa T. Kneezel. Giving Gratitude : Spiritual and Religious Correlates of Gratitude. *Journal of Psychology and Christianity* 24.2(2005), pp.140-48.

함께 한 시간과 공간을 떠나오면서 주인공이 감사를 보내는 표현이 나온다.

'고맙다. 나에게 희망을 준 많은 것들이여. 고맙다. 친절한 사람들의 도시여. 어머니의 말씀이 옳았다. 절망의 밑바닥에서도 감사하면 다시 힘이 나는 법이다.'

감사는 부정 정서와 공존하기가 어렵다. 이런 이유로 대학에서 학생들에게 긍정 정서에 대해 강의할 때 감사 실습을 통해서 감사의 힘을 느껴보는 체험을 커리큘럼에 포함한다. 그것은 감사일기를 매일 써서 제출하는 것이다. 하루에 감사한 일 3가지를 써서 URL로 제출하는 활동을 5주 동안 해보는 것이다. 아무리 '감사'가 긍정 정서라고 해도 그것을 경험해보지 않으면 대학생들이 알기 어려워서 일단 실험을 한 번 해보는 것이다.

이전의 여러 연구가 이미 증명한 결과를 저자도 역시 학생들에게 같은 결과를 확인하곤 한다. 이 감사 활동을 경험한 학생들은 변화된 자신을 발견하곤 나에게 와서 감사의 말을 전했다. 이전에 심각한 우울증이 있어서 친구들과 잘 어울리지 못했던 학생, 열등감에 사로잡혀서 괴로워했던 학생들이 자신이 변화된 점에 대해 강의가 끝나고 조용히 수줍게 다가와서 감사의 힘에 대해 고백하곤 했다.

이는 저자도 똑같은 경험을 했기 때문에 지금도 어렵고 우울한 상황에 빠지면 가장 먼저 나에게 적용하는 실습이기도 하다. 본인도 가족이 사업에 실패해서 가정 경제가 휘청한 때도 있었고, 다툼이 심해져 심각한 갈등을 겪은 적도 있었다. 그럴 때 낙심하며 우울한 상황이 지속되었는데 서점에서 『감사의 힘(데보라 노빌)』이라는 책을 발견했다. 책 제목이 너무 간단해서 이건 무슨 대단한 자신감일까 하는 호기심으로 구매했다. 당시 비닐에 싸여 있어서 펼쳐 볼 수도 없었기에 일단 집으로 가져오고선 책장에 꽂아 둔 채 몇 년을 보냈던 것 같다.

어느 날 책장에 있는 책을 새삼스레 발견했다. 한참 지나서 비닐도 뜯지 않았다는 것이 미안해서 포장을 뜯고 책을 펼쳐 들었는데 너무 실망스러웠다. 내용은 감사가 얼마나 중요하고 자신이 도움을 받았는지 하는 뻔한 내용이 간략하게 적혀져 있었다. 그리 대단한 내용은 아니었는데 순간 돈이 너무 아까워서 속는 셈 치고 나에게 적용하기 시작했다.

'사업에 실패해서 집안이 거덜 났어도, 그래 비가 새지 않는 집이 있어서 다행이다. 그래도 지붕도 있고, 뜨거운 물도 나오잖아.' 이런 맘을 먹기 시작했다. 그리고 그 후 살면서 일어나는 별로 유쾌하지 않은 상황을 만나게 되면 '그나마 다행이야'라는 생각으로 감사할 거리를 순식간에 찾아내서 나를 위안했었다.

그런데 신기하게도 이후 나의 우울감은 점점 줄어들었고 어두운 절망만이 있었던 삶도 조금씩 밝아지는 것을 느끼게 되었다. '행복은 감사의 문으로 들어왔다 불평의 문으로 나간다'라는 미국 속담이 그냥 있는 것은 아니었다. 감사는 그만큼 긍정 정서와 밀접한 관계가 있다.

감사는 이런 것이구나 하는 것을 깨달았다. 이후 긍정심리학을 접하면서 감사가 긍정 정서에 기여한다는 것을 여러 연구 논문에서 찾아보면서 확고한 신뢰가 생겼다. 만약 어떤 힘든 일이 있더라도 감사할 수 있는 마음만 있다면 거기서부터 우리 삶은 위로를 받을 수 있다. 긍정 정서를 관리한다는 측면에서 감사는 매우 중요하고 필수적인 정서이다.

하버드대 조지 베일런트 교수는 70년간 성인남녀 814명의 삶을 연구했다. 그는 책 『행복의 조건』에서 행복한 삶을 사는 조건으로 다음 7가지를 꼽았다. 안정적인 결혼생활, 금연, 적절한 음주, 규칙적인 운동, 높은 교육 수준, 적당한 체중 유지 그리고 어려움에 대처하는 자세가 그 7가지인데 이중 가장 중요한 것은 어려움에 대처하는 자세였다.[49]

우리는 삶에서 고통스러운 일의 많고 적음이 그 사람의 행복에 영향을 미친다고 생각하지만, 그의 연구는 다른 이야기를 한다. 고통스러운 일의 많고 적음이 아니라 그 고통에 어떻게 대응했는지가 행복과 불행을 결정한다고 한다. 불교의 가르침 중에서 '첫 번째 화살은 피할 수 없더라도 두 번째 화살은 맞지 말아라'라는 말이 있다. 교통사고와 이혼, 화재 등 예측하지 못한 불행한 사건이 첫 번째 화살이라면 그에 대응하는 나의 태도와 자세는 두 번째 화살이다. 불행한 일에 대해 낙담하고 자신을 포기해버린다면 두 번째 화살을 다시 맞는 것과 같다.

고통에 대응하는 능력은 슬픔이나 아픔, 가해자에 대한 분노를 소화해 포용으로 바꿀 수 있는 능력을 말한다. 자신을 둘러싼 환경과 불충

49　조지 E. 베일런트(2010), 이덕남 옮김, 『행복의 조건 - 하버드대학교 인간성장보고서, 그들은 어떻게 오래도록 행복했을까?』, 프런티어.

분한 조건에서 감사한 점을 찾아내는 능력이 포함된다.

감사의 종류에는 3가지가 있다.

❶ 덕분에 감사한 일 : 일을 할 수 있고, 사랑할 수 있고, 즐길 수 있고... 등

❷ 천만다행 : 그럼에도 감사한 일_무언가 아쉽고, 서운하고, 부족한 점이 있지만... 등

❸ 무조건 감사한 일 : 하나님, 부모, 스승... 등

첫 번째 '덕분에 감사한 일'은 자신에게 주어진 환경과 조건에 감사하는 것이다. 기본적으로 건강한 몸을 가지고 태어났다는 점, 안전하고 쾌적한 환경에서 일할 수 있다는 점, 치안이 좋고 경제적으로 발전한 나라에 살고 있다는 점 등 사소한 것부터 하나씩 헤아려보면 생각보다 내가 많은 혜택을 누리고 있다는 것을 깨닫게 된다.

개인적으로 최근 부모님에 대해 새롭게 깨달은 것이 있는데 교수라는 직업상 공부하고 연구하는 것이 일인데 하루는 논문을 쓰고 연구하면서 '이게 일인데 연구하고 논문 쓰는 게 싫었으면 어쩔 뻔했을까?' 하는 생각이 들었다. 그러면서 자연스럽게 내가 연구하고 공부하는 것을 좋아해서 다행이고 그런 유전자를 주신 부모님께 감사하는 마음이 들었다. 어쩌면 좀 늦게 깨달아서 조금 창피한 일일 수 있겠다. 이렇게 하나씩 생각하다 보면 감사할 것이 천지다 싶다. 감사할 일을 발견하는

것이 감사 능력에 포함되고 연습으로 발전할 수 있다.

두 번째 '그럼에도 불구하고 감사한 일'은 우리가 많이 쓰는 '불행 중 다행'이라는 말에서 쉽게 생각해낼 수 있다. '교통사고가 났는데 천만 다행으로 사람은 안 다쳤잖아', '부도가 났지만 그래도 건강은 안 상했잖아', '그럼에도 불구하고 가족들이 흩어지지 않고 함께 살 수 있잖아'. 앞에서 잠깐 이야기한 것처럼 남편이 사업에 실패했을 때 이런 말들을 떠올렸던 것 같다. 이런 말을 할 수 있다면 고통스러운 일 속에서도 자신의 긍정 정서를 건강하게 유지하는 데 도움이 된다. 욕심을 내려놓으라는 말은 부족함에서도 충분하다고 생각하는 능력일 것이다.

세 번째 '무조건 감사한 일'은 운명적으로 나에게 주어진 삶에 대한 감사이다. 존재함에 대한 감사, 나를 태어나게 해준 부모님에 대한 감사, 내 삶에 대한 주관자로서 신에 대한 감사, 자연의 아름다움에 대한 감사 등에 해당한다.

만약 지금, 이 순간 당신이 불행하다고 느껴진다면 위의 첫 번째부터 하나씩 떠올려 보길 바란다. 즉각적으로 도움이 될 것이다. 많은 논문과 연구 결과가 이를 뒷받침하고 있다. 바바라 프레데릭슨은 감사는 다시 갚아야 하는 의무감이나 예의가 아니라, 정해진 각본 없는 마음에서 우러난 것이어야 한다고 말한다.

선배에게 매번 밥을 얻어먹던 신입생 시절, 왜 맨날 선배가 밥을 사냐고 물었었다. 그때 선배는 "나도 나의 선배에게 이렇게 얻어먹었다. 너는 너의 후배에게 밥을 사라."고 했던 말이 기억난다. 지금의 나는 그 선배보다 훨씬 더 많이 사고 있는 것 같다. 감사는 번져가는 것이다. 프레데렉슨은 영화 <Pay It Forward>의 스토리를 인용했다. 한 소년이 선행을 베푼 후 그 보답으로 자신이 아닌 다른 세 사람에게 창의적이고 상대에게 적합한 방식으로 선행을 베풀라고 부탁을 한다는 내용이다. 감사는 번져나갈 것이다.

내가 받은 것에 대해 감사하는 마음을 갖는 게 대개 사람들의 마음일 것이다. 그런데 감사를 다른 차원에서 소개한 작가도 있다. 김종원 작가의 『하루 한마디 인문학 질문의 기적』에서는 감사를 이렇게 소개한다.

'길에 쓰레기가 별로 없음에 감사하지 말고, 허리를 숙여 떨어진 쓰레기를 주워서 너의 행위로 누군가가 세상에 감사하는 마음을 전하게 하라.

눈이 많이 내리는 겨울에 택배를 무사히 받았다는 사실에 감사하지 말고, 그들이 안전하게 택배를 전할 수 있도록 눈이 오면 집 앞 언덕을 쓸어라.

그것을 자녀에게 가르치면 그대는 자기 삶에 빛을 하나 더한 것이고, 그 빛을 본 사람들은 그대로 인해 인간의 빛이 어떻게 세상을 아름답게 하는지 깨닫게 될 것이다. 그렇게 세상의 감사를 받게 될 것이다.'[50]

---

50   김종원(2020), 『하루 한마디 인문학 질문의 기적』, 다산북스, 136면.

아직 이렇게 타인에게 감사를 느낄 여유가 없을 수도 있다. 일단 내가 얻고 누리는 것에 감사를 시작하자. 그럼 내 마음의 따뜻함이 타인에게도 여유롭게 전해질 것이다.

당신이 가장 최근에 느낀 감사를 느낀 적은 언제인가? 또 지금 바로 감사할 일 3가지를 떠올려 보라. 이전보다 훨씬 행복해질 것이다. 즉각적 효과가 있는 것이 바로 감사이다.

긍정 정서_기쁨

　기쁨은 긍정 정서의 대표 정서이다. 자신이 들인 노력보다 얻은 것이 클 때 느끼는 정서이다. 주변 환경이 안전하고 친숙하며, 만사가 순조롭게 이루어지고, 자신의 노력은 크게 필요하지 않을 때 유발될 수 있다. 하지만 여기에 반기를 드는 학자들이 있다. 다른 학자들이 기쁨에 대해 표현한 바를 보면 C. B. 브리제스는 유아 50명을 대상으로 관찰했더니, 감정은 단순한 흥분으로부터 출발하여 그것이 쾌·불쾌로 나누어지고, 쾌감이 기쁨으로 발달하여 희망으로 분화된다고 말하였다.

　청년기가 되면 어떤 일에 성공하였을 때, 경쟁에서 이겼을 때 기쁨을 느낄 수 있다. 성공이나 승리가 고생을 통하여 얻은 것일수록 기쁨은 크다. 오늘날에는 자아가 실현되고 삶의 보람을 느꼈을 때 가장 행복을 느끼는 것 같다. 남이 행복하게 되는 것을 기뻐하는 것은 기쁨 중에서 가장 고상한 기쁨이라고 할 수 있다.

　기쁨을 가져오는 것으로는 소원을 이루었을 때, 누군가에게 감사를 받을 때, 게임에서 이겼을 때, 월급을 받을 때, 반가울 때, 결혼할 때 등이 있다. 기쁨은 자기가 원하는 일을 해낼 때도 얻을 수 있지만 좋은 일이 우연히 닥쳤을 때도 느낄 수 있으며, 착한 일을 해서 만족감을 느낄 때도, 본인이 그에 대한 상이나 보답을 받지 않더라도, 기쁨을 느낄 수 있다.

이렇듯 기쁨은 우연히 무언가를 얻거나 맞닥뜨렸을 때의 감정부터 고생이나 노력에 대한 대가로 무언가를 성취한 보람까지 그 폭이 넓다. 결혼, 승진, 합격과 같은 큰 기쁨은 3개월까지 가기도 한다. 마찬가지로 장례, 이혼, 별거와 같은 부정적 정서도 3개월 정도 간다고 한다.[51]

자신의 노력을 크게 들이지 않고 얻었을 때의 기쁨과 어려움을 겪고 장애물을 해결하며 성취한 기쁨은 그 강도에서 차이가 있다. 또한 내가 알고 있는 사람이 잘되어 나의 기분이 그 사람의 기분에 공감하며 기쁨을 나누는 것도 "기쁘다"라도 표현하기도 한다. 감정을 크게 두 가지로 볼 때 좋은 감정(쾌)과 나쁜 감정(불쾌)이라고 단순화한다면 기쁨은 좋은 감정의 대표적인 정서이고 가장 강렬한 감정을 느낄 수 있는 종류이다.

우리 삶 속에서 기쁨을 느낄 수 있는 장치를 늘려간다면 기쁨이라는 긍정 정서를 이어가는 데 도움이 될 것이다. 가장 가까운 것으로 버킷 리스트나 사소한 종류의 도전 목표 만들기, 도장 깨기와 같은 장치를 들 수 있다. 여기서 중요한 것은 사소할수록 좋다는 것이다. 작고 사소

---

51 Suh, E., Diener, E., & Fujita, F.(1996). Events and subjective well-being : Only recent events matter. *Journal of personality and social psychology*, 70(5), 1091.

할수록 이루기가 수월하기 때문이다. 매일 매일의 일상에서 작은 루틴을 만들고 그 루틴을 성취하도록 설계해 본다.

매일 매일 하는 것이 가장 어려운 일이라고 한다. 일상의 작은 루틴이 쌓여서 결국 하나의 큰 성취를 이룬다는 것을 간과하면 안 된다. 만약 이루고 싶은 크고 어려운 목표가 있다면 하루의 분량으로 나누어 본다. 사소하고 자잘한 목표로 잘게 나누어서 하나씩 이뤄가는 것도 좋은 방법이다.

저자의 경우 바디 프로필을 찍는다는 목표를 가졌다. 그래서 매일 매일 1시간씩 운동을 하는 것을 도장 깨기처럼 실천하고 있다. 1시간의 운동도 팔 벌려 뛰기 30회, 1kg 아령 운동 15회×3세트, 로잉 머신 10분 이런 식으로 작게 쪼개서 하나씩 실천한다. 작은 성공이 쌓여서 하나의 목표를 향해 간다. 바디 프로필이라는 큰 목표에 도달할지 내가 포기할지는 모르겠다. 문제는 매일 매일 내가 목표를 향해 가고 있고, 그 과정에서 나의 긍정 정서를 관리하고 있다는 것이 중요하다.

여기서 하나 참고할 사항이 있다. 사람들이 게임에 중독되는 가장 큰 이유 하나를 들자면, 도장 깨기에 기쁨을 느끼는 것이다. 레벨이 하나씩 상승하면서 강력해지는 무기, 미션을 이루었을 때 터지는 화려한 꽃다발과 축하 음 같은 것은 작은 쾌감을 계속 이어가게 한다. 이런 도장 깨기를 내 삶에서 하나씩 이뤄가는 것으로 영리하게 적용해볼 수 있다. 가장 쉽게는 책상 정리, 방 치우기, 냉장고 청소, 옷 정리 같은 것들. 안 해도 사는 데 문제는 별로 없지만 언젠가는 해야지 하며 미뤄

났던 것들을 아주 작은 단위로 해보는 것을 추천한다. 조금 더 용기를 내서 이루고 싶은 목표는 이미 여러분 머리나 메모에 가득할 것이다. 이런 목표들을 이뤄가는 내 모습을 상상해보자. 생각만으로도 아마 기쁨을 느낄 것이다.

긍정 정서_영감

영감은 창의적인 사고나 일과 연결된다. 영감은 창조적인 일의 계기가 되는 기발한 착상이나 자극을 의미한다. 평소 잘 이해가 안 되는 것이 머릿속에서 전구가 들어오듯 반짝 이해가 될 때가 있다. 또는 일을 어떻게 해나갈지 막막했는데 어느 날 세수하면서 다음 진행을 어떻게 할지 떠오르는 경우 영감이 떠올랐다고 표현한다. 영감은 우리 삶에서 매우 자주 접하는 경험의 순간이다. 영감을 경험하는 순간에는 생각의 막힘을 뚫고 다음 단계로 진입하는 추진력과 힘을 얻는다. 자신의 능력이 유효함을 확인하면서 자부심을 경험한다.

사실 이 영감을 느끼고 싶어서 책을 찾아보며 저자의 생각 속으로 들어가 보기도 하고, 탁월한 감독의 작품을 찾아보기도 한다. 탁월성과 마주칠 때 우리는 평소의 범상함을 뛰어넘어 더 큰 가능성을 바라본다.

영감은 아름다운 자연 속을 거닐며, 하늘의 구름, 색깔과 모양이 각기 다른 나뭇잎들, 제멋대로 뻗은 나뭇가지와 풀 들을 보며 떠오르기도 한다. 유명한 미술작품에는 자연 속의 새, 나뭇잎, 꽃, 숲을 모티브로 영감을 얻은 작품들이 많다. 이런 예술작품은 그 작품을 감상하는 사람에게 또 다른 영감을 제공하기도 한다. 미술관을 가서 그림을 감상하면서 나도 모르게 아름다움에 영감을 느낀다.

코로나시대에 가장 많이 머무는 공간인 집에 대한 관심이 높아졌다. 다른 사람들은 어떻게 해놓고 사는지 보여주는 <구해줘 홈즈> 같은 프로그램이 속속 생겨났다. 잘 정리되고 디자인된 실내에 들어가면 기분이 한껏 고양되고 그 공간의 긍정적인 에너지를 느끼게 된다. 오죽하면 풍수인테리어라는 말도 있듯이 공간이 사람에게 주는 영향은 크다. 그 공간에 머물며 지속적으로 공간과 기운을 나누고 생활하니 사람에게도 영향을 주는 것이 당연하다고 볼 수 있다.

쾌적하고 잘 정리된 공간에서도 영감을 얻는다. 영감은 창의적인 사고와 일로 연결되기 때문에 자신이 머무는 공간을 정리하고 꾸미는 일에 관심을 기울이는 것은 바람직하다. 최근 집 정리와 비우기에 관심을 가진 사람들이 많다. 스몰라이프를 지향하며 <신박한 정리> 같은 프로그램이 만들어진 것은 집을 쾌적한 공간으로 만들고 싶은 사람들의 관심을 반영한 것 같다. 집 관련 물품과 인테리어 물품의 매출이 엄청 늘었고, 가구는 없어서 못 판다고 한다. 이 말이 헛소문은 아닌 것 같다.

영감은 발견하는 힘과도 연결되어 있다. 평상시 아무렇지도 않은 풍경이 어떤 필요와 절실함과 만나면 새로운 영감의 원천이 되기도 한다.

예능 프로그램을 만들면서 매번 창의적인 아이디어가 필요한 예능PD
는 어떻게 영감을 얻을까?[52] tvN에서 <수미네 반찬>을 기획한 문태주
PD는 "걷는 걸 좋아해서 걸으면서 영감을 얻는다. <수미네 반찬>은
아파트 단지를 걷다가 반찬가게가 많은 것을 보고 생각했다. 사물을
보면서 프로그램과 접목시켜보면 어떨까 생각을 한다"고 말했다. 우리
의 삶 속에서도 필요한 영감을 얻는다.

사람과의 만남은 영감의 풍부한 자원이다. 박희연 PD는 "사람을 많
이 만나려고 하는 편이다. 뭘 하고 사는지 어제 뭘 봤는지 누구랑 만나
고 사는지 등 얘기 나누면서 영감을 얻으려고 한다"고 말했다. 김민경
PD는 "코미디 프로그램을 오래하다 보니 출연자인 개그맨 40여 명과
얘기를 많이 한다. 각자의 취향이 다르고, 제가 모르는 게 많아서 거기
서 영감 얻는다"고 답했다. 한 사람 한 사람은 하나의 우주이고 그 우주
안에서 펼쳐지는 삶의 모습은 무언가를 찾으려 하는 사람에게는 어마
어마한 자원이 된다. 사람을 만나지 않고 방안에서 컴퓨터와 인터넷에
의존하는 창작으로는 한계가 있다. 결국 누군가와 닿아야 한다. 만나서
나눠야 한다.

훌륭한 삶의 모습을 보며 그 사람처럼 살고 싶은 영감을 얻는다.
지고한 인품을 목격할 때 사기가 진작되고 정신적으로 고무된다. 최고

---

52 이정수(2019), "tvN 예능 PD들은 어디에서 영감을 얻을까?", 서울신문, 2019.5.8.
일자, 2020.10.11. 검색
https://www.seoul.co.kr/news/newsView.php?id=20190508500004

의 역량을 선보이는 것을 볼 때 우리는 영감을 얻는다. 여러 어려움을 뚫고 성취를 이뤄낸 사람들의 삶의 스토리는 '아 저렇게 노력했구나. 이런 시도를 했구나'라며 나에게도 시도해볼 만한 방법과 시도해볼 여지를 준다.

삶을 둘러싼 자연, 물건, 공간, 환경, 그리고 사람들의 이야기 속에서 영감을 주는 요소들을 찾아보자.

긍정 정서_재미와 유머

웃을 수 있다면 희망이 있다. 웃을 수 있다면 살만 한 것이다. 웃게 만들면 관계는 일단 시작된다. 남녀관계에서 미소를 짓게 한다면 성공 확률이 높아진다. 내가 웃는 것도, 남을 웃게 하는 것도 귀하다. 그 방법이 유머든, 선물이든, 재치 있는 입담이든 모두 귀하다.

재미는 심각하지 않은 사회적 부조화 현상이다. 즉 예기치 않은 일이 일어나면 웃음이 터진다. 뜻밖의 상황, 사회적 부조리는 사회적인 것이다. 간혹 혼자서 웃을 때도 있지만, 그런 웃음은 타인과 나누는 웃음을 흉내 낸 것에 불과하다. 또한 뜻밖의 사건은 위험하거나 위협적이지 않은 안전한 배경에서만 재미있을 수 있다. 농담도 상대의 기분을 상하게 한다면 재미있을 수가 없다. 즉 재미란 심각하지 않은 것이다. 웃음을 나눈다는 것은, 현재의 상황에서 안전하고 편안하며 축복된 시간을 타인과의 유대강화에 이용하고 싶다는 신호다.

재미는 유머와도 맥을 같이 한다. 유머는 웃음이나 즐거움을 유발하는 인지적 혹은 무의식적 경험으로, 웃음을 동반하는 유쾌하고 독특한 정서이다. 유머는 즐거움, 웃음, 미소 등을 유발하는 자극 자체를 의미하며, 즐거움이나 웃음을 유발하는 자극을 적극적으로 사용하거나 창출해내는 능력을 의미하기도 하므로, 자신과 타인을 웃게 하는 능력이라 할 수 있다. 또한 유머는 언어 활용에서뿐만 아니라 시각적·신체적인 비언어적 형식의 의사소통수단으로도 활용된다. 이런 특성 때문에 현대 심리치료나 상담에서는 유머를 적극적으로 활용한다. 유머의 사용은 문제를 가볍게 보거나 문제점을 축소시키고자 하는 것이 아니라, 문제가 야기하는 고통의 결과로 생길 수 있는 또 다른 긍정적이고 건설적인 면을 다루어 내담자에게 희망을 주고자 하는 것이다.

고대 그리스의 선각자들은 유머를 인간의 본질을 구성하는 핵심 요소라고 여겼다. 정치인에게 유머는 필수 자질로 꼽힌다. 미국 ABC 방송국이 2015년 실시한 설문조사에 따르면 성공한 정치인의 필수자질로 '유머'를 뽑은 국민이 무려 74%에 달했다. 유머의 가치가 얼마나 높은지를 알게 해주는 조사결과다. 성인 여성들이 이상적인 배우자의 조건으로 꼽은 것 중에 경제력과 성격도 중요하지만 유머가 있는지도 중요한 요소에 들어간다.

웃음의 가치는 얼마일까? 유머의 가치는 한 사람의 생명을 구하기도 한다. 예전 유명 개그맨이 오랫동안 라디오 방송을 하며 매너리즘에 빠져 힘든 나날을 겪고 있었는데 애청자의 사연에 정신을 차린 에피소드를 소개한 적이 있다. 한 애청자가 자살하려고 한강대교를 택시로 가고 있는데 택시 기사가 틀어놓은 라디오 방송에서 이 개그맨이 소개한 유머에 웃음이 나왔다는 것이다. 죽으려 가는 택시 안에서 이렇게 웃을 수 있다니 신기했고, 그렇다면 다시 살아보자는 마음이 생겼다는 사연을 소개해줬다. 웃음은 희망의 출발이 되어 주었고 미소를 지을 수 있는 삶의 에너지가 된다.

이렇듯 유머는 우리의 인식에 영향을 미치고 삶을 대하는 방식에서 여유와 용기, 자신감을 불러일으킨다. 자기 스스로와 타인에 대해 유머 있는 태도는 관계를 부드럽게 하고 유대감을 형성하기도 한다. 유머는 사람들이 더 자유롭게 생각하고 더 솔직하게 말하도록 해서 결과적으로 창의적 사고를 촉진한다. 유머의 긍정적인 효과는 건강에도 영향을 미친다. 웃음에 대한 기대만으로도 스트레스, 두려움과 관련된 호르몬인 코르티솔과 에피네프린의 분비가 각 39%, 70%가량 감소된다.[53]

그런데 하루 중 얼마나 웃는가를 생각해보면 그리 많지 않다. '오늘 처음 웃었어.' 이런 말을 들을 때가 많다. 생각해보니 나도 '오늘 처음 웃었어.'라고 답변할 때가 많았다. 가장 많이 웃는 장면은 다른 사람과 함께 있을 때이다. 점점 '나를 웃게 해주는 사람'의 가치가 상승하고 있다.

남녀 커플이 좋은 관계가 지속되기 위해서는 초기 단계의 열정도 필요하지만 장기적으로는 유머와 분노코드가 맞아야 오래간다. 분노할

---

53   제니퍼 에이커, 나오미 백도나스(2021), 『유머의 마법』, 안드로메디안.

때의 대상이 비슷하고 웃을 때 유머코드가 같을 때 관계가 더 깊어지고 공유할 수 있는 사고의 폭도 넓어진다.

그렇다면 어떻게 유머를 높일 수 있을까? 일단 유머러스한 사람을 관찰하고 따라 해본다. 여러 예능프로그램을 연출한 이상훈 PD는 『유머의 기술』이라는 책에서 반복, 풍자, 과장, 실수 등 유머의 기본코드 18가지를 소개했다. 자신에게 적용해보고 싶은 기술을 한 가지는 발견할 수 있을 것이다. 저자도 인상이 좀 차가운 편이라 사람들이 말 붙이기 어려워한다는 것을 알게 되었다. 이런 분위기를 부드럽게 하려고 유머를 사용하려고 노력한 적이 있다. 그러자 고객인 학생과 동료들에게 매우 즐거운 사람이라는 평을 듣게 되었다.

유머는 다르게 보는 힘이다. 기업이든 국가든 '상상력'이 핵심인 시대다. 유머를 잘 구사하는 사람은 상상력이 뛰어난 사람이다. 그들은 같은 사물이나 사건을 봐도 다른 각도에서 생각할 줄 알고, 그것을 웃음으로 연결시킬 줄 안다. 유머러스한 사람이나 개그맨 중에 어릴 적 어려운 시기를 겪은 사람이 많다. 남들보다 가난하고 어려운 형편에서 그 상황을 유머러스하게 겪어내는 훈련이 도움이 된 듯하다.

유머는 여유에서 나온다. 여유가 없는 사람은 유머를 구사할 수 없다. 바쁜 생활 속에서도 자신만의 기준을 세워 스스로 여유를 가져야 한다. 여기서 말하는 여유는 시간의 여유가 아니라 마음의 여유다. 유머를 구사하는 사람도 유머를 받는 대상자도 우선 여유가 있어야 한다. 그래야 유머가 산다. 따라서 유머를 하기 전에는 먼저 마음의 여유를 갖고, 유머의 대상이 긴장하지 않도록 여유를 만들어준 후에 유머를 시작하라. 유머를 배우기 전에 먼저 마음의 여유부터 찾는 법을 배우 자.[54]

긍정 정서_평온

평온도 기쁨처럼 주변 환경이 안전하고 친숙하며 별다른 노력이 필요하지 않을 때 찾아온다. 그러나 기쁨에 비해 평온은 더 차분하고 지금 속한 상황이 지극히 편안하고 무탈함을 느낄 때 찾아온다. 평온은 현재의 상황을 음미하고자 몰입했을 때 찾아온다. 평온은 외부 조건이 나에게 편안함을 제공할 때 느끼기가 쉽다. 환경의 평온함과 내 내면의 평온함으로 나눌 수 있다.

예를 들면, 추운 날씨에 외출하고 돌아왔을 때 정돈 되어있고 따뜻한 집안의 느낌, 힘든 집안일을 마치고 소파에 앉았을 때의 느낌, 찻잔의 따스함과 향기가 느껴질 때의 안온함, 하루 일과를 마치고 침대에 누웠을 때의 편안함과 같은 것이다.

잘 정리된 옷가지와 집안 살림들, 싱싱한 화초들, 석양의 햇살이 깃든 실내 공간, 깨끗한 인테리어, 이렇게 집이 주는 안온함도 평온의 모습이다. 이렇듯 외부의 공간이나 조건이 나에게 편안함을 주는 경우를 활용하면 우리 삶에 평온을 가져오기 쉽다.

긍정심리학의 권위자 Diener(1985)는 긍정 정서의 강도를 강하게 느끼는 사람은 부정 정서의 강도도 강하게 느낀다고 한다. 젊은 시기는 정서적으로 긍정과 부정을 오가는 폭이 크다. 또 여성은 주기적으로 여성 호르몬의 영향을 많이 받기 때문에 남성에 비해 정서 변화의 폭이 크다. 평온함을 일종의 만족감으로 판단했을 때, 여성보다는 남성이 높고, 젊은 층보다는 노년층이 만족감이 높다. 이 만족감은 일반적으로 정서 변화가 적은 노년이 될 수록 증가한다.[55]

평온은 현재 상황을 음미하고 그 느낌을 자신의 삶에 포함시켜서 더 풍부하게 느끼고자 하는 마음을 일으킨다. '더 자주 이랬으면 좋겠어.'라는 생각이 들 때, 녹차를 마시고 개운하고 향긋한 향기를 음미할 때 평온은 그 자리에 있다. 우리 삶에서 뭔가를 음미할 때 바로 그 순간에 평온이 머문다. 가장 최근에 평온을 느꼈다면 언제 어떤 상황이었나? 하루의 일과에서 찾을 수 있는 평범한 순간에서 나에게 평온함을 느끼게 하는 순간에 잠시 머물러서 평온에 흠뻑 젖어보길 바란다.

먼저 물리적 공간에서 느끼는 평온과 신체적 평온, 그리고 정신적 평온으로 나눠볼 수 있다. 여러분은 외부의 조건이 어떨 때 평온함을 느끼는가? 외적 평온의 대표적인 공간은 물리적으로 가장 큰 공간인 집과 일터이다. 내가 통제하고 조절할 수 있는 공간으로 가장 손쉽게

---

55   Diener, E. D., Emmons, R. A., Larsen, R. J., & Griffin, S.(1985). The satisfaction with life scale. *Journal of personality assessment*, 49(1), pp.71-75.

접근할 수 있는 공간은 바로 집이나 자신의 책상, 사무 공간이 될 것이다. 이 공간을 정리하고 마음에 들게 만들어 보자. 또 지친 심신을 쉬게 해주는 집을 정리하고 꾸며보자. 볕이 드는 창가에 두어 개의 화분은 정겨움과 생기를 느끼게 한다. 소파가 있다면 어울리는 그림을 근처에 배치한다면 일터가 갤러리가 될 것이다. 공간에 대한 재량권이 별로 없다면 자신의 책상이 대상이 된다. 필요한 문구류만 있고 깔끔히 정리된 책상은 금방이라도 책을 펴고 싶은 마음이 들게 한다.

요즘 집 꾸미기가 유행이다. 사람들이 원하는 평온함을 집에서 찾는 것이 가장 쉬운 일이기 때문일 것이다. 집은 자신의 정신세계를 물질적 세계에 현실화한 공간이라고 한다. 물적 세계인 집을 정리한다면 동시에 정신세계도 안정되면서 정리될 것이다. 코로나 19 사태 이후로 집에 있는 시간이 늘어나면서 집이라는 공간에 대한 관심도 함께 늘었다. 내가 머물러 있는 공간을 더 잘 정리하고 쾌적하고 편안한 곳으로 만들려는 노력의 반영일 것이다. 가지고 있는 물건과 가구배치만 달리해도 기분이 달라진다. 새로 사는 것이 아니다. 필요한 것을 중심으로 재배치하고 정리만 해도 공간이 달라진다. 요즘 웬만한 아파트는 평당 비용이 몇 천 만원에 이르고 주거비용은 가장 큰 고정비이기도 하다. 이렇게 비싼 공간에 쓰임을 다하거나 사용하지 않은 채 쌓여 있는 잡동사니를 채우고 있다면 너무 억울한 일이다.

'정리의 힘'으로 명사가 된 곤노 마리에는 '설레지 않으면 버리라'고 했다. 사실 이 기준은 너무도 명확해서 옷장을 들여다보니 설레지 않는 옷을 치운다면 옷장이 텅 빌 정도이다. 겁날 정도이다. 주변을 어수선하게 만들고 쌓여있는 잡동사니들은 집안의 에너지를 평온함에서 멀게 한다. 쾌적하지 않고 복잡한 물건들 속에서는 오히려 휴식보다는 스트레스를 받을 수도 있다.

가장 기본적인 나만의 공간이며 전진을 위해 새로 에너지를 충전하는 집에서 평온함을 느끼기 위해서는 에너지의 흐름을 유연하게 만드는 것이 중요하다. 풍수가 그냥 나온 것은 아닐 것이다. 깨끗함과 쾌적함은 에너지의 흐름을 개선시키는 요소일 것이다. 그중에서도 공간 정리는 가장 효과적인 방법 중 하나라고 얘기한다. 잡동사니가 쌓이기 시작할 때는 뭔가 우리의 삶에 정리가 필요함을 암시한다고 한다. 무언가 쌓이면 쌓일수록 정체된 에너지를 불러온다. 평온은 그동안 미뤄놨던 해야 할 일 일들을 시작하면서 찾아올 수 있다. 찢어진 벽지, 피어있으나 모른 척했던 곰팡이들, 정리되지 않은 전선과 콘센트들, 정리해야지 하며 쌓아놨던 오래된 옷과 물건들을 먼저 손보자. 내가 머물 공간에서 정리를 시작하는 행동은 평온을 가져오는 첫걸음이다.

내적 평온함은 고됨에 대한 보상이다. 내 내면의 평온함은 이전의 심적 자극이 치열하고 고될수록 더 대비되어 안락하고 편안함이 보상처럼 찾아온다. 몇 주 동안 힘들게 일한 보고서를 마무리하고 결재가 끝났을 때의 안도감, 시간 마감에 맞춰서 과제를 제출한 순간, 어려운 발표를 잘 마무리하고 내려온 순간, 길고 힘들었던 시험기간이 끝난 주말 등은 그 성과와 상관없이 과제를 마무리했다는 내면의 평온함이 일어나는 순간이다.

여기서 내면의 평온함은 이전에 무언가 나에게 부담이나 약간의 스트레스를 주는 과제가 있고 그것을 마무리할 때 온다는 것이다. 오늘의 할 일이나 미뤄놨던 일, 쇼핑이나 세탁소 방문 등의 가벼운 일부터 해야 할 과제나 제출해야 할 보고서가 있을 때 이런 평온함을 느끼기는 어렵다. 일상의 과제를 해치우고서야 이 평온함을 느낄 수 있다는 점은 마냥 좋은 것은 그냥 오지 않는다는 것을 상기시켜준다. 긴 휴식과 아무런 과제가 없는 나날은 지루함의 연속으로 오히려 부정 정서를 가져오기 쉽다. 오늘 하루 동안 해야 할 일, TO Do List 등을 작성해보는 것도 좋은 방법이다.

긍정 정서를 유지하기 위해서 저자는 일상에서 평온함을 마주할 기회를 늘리는 것에 선수이다. 오늘 아침에 일어나서 창문을 열었을 때 미세하게 느껴진 꽃과 나무향기가 아주 인상적이었다. 지금도 코끝에서 그 향기를 기억해내며 평온함을 느낀다. 또 오늘 해내야 할 과제를 집중해서 마치고 책상에서 일어난 순간 내면의 평온함을 마주한다. 고백하지만 평온을 느낌에 있어서 본인도 늘 이렇게 성공적인 것은 아니다. 그러나 평온함을 염두에 두고 몇 가지 행동에 변화를 주려 노력한다.

긍정 정서_흥미

　흥미(interest). 어떤 대상·활동·경험 등에 대해서 계속적으로 그것에 몰두하는 행동경향이다. 그 강도(强度)와 대상이 사람마다 제각기 다르다. 학습이나 작업 등은 그에 대한 개인적 흥미가 있을 때에 자발적 동기에 의해서 이루어진다. 흥미가 없을 때에는 학습이나 작업의 효과를 증진시키기 힘들다. 이런 이유로 흥미를 일으키는 조건과 환경은 많은 연구자의 관심의 대상이 된다.

　흥미가 있다면 뭔가에 완전히 매료되어 거기에 몰입해 탐구하게 만든다. 새롭거나 색다른 것에 관심이 끌려 어떤 가능성에 대한 기대감이나 신비감으로 가슴이 벅찰 때... 이런 상황은 노력, 관심, 도전을 요한다. 흥미가 생기면 개방감, 생기가 느껴진다. 지평이 확장되고, 동시에 가능성도 확장된다.

　흥미의 유형을 조사한 바에 의하면 흥미는 사람의 성장 단계에 따라 다르게 나타난다. 유아기에는 물질적·신체적·이기적 요구에서 출발한다. 경제적·활동적·권력적인 흥미가 왕성하게 발생한다. 이러한 흥미는 초등학교 입학 때부터 점차 감퇴된다. 이에 반하여 청년기에는 이타적·영지적(英智的) 요구에서 나오는 종교적·사회적·이론적 흥미가 늘어나는데, 특히 심미적(審美的) 흥미는 청년기에 가장 강하게 나타난다고 한다. 청소년기의 심리적 흥미는 여러 공상과 함께 나름 심각한 철학적 고민에 빠지게 만들기도 한다.

흥미를 교육적 입장에서 고찰한 바를 보면 먼저, J. 루소는 아동의 흥미는 자연스럽게 성장한다고 생각하여 흥미에 따라서 활동시킬 것을 권장하였다. J. F. 헤르바르트는 학습이 끝났을 때 그 일에 관하여 공부하고자 하는 흥미가 생겨나도록 하는 것이 교사의 역할이라고 하였다. 그리고 원만한 인격을 형성하기 위해 아동이 여러 방면으로 흥미를 갖도록 하는 것이 교사의 임무라고 하여 흥미를 교육의 목적으로까지 확대시켰다.

그러나 흥미를 중시한다는 것은 흥미본위와는 다르며, 어떤 일이나 학습을 할 때 반드시 처음부터 흥미가 있어야 하는 것은 아니다. 처음에는 흥미가 없는 일이라도 수행하는 과정 중에 생기기도 한다. 학습내용의 가치를 발견한다는 점에서 학습 중에 흥미가 증진되도록 하는 것이 바람직한 교육이다. 우리 뇌가 어떤 일에 대해 흥미 있다고 느끼는 데에는 일정한 시간이 걸린다. 처음부터 대상에 흥미를 느끼는 것이 아니라 그 일을 하면서 점점 잘하게 되고 잘하는 일에 대해서는 더 흥미를 느낀다는 것이다.

공부나 일을 처음 시작할 때는 흥미가 생기지 않고 놀고 싶다. 공부나 해야 할 일에 대한 저항이 생기는 것이다. 그런데 일단 하고 싶지 않지만 해야 할 일을 억지로라도 시작하고 나면 우리 뇌는 이 일에 점점 적응을 하기 시작한다. 그리고 약 15분쯤 지나면 뇌가 그 일에 적응을 해 흥미를 갖게 된다. 관성의 법칙은 물리세계에만 있는 것은 아니다. 정신세계에도 작동한다. 일을 안 하고 있으면 계속 안하고 싶고, 하고 있으면 계속 하고 싶게 만드는 것이다.

무슨 일이든 하기 싫더라도 그 일을 해야 한다면 일단 시작해서 15분만 지속해보라. 그럼 이 말처럼 어느새 그 일에 몰두할 가능성이 높다. 저자도 책을 쓸 때 이 원리를 자주 이용한다. 책을 쓸 때는 매일 일정한 분량을 쓰는 게 중요한데, 가끔은 엄청 하기 싫을 때가 있다. 그러면 그냥 부담 갖지 않고 놀러가기도 하고 인터넷 서핑을 하며 시간을 보내기도 한다. 그러다 정말 해야 할 순간이 오면 일단 컴퓨터 앞에 앉는다. 그리고 작업할 파일을 열어서 가벼운 마음으로 오타체크하고 띄어쓰기를 점검하다보면 어느새 새로운 내용을 타이핑하고 있는 나를 발견하게 된다. 어떻게든 시작해서 15분을 버티며 가다보면 점점 그 일에 속도가 붙는다. 마치 비행기가 처음 동체를 상공에 띄울 때 가장 어렵지만 항로에 들어서부터는 어렵지 않게 순항하듯이 일이나 공부를 시작하는 지점에서는 추진력이 필요하다. 시작 시점의 추진력이 필요한 것이지 그 일에 흥미가 없는 것이라고 착각하면 자기만 손해다.

비단 학문이나 지적인 흥미뿐만 아니라 사람에 대한 흥미도 훌륭한 대상이다. 그 대상이 무엇이든 흥미를 갖게 되면 그 결과로서 지식을 축적하게 된다. 왜?라는 질문을 던지는 것에서 시작된다. 왜 그럴까? 관심을 갖게 된 이성의 반응에 대해 왜 그렇게 웃었을까? 왜 그렇게 말했을까?라는 것을 밤새 골똘히 생각한 적이 있을 것이다. 궁금증을 갖게 되는 것은 흥미의 시작이다. 이성에 대해 계속 생각하게 되는 것을 그에게 흥미가 생겼다고 관심 있다고 말한다. 흥미는 생각을 멈추고 싶어도 자꾸 생각나는 것, 알아보고 싶고 물어보고 싶은 마음이 강해지는 것을 통제하기 힘든 것, 그리고 그 강도가 점점 강해지는 특징이 있다. 특히 그 대상이 이성인 경우 이런 강렬함을 경험하는데 이것을 우리는 쉽게 사랑이라고 말한다.

사랑은 동서고금과 모든 긍정 정서에 가장 지대한 영향을 미친다. 사랑에 대해서는 따로 이야기할 장을 만드는 것이 의미 없을 정도로 너무나 일반적이고 강력한 영향을 가진다. 그러나 이성과의 만남에서 흥미를 지속적으로 유지하기 쉽지 않다는 것을 우리는 잘 안다. 이성에게 흥미가 유지되는 기간을 최대 2년이라고 한다. 이성에 대한 흥미는 기한이 있지만, 지식 추구의 세계에서는 기한이 없기 때문에 자신이 관심 갖는 분야에 대한 주제에 탐닉하는 것은 우리 삶에 긍정 정서를 채우는 좋은 방법이자 수단이라고 할 수 있다.

이성에 대한 사랑처럼 강렬한 것이 지식에 대한 탐구다. 철학을 영어로 philosophy(love of wisdom)라고 하는데 이것은 지혜에 대한 사랑이다. 지혜를 탐구하는 자세를 흥미라고 할 수 있다. 교수는 지식에 대한 탐구를 직업으로 갖는 사람이라고 할 수 있다. 물론 지식이 교수의 전유물은 아니지만 일 자체의 특성이 지식과 진리를 추구하는 것이 본질이기 때문에 그렇다. 그런데 요즘엔 누구나 지식에 접근할 수 있는 4차 산업혁명 시대이다. 간혹 블로그나 인터넷 자료를 검색하다보면 일반인이거나 특별히 직업적 연관이 없어도 자기 관심 분야에 대해 심도 깊은 지식을 소유하고 지속적으로 연구해서 자료를 축적하는 사람들을 쉽게 만날 수 있다. 이 경우 역시 지식에 대한 흥미를 지속적으로 유지하여 긍정 정서를 유지하는 경우라고 할 수 있다.

우리가 흥미를 느끼는 대상에는 이성에 대한 흥미, 지적 추구에 대한 흥미 등이 대표적이지만, 여기에 노동에 대한 흥미도 빠질 수 없다. 영국 경제학자 존 메이너드 케인즈는 1930년에 쓴 '손주 세대의 경제적 가능성'(Economic Possibilities for our Grandchildren)이라는 글에서 100년 뒤에는 살림살이가 8배 더 나아져 노동시간이 주당 15시간이면 충분할 것이라고 했다. 현재 기준으로는 하루 3시간만 일을 하면 된다는 얘기다. 이는 2020년 현재 반만 맞는 얘기인데, 하포드는 케인즈가 미래 노동시간에 대해 한 예상이 틀렸다고 말하며 2가지 이유 들었다. 첫 번째 이유는 인류가 일을 좋아한다는 것이다. 특히 일을 하면서 동료들과 함께 시간을 보내며 지적인 자극을 받고, 일을 잘 했을 때 오는 성취감을 즐긴다는 지적이다. 두 번째 이유는 남보다 더 많은 소비를 하고자 하는 욕망에 고된 일을 할 수밖에 없다는 것이다.[56]

케인즈의 전망이 빗나가 보여도 4차 산업혁명과 기술발달의 추세로 볼 때, 향후 인간의 노동시간은 점점 줄어갈 것으로 예상된다. 이때 인간이 여가시간을 어떻게 사용할 것인가의 문제는 주요 이슈가 될 것이다. 요르그 미하엘 교수는 조선일보와의 인터뷰에서 현재와 같은 노동시간으로 일하는 상황은 점차 줄어들 것으로 예측했다. 일도 하나의 놀이 개념이 될 시대가 멀지 않아 보인다. 독일에서는 얼마 전 퇴직 연령을 65세에서 67세로 늘렸다.

미하엘 교수는 "나는 요즘 '일하는 시간은 짧게, 일하는 기간은 길게 (shorter work time, longer working life)'라는 슬로건을 밀고 있다. 노동 시간은 줄이고, 퇴직 연령은 늦추자는 것이다. 한국도 노인 연령을 60세에서 65세로 연장한다는 이야기가 많다. 하지만 나는 한국 사회에서 65세로 노인 연령을 상향 조정한다고 해서, 그 나이까지 남아서 일할 수 있는 직장이 있을 것 같진 않아서 안타깝다. (한국 사람들처럼) 하루에 12시간 씩 일하는 삶은 지속 가능하지 못하다."[57]라고 말했다.

여하튼 일하는 시간은 짧아지고 있고 일하는 기간을 늘려가는 방향은 지속될 것 같다. 이렇듯 노동시간은 단축되어 여가시간이 늘어나고 게다가 의료기술의 발달로 수명이 연장된 삶은 이제 우리의 이야기가

56 김신회(2015), "2030년엔 하루 3시간만 일 한다?…"케인즈가 틀렸다"", 머니투데이, 2015.7.30. 일자, 2020.12.12. 검색.
https://news.mt.co.kr/mtview.php?no=2015073011440421501&outlink=1&ref=https%3A%2F%2Fsearch.naver.com)

57 김명지(2015), "독일의 훈수 '하르츠개혁은 한국에 맞지 않다'", 조선일보, 2015.9.15 일자, 2021.1.24. 검색.
https://www.chosun.com/site/data/html_dir/2015/09/07/2015090700394.html

되었다. 우리는 무엇을 하며 삶의 즐거움을 누릴 것인가? 이것은 우리 모두에게 남겨진 숙제이다. 『모스크바의 신사』라는 소설에서 보여주는 1920년대 신사들은 직업을 갖는 것을 수치로 여겼다. 여기서 신사란 유한계급으로 몰락한 귀족을 의미한다. 이들은 여가시간에 책을 읽거나, 예술작품을 즐기고 토론을 하는 것이 일상생활의 주요 일과였다. 무엇인가에 흥미를 느낀다는 것은 돈과 상관없이 자신의 시간과 에너지를 투입할 활동을 선택하는 것이다. 무엇을 선택할 것인가?

진선미는 인간이 역사이래로 지속적으로 추구해 온 가치이다. 진은 학문과 진리 추구, 선은 사랑과 봉사, 미는 예술과 자연의 아름다움이다. 지속적으로 나의 관심과 흥미를 기울여도 질리지 않을 활동이 무엇일까 미리 챙겨볼 필요가 있다. 이 세 가지는 향후에도 변함없는 가치가 될 것이기 때문이다.

앞으로 4차 산업혁명 시대에 점점 많은 나라에서 생존이 가능할 정도의 기본소득제도를 도입할 가능성이 높아지고 있다. 또한 기계가 인간의 노동을 대신하여 대부분의 인간은 생존을 위해 일을 하지 않아도 되는 시대를 맞이하게 된다. 이런 AI 시대에 우리에게 주어진 시간과 자유 속에서 우리는 우리 삶의 행복을 위해 반드시 뭔가에 흥미를 느낄 요소를 발견할 필요가 있다. 그것이 이성이든 지식이든 각자의 프로젝트이든 무언가를 추구하며 살게 될 것이다. 자신의 프로젝트가 무엇이 되길 원하는지, 흥미를 가질 수 있는 대상을 많이 찾아 놓길 바란다.

여기서 한 가지 미리 염두 해 볼 것이 있다. 대부분은 사람들은 은퇴

하고 시간이 많아지면 그동안 하고 싶었는데 못해본 것을 시작해야겠다고 말한다. 그러나 연구 결과는 이 말이 모순이라는 것을 보여준다. 학자들이 연구한 결과 대부분의 은퇴한 사람들이 '새로 시작하는 취미'는 거의 없다는 것을 밝혀냈다. 이전에 하고 있던 취미를 더 발전시키는 경우가 대부분이라는 것이다. 우리의 바람과는 달리 나이 들어서 뭔가를 새로 시작하는 것은 쉽지 않은 일이라고 볼 수 있다. 만약 당신이 은퇴 후 여유가 생겼을 때 뭔가를 하고 싶은 것이 있다면 하루라도 빨리 시작하는 것이 좋다. 그래야 정작 나이 들고 뭔가를 할 시간과 여유가 주어졌을 때 그 취미를 제대로 더 발전시켜 갈 가능성이 있다는 것이다.

긍정 정서_사랑

사랑은 지금까지 나온 긍정 정서의 여러 감정을 모두 아우른다. 여러 형태의 긍정 정서는 상황에 따라 모두 사랑으로 변모할 수 있다. 이 좋은 감정들이 안전한 환경과 친밀한 관계 속에서 마음을 움직일 때, 우리는 그것을 사랑이라 부른다. 탈무드는 세상에서 가장 강한 것 12가지를 빗대어 사랑을 소개했다.

'세상에는 12가지 종류의 강력한 것들이 있다. 먼저 돌이다. 그러나 돌은 쇠에 깎이고 만다. 그러나 이 쇠도 불에 녹고, 불은 또한 물로 꺼져버린다. 물은 구름에 흡수되며, 그 구름은 바람에 날려 사라진다. 그러나 바람은 절대 인간을 날려 없어지게 할 수 없다. 그렇지만 그 인간도 공포에는 비참하게 깨어지고 만다. 공포감은 술로 제거된다. 술은 잠을 자면 깨게 된다. 이 잠은 죽음만큼 강하지 않다. 그러나 이 죽음조차 사랑을 눌러 이길 수는 없다.'[58]

심리학자 해리 할로우(H. Harlow, 1958)는 엄마에 대한 아기의 애착이 먹을 것을 주기 때문이라는 당시의 지배적인 생각에 의문을 품었다. 그는 갓 태어난 새끼 원숭이를 어미 원숭이와 분리시켜 움직이지 않는 두 개의 인형모델과 함께 우리에서 혼자 자라게 했다. 하나의 인형은 철사로 만들어졌고, 다른 하나는 직물로 만들어 졌다. 철사로 만든 엄마인형은 우유를 줄 수 있는 젖꼭지를 갖고 있지만, 직물로 만든 엄마인형은 먹을 것은 없지만 폭신한 직물로 만들었다. 만약 애착이 음식을 공급해 주기 때문에 형성된다면 새끼원숭이는 우유를 먹을 수 있는 철사인형에게 애착이 형성되어야 할 것이다.

그러나 새끼원숭이는 폭신한 천으로 만든 엄마 인형을 더 좋아했다. 배가 고플 때는 철사원숭이에게 가서 음식을 먹었지만 그렇지 않을 때는 직물 엄마인형에 가까이 머물렀다. 낯선 소리가 나거나 두려움을 느낄 때는 직물 인형에게 달려갔다. 할로우는 새끼 원숭이가 자라는 과정까지 연구를 확대 시켰다. 새끼원숭이는 스스로를 물어뜯는 기괴한 행동을 보였고, 다른 원숭이와 정상적인 교류를 하지 못했다. 그 원인은 영양결핍이 아니라 사회적 교류를 하지 못해 사회적 발달이 심하게 손상된 것으로 분석하였다.

이렇듯 사랑은 동물에게 본능적인 애착을 느끼게 한다. 인간에게도 사랑만큼 인간의 정신을 고양시키고 몰입시키는 정서는 없을 것이다.

---

58   마빈 토케이어(2017), 현영수 편역, 『탈무드 쉐마』, 284면.

그것이 신에 대한 사랑이든, 모성애 또는 남녀 간의 사랑이든 그 종류를 불문하고 열정과 헌신과 친밀함의 결정체라는 점에서 가장 강력한 힘을 지닌다.

남녀 간의 사랑을 짚어보자. 초기단계에서 당신은 상대에게 이끌려 함께 말하고 행동하는 모든 것에 깊은 흥미를 느낀다. 어색함에서 빚어지는 재미와 웃음을 함께 나눈다. 관계가 발전하고 기대 이상으로 진전되면 기쁨이 찾아온다. 미래에 대한 꿈과 희망을 함께 나누기 시작한다. 관계가 공고해지면 서로 사랑하는 안정감에서 오는 아늑한 평온에 빠져 든다. 사랑하는 사람이 삶에 가져다 준 기쁨에 감사하고, 그의 성취를 자신의 일인 양 자랑스러워하며, 그의 훌륭한 성품에 영감을 받고 두 사람을 이어 준 우주의 섭리에 경이를 느낀다. 이 각각의 순간들이 모두 사랑의 순간이라고 말할 수 있다.

미국의 심리학자 로버트 스턴버그(Robert Sternberg)는 1986년 사랑의 3가지 요소로 열정·친밀감·헌신의 삼각이론을 제시했다. 열정(passion)은 사랑에 빠져있을 때 느껴지는 뜨겁고 강력한 욕망, 친밀감(intimacy)은 상대에게 느끼는 정서적인 편안함과 우정, 헌신(commitment)은 상대방을 사랑하기로 결심하고 삶에 함께하려는 행동적 측면을 말한다.

스턴버그는 사랑의 삼각형 이론에서 이 세 가지 요소가 삼각형의 세 꼭짓점을 이루고 각 요소의 배합에 따라 다양한 형태의 사랑이 나타난다고 하였다. 그리고 이 세 가지 모두가 균형 잡혀있을 때를 가장 완전한 사랑이 된다고 봤다. 스턴버그가 이 세 가지를 사랑의 요소로 꼽은 것은 실제로 사랑의 많은 측면들을 연구했을 때, 모두 이 3요소의 어느 한 부분이거나 이 요소의 다른 표현에 지나지 않았다는 것이다. 또 이 세 가지 요소는 일반적으로 시간과 장소를 초월해서 나타나며, 서로 연관성은 있으나 별개의 요소로 독립돼 있다.

스턴버그는 이 3가지 요소인 친밀감, 헌신, 열정의 비율에 따라 다음과 같은 여덟 가지 종류의 사랑을 제시하였다.

- 사랑이 아닌 것(non-love) : 세 가지 요소 모두가 부재한 관계로서, 다수의 단편적인 대인관계에서 나타난다.
- 좋아함(liking) : 친밀감의 요소만 있는 것이다.
- 도취성 사랑(infatuated love) : 열정만 있는 경우로, 여기에는 친밀감과 헌신이 결여되어 있으므로 갑자기 생겨났다가 갑자기 식어버릴 수 있다.
- 공허한 사랑(empty love) : 친밀감과 열정이 없는 상태로, 헌신의 요소만 있는 사랑이다.
- 낭만적 사랑(romantic love) : 친밀감과 열정은 있는데, 헌신이 없는 사랑이다.
- 우애적 사랑(companionate love) : 상대에 대한 열정은 식었으나, 친밀감과 헌신의 요소는 있는 사랑이다.
- 허구적 사랑(fatuous love) : 헌신과 열정의 요소는 있으나, 친밀감은 부재한 사랑이다.
- 성숙한 사랑(consummate love) : 가장 이상적인 형태의 사랑으로, 친밀감과 열정과 헌신의 결합으로 이뤄져 있다.

열정과 친밀감, 헌신이 완벽한 균형을 이뤘을 때를 사랑이라고 한다면, 이 사랑의 정서에 빠져있는 남녀는 어떤 어려움과 난관도 극복하는 강한 힘을 갖게 되는 것이다. 실제 현실의 어려움을 겪는 와중에 내 곁에서 나를 지켜보고 응원하는 연인이 있다면 그 힘으로 힘든 시절을 덜 고통스럽게 겪어낸 경험은 쉽게 찾을 수 있다. 만약 '단 한 사람만이라도 나를 사랑하는 사람이 있다면' 많은 이들이 고통 속에서도 희망과 긍정에 보다 쉽게 도달할 수 있을 것이다. 누군가에게 그 단 한사람이 되어 준다는 것은 생각보다 더 큰 의미를 주는 것이다.

예전에 유엔난민기구에서 근무하는 한 직원의 이야기를 들은 적이 있다. 난민들은 작은 배에서 수십 명이 금방이라도 배가 뒤집히면 죽을 것 같은 참담한 환경 속에서 살기 위해 바다를 건너온다. 이 직원은 이들을 인터뷰하기 전에 얼마나 힘든 환경이었고 고생스러웠을 지에 대해 예상했었다고 한다. 그러나 막상 인터뷰를 시작해보니 난민들은 사랑하는 사람이 있었는데 그 사람이 배에 타지 못해서 너무 슬펐거나 가족과 헤어진 것에 대해 힘들어 했다고 전했다. 죽을 고비를 넘기는 와중에도 연인과 가족에 대한 사랑과 상실이 가장 큰 고통이라는 점에서 오래도록 기억에 남는 에피소드였다.

이렇듯 큰 힘을 주는 것이 사랑인 반면, 사랑을 잃었을 때는 세상이 끝날 것 같은 아픔을 겪기도 한다. 빛과 그림자처럼, 사랑과 실연의 진폭은 너무나도 커서 갑자기 하늘의 구름 속에 있다가 땅 밑의 골짜기로 떨어지는 고통을 느낀다. 실연의 아픔은 약도 없고 별다른 치료 방법도 없다. 그저 시간이 지나서 모든 것이 변하듯 감정과 기억이 희미해지길 기다리는 수밖에 없다. 또는 이런 고통을 어서 잊기 위해 술이나 다른 흥미요소를 찾아 나서기도 하고 다른 이성에 얼른 눈을 돌리기도 한다. 사랑은 사랑이 특효약인 것은 부인할 수 없다.

'한 번도 상처받지 않은 것처럼 사랑하라'라는 시구가 얼마나 대단한지 경험해 본 사람은 알 것이다. 아픔을 겪고 다시 사랑을 시작한다는 것이 얼마나 큰 용기를 내야 하는 일인지를 의미하고 있기 때문이다. 여하튼 사랑은 위대하다.

지금까지 10가지의 긍정 정서를 하나씩 살펴보았다. 긍정 정서로 사고의 전환이 특정 감정을 켜는 스위치 역할을 할 수 있다. 이는 어떤 행위를 하는 것뿐만 아니라 어떤 생각을 함으로써도 긍정성을 불러일으킬 수 있다는 의미다. 생각대로 된다. 긍정 정서를 경험하느냐 못하느냐는 우리가 생각하는 방식에 의해 크게 좌우된다.

다른 모든 감정들처럼, 긍정적 정서도 특정 사건이나 관념이 펼쳐질 때, 그것을 해석하는 방식에서부터 비롯된다. 이러한 의존성은 긍정성을 매우 깨지기 쉬운 것으로 만든다. 반면에 또 전환하기 쉬운 특성을 동시에 갖기도 한다. 마음을 돌려 먹는 것, 긍정 정서의 스위치를 켜는 것. 그 한 꼭지가 우리 삶을 더 고통스런 길로 들어서게도 하고, 보다 행복한 길로 발걸음을 돌리게도 한다. 그 전환의 스위치가 무엇이 될 수 있을지 찾아보자.

각자 그 전환의 스위치를 알고 있어야 한다. 생각을 돌리거나 기분전환하기 위해서 쉽게 영화를 보거나 산책을 나서는 것도 좋은 방법이다. 맛있는 빵과 커피를 마시는 것, 음악을 듣는 것 등 쉽고 간편하게 실행할 수 있는 긍정의 스위치를 하나씩 마련하길 바란다.

chapter 4

행복의 지렛대_긍정심리자본

내 삶의 지렛대, 긍정심리자본

등산은 사람에 따라 장비의 차이가 큰 운동이라고 할 수 있다. 어떤 사람은 슬리퍼에 뒷짐 지고 산책하듯 가볍게 산을 오르는 사람이 있는가 하면, 또 어떤 사람은 등산 모자에 배낭에 등산스틱을 들고 풀 셋팅을 하고 가는 사람이 있다. 여러 장비 중 예전보다 빈도가 높은 장비로 등산스틱을 사용하는 사람들이 늘었다. 등산스틱은 관절에 무리가 가지 않도록 돕고 피로감을 줄여주고 부상으로부터 우리 몸을 보호하는 역할을 한다.

긍정심리자본은 이 등산스틱처럼 우리가 목표를 향해 갈 때 좌절이나 어려움으로부터 우리 자신을 보호하고 목표에 대한 동기부여를 지속할 수 있도록 돕는 역할을 한다. 장애물을 만났을 때 굴하지 않고 우리 삶을 다음 단계로 올리는 지렛대 역할을 한다. 긍정 정서가 현재의 상태를 유쾌하고 만족한 감정을 지속하는 상태라면 긍정심리자본은 좀 더 실제적으로 상황의 변화를 유도한다. 이렇게 어떤 수행을 수월하게 할 수 있도록 돕는 역할을 어포던스라고 한다.

Gibbson이 1979년 그의 저서 『시지각에 대한 생태학적 접근The Ecological Approach to Visual Perception』에서 처음 어포던스의 개념을 제안한 것으로 알려져 있다(Greeno, 1994). 어포던스는 영어 'afford'의 '~할 여유가 있다, ~하여도 된다'라는 뜻에서 발전한 개념이다. 인간을 둘러싸고 있는 환경이 제공하고 자극하는 모든 것을 의미한다. 사물이나 환경이 가진 속성이 사람으로 하여금 수행하도록 돕는 성질이다. "어포던스는 생활 환경, 표면, 물질 등과 같이 인간을 둘러싸고 있는 환경에 내재되어 있는 행동을 유발하는 의미 있는 정보"라고 재정의 하였다. 어포던스의 특성은 매우 포괄적이고 다양한 의미를 갖고 있으나, 행동을 지원하고 유발하고 유도한다는 공통점이 있다.

어포던스는 주로 테크놀로지 환경에서 사용자를 특정한 방향과 행동으로 유도하는 개념으로 사용된다. 온라인상에서 학습자의 사회적 상호 작용을 돕거나, 디지털기기를 이용할 때 사용자의 편의를 높이기 위한 매개체의 개념으로 사용되었다. Gaver(1996)는 반드시 테크놀로지 기반 환경이 아니더라도 개인이 어떤 행동을 가능하게 하는 심리적 매개체로써 어포던스의 개념을 제시하였다. Billett와 Pavlova(2005)는 개인이 어려움 속에서도 일과 학습을 병행하기 위해서는 어포던스로서 자기주관성과 자기인식이 필요하다고 하였다. 한마디로 어포던스는 장애물을 넘어서게 도와주는 지렛대 정도의 개념으로 이해하면 쉬울 것이다.

마찬가지로 긍정심리자본은 개인의 삶에서 학업의 성취나 목표를 위한 실천을 할 때 나타나는 여러 장애물과 어려운 상황을 넘어서게 도와주는 어포던스로서 심리적 자원을 의미한다. 이런 심리적 어포던스 역할을 하는 자원으로서 학문적으로 인정되는 것들을 긍정심리자본이라고 한다.

심리적 어포던스로는 자아효능감, 희망, 긍정성, 회복탄력성이 대표적이며 이들은 긍정심리자본의 구성요소이다.[59] 긍정심리자본은 목표를 향한 전진에서 필연적으로 만나게 되는 여러 어려움을 돌파하고 다음 단계로 진입하도록 돕는다. 개인이 이런 긍정심리자본을 키울수록 목표를 향한 걸음은 가벼워질 수 있다.

자본주의 사회에서 물질적 자본은 필수요소이다. 마찬가지로 심리적 자본도 목표를 향해 가는 개인의 심리에서 필수적 요소라는 의미로 자본이라는 개념을 도입했다. 긍정심리자본은 개인의 심리적 강점을 바탕으로 목표를 달성하고 성과를 향상시킬 수 있는 긍정적 심리상태를 의미한다. 심리적 자본에서 '긍정적 심리'라는 개념은 긍정심리학에서 개인이 지니고 있는 올바른 성향과 역기능적인 성향을 밝히기 위한 연구로부터 시작되었다.[60]

긍정심리학은 인간의 결점만큼이나 강점에도 관심이 필요하고, 삶

---

59 Youssef, C. M., & Luthans, F.(2007). Positive organizational behavior in the workplace : The impact of hope, optimism, and resilience. *Journal of management,* 33(5), pp.774-800.

60 Seligman, M. E.(2008). Building human strength : Psychology's forgotten mission. *Psychologist.*21(7), pp.602-603.

의 잘못된 부분을 교정하는 것만큼이나 삶을 최상의 상태로 만드는 것이 중요하며, 고통 받는 사람의 상처를 치유하는 것만큼이나 건강한 삶의 성취에도 노력해야 한다고 주장한다.[61]

긍정심리자본에서 자본의 개념은 전통적으로 많은 관심을 받았던 경제적 자본에서 지식 정보화 사회의 도래와 발전에 따라 인적 자본, 지식자본 및 사회적 자본으로 자본의 개념이 확장되는 추세를 반영한다. 개인들이 가지고 있는 심리적 특성에 그 유용함과 가치를 활용하기 위한 심리적 자본(psychological capital)의 개념을 접목하여 긍정심리자본의 연구가 주목을 받고 있다.

인적자본은 지식, 진보된 기술, 체계에 대한 이해와 창의성, 고품질의 서비스와 제품을 제공하기 위한 동기부여를 의미한다. 인적자원은 경제적 자본(장비나 기술)이나 재무적 자본(자산)보다 회사에 기여하는 이익이 더 다양하고 모방하거나 구입할 수 없는 그 회사의 고유한 자산이다. 학습은 직원들의 이익뿐만 아니라 회사의 성과와 경쟁우위에도 기여해야 하기 때문에 회사는 직원들의 인적자본과 같은 보이지 않는 자산의 발전에도 관심을 기울여야 한다.

지식 정보화 사회의 발전으로 지식자본도 조직의 이익창출에 기여하는 중요한 자본이다. 지식자본은 학자마다 다양한 정의가 있지만 기

---

61   Seligman, M. E., & Csikszentmihalyi, M.(2014). *Positive psychology : An introduction. In Flow and the foundations of positive psychology*(pp.279-298). Springer, Dordrecht.

업이 고객 또는 조직구성원과 함께 연계하여 창출한 창의적·혁신적 활동의 결과로서 조직에 경제적 이익을 가져다주는 자본을 의미한다. 회사의 로고와 상표와 같은 마케팅 자산, 기술특허와 기술적 지식 등의 기술적 자산, 예술관련 작품, 저작권, 데이터베이스, 영업비밀, 고객정보와 관계 등의 무형자산이 지식자본에 해당한다.

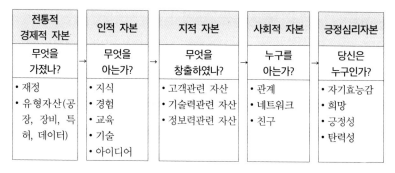

자본개념의 확장경로[62]

자본의 개념이 확장되면서 개인이 문제를 해결하고 도움을 요청할 수 있는 인적 네트워크의 관계, 구성, 구조를 사회적 자본의 개념으로 파악하기 시작하였다. Adler와 Kwon(2002)은 개인의 인적 네트워크와 교환능력이 인적자원과 경력개발에 영향을 미친다는 점에서 기존의 사회학과 정치학, 조직개발의 개념을 통합하여 사회적 자본으로 개념

---

62   김창수·김지범(1999), 「지식자산 측정을 위한 회계학적 방법론의 실증적 비교분석」, 『산업경영연구』 8(2), 177-200면.

화하였다. 사회적 자본 역시 개인과 개인의 협력과 사회적 거래를 촉진하여 다른 자본들과 마찬가지로 개인과 조직에 이익을 가져다주고 가치를 더하기 때문에 자본으로써 개념화되었다. 인적자본과 사회적 자본의 확충은 현대 국가 웰빙의 원천으로 인식되기에 이르렀다.

인적 자본, 지적 자본, 사회적 자본처럼 개인이나 조직이 확보한 자원과 능력이 경쟁우위와 가치창출에 기여한다는 측면에서 이를 중요한 자원으로 인식하고 개발해야한다는 것이 최근에 등장한 자원이론이다. 자원이론은 기업이나 개인이 지속적인 경쟁우위를 갖기 위해서는 다른 개체들이 모방하기 어려운 독특한 자원과 능력을 확인하고 이를 효과적으로 관리하고 활용, 확장하는 기술을 요구한다.

개인이 가지고 있는 심리적 특성에 자원이론을 적용하면, 심리적 자본은 측정가능하여 개발할 수 있고 성과향상과 이익창출에 효과적으로 기여한다는 측면에서 자본으로 간주된다. Luthans 외(2004)는 기존의 자원이론에 개인의 긍정적 심리 상태를 측정하고 개발 가능한 단일개념으로써 긍정심리자본을 추가하여 비교하였다. Noe(2013)의 자본모형과 비교하면 고객자본이 삭제되고 긍정심리자본을 추가하여 자원이론의 개념을 강조하였다. Luthans(2002b)는 개인의 긍정심리자본은 측정 및 개발이 가능하기 때문에 이러한 자원을 효율적으로 관리하고 응용하면 성과를 높이는 데 도움을 줄 수 있다고 하였다. 심리적 자본이 측정 및 개발될 수 있는 구성개념이 되기 위해서는 세 가지 조건이 구비되어야 한다. 심리적 변인이 긍정적 속성을 지니고 있어야 하며, 변화 가능한 상태적 속성을 가져야 한다. 또한 조직이나 개인의 성과와 관계가 있어야 한다.

상태적이라는 것은 심리적 변인이 개발 및 관리가 가능하다는 것을 의미한다. 즉 긍정적인 심리상태는 개인수준에서 연구되고 측정하여, 계발하고 관리 될 수 있어야 한다.

심리적 자본의 상태적인 기준은 Big 5 성격요인과 긍정적 정서성, 자기존중감 등의 긍정적인 특성들에 근거한 개념들과 구분된다(Luthans & Youssef, 2007). 긍정심리자본의 포함기준인 상태적인 특징은 일시적인 감정(mood)보다 상대적으로 안정된 특징을 의미한다. 그러나 매우 고정적이고 변화가 어려운 기질보다는 상대적으로 덜 안정적이기 때문에 개발과 변화의 가능성이 열려있는 것이다.

이러한 세 가지 기준을 충족시키는 대표적인 변수로는 자기효능감 (self-efficacy), 희망(hope), 긍정성(optimism), 탄력성(resilience) 등이 있다. 상태(state)와 기질(trait)을 단일 연속체로 보고 측정과 개발, 변화의 상대적 정도에 따라 분류한 개념은 아래와 같다.

심리적 특성의 변화 정도[63]

변화의 정도	특성	종류	학자
Positive States	일시적이고 매우 변하기 쉬운 일반적인 감정들	기쁨, 긍정적인 무드, 행복	
State-Like	상대적으로 개입이나 교육에 의해 단련되거나 변할 수 있으며 개발이 가능함.	효능감, 희망, 복원력, 낙관주의, 지혜, 안녕, 감사, 용서, 용기 등	Luthans et al., 2007
Trait-Like	상대적으로 안정적이며 변하기 어려움.	Big 5 성격요인, 핵심 자기 평가, 인격 강점, 미덕	Perterson & Seligman, 2004

최근의 연구들은 이들 네 개 변수를 상위개념인 긍정심리자본으로 통합해서 개인과 조직의 성과 관련성을 연구하고 있다. 심리적 자본의 상위 핵심 요인화는 다양한 사례에 대해 경험적 연구를 통해서 증명되었으며, 개별적으로 적용될 때보다 더 시너지를 갖는다는 주장들이 제시되었다. 개인의 긍정적 정서는 개인의 사고와 행위를 연결하고 다양하게 확장하며, 신체적·지적 자원에서 사회적·심리적 자원에까지 개인의 자원을 형성한다.

---

63   이연주(2015), 「퍼실리테이터의 성찰학습수준이 비판적 성찰업무행동에 미치는 영향과 긍정심리자본의 매개효과」, 중앙대학교 박사학위논문.

긍정심리자본_긍정성

미래에 대하여 긍정적인 기대와 전망을 하는 인지적인 경향성이다. 주관적 안녕을 예측하는 강력한 성격요인으로 기질적 낙관성(긍정성), 희망, 설명방식 세 가지로 나뉜다. 낙관성이 높은 사람들은 자신의 행복도와 삶의 만족도가 높은 것으로 본다.

긍정성은 자신이 처한 어려운 상황과 난관에도 불구하고 긍정적인 면을 중시하고 스스로 동기부여 하여 긍정적인 전망을 갖고, 결과적으로 좋아질 것이라는 믿음이다.[64] 긍정성은 긍정적 사건은 지속적이며, 자신의 내면적 요인의 결과라고 생각하는 것이다. 막 출발하려는 차를 잡아탔을 때 '아! 나는 항상 운이 좋아.' 이렇게 생각하는 방식이다. 반대로 부정적인 사건은 일시적이고 특수한 외재적 상황 요인의 결과

64　Youssef, C. M., & Luthans, F.(2007). Positive organizational behavior in the workplace : The impact of hope, optimism, and resilience. *Journal of management,* 33(5), pp.774-800.

라고 파악하는 것이다. 버스를 놓치게 된다면 '오늘 기사아저씨가 급했나 보다' 이렇게 외재적 이유로 생각한다.

반대로 비관주의는 부정적인 사건을 내면화시켜 자신 내부에 원인이 있는 것으로 간주하는 것으로, 긍정적인 사건일지라도 일시적이고 특수한 상황적 요인들로 귀인 한다. 역시 출발하려는 버스를 잡아탔을 때 이 경우는 '오늘 왠일로 버스가 섰지. 기사님이 천천히 몰아서 일거야'라고 생각하는 경우다. 이러한 귀인방식의 차이로 비관주의자들은 자기 의심과 부정적인 기대에 의해 목표를 성취하는 데 방해를 받는다. 이와 반대로 낙관주의자들은 그들의 목표를 지속적으로 추구할 수 있는 동기부여가 되어 긍정적인 기대들을 발전시켜 행동에 옮긴다.[65]

상황을 낙관적으로만 인지하는 것이 항상 긍정적일 수 없으며 비관주의 역시 항상 부정적이라고 단정할 수 없다. 긍정성과 비관주의가 그 정의에서 볼 수 있듯이 하나의 개념이 갖는 양극단으로 받아들여져 왔으나, 최근 하나의 차원으로 간주하는 것에 대한 비판이 지속적으로 제기되어 왔다. 긍정성과 비관주의가 각기 서로 다른 심리적 변인들과 유의한 관계를 맺고 있고, 통계적 분석을 통해 긍정성과 비관주의가 독립된 두 가지 요인이라는 주장이 나오고 있다. 따라서 긍정성과 비관주의적 인지방식은 필요와 상황에 따라 상호교차하면서 다양하고 유연

---

65 Rasmussen, H. N., Wrosch, C., Scheier, M. F., & Carver, C. S.(2006). Self-regulation processes and health : the importance of optimism and goal adjustment. *Journal of personality*, 74(6), pp.1721-1748.

하게 적용해야 할 필요가 있다.

Seligman(1998)은 무기력이 학습되는 것처럼 긍정성과 비관주의 역시 학습할 수 있고, 상태적(state-like) 특징을 더 많이 가지고 있어서 집중적인 개입을 통해 측정과 개발이 가능하다고 보았다. 인지-행동요법과 같은 개입은 비관주의자가 가진 부정적인 가정이나 믿음을 드러내고 이의를 제기하는 과정을 통해서 현실적인 긍정성과 같이 긍정적이고 생산적인 상태로 변화시킬 수 있다.[66]

긍정성은 육체적·정신적 건강, 안녕, 대처능력과 회복정도에 긍정적인 영향을 준다. 일터에서 긍정적인 종업원은 보험 판매성과가 더 좋았고 비관적인 경쟁자들보다 더 높은 성과와 낮은 이직률을 보였다. 긍정적인 종업원들은 그들의 성과평가, 직무만족, 업무 행복감에 대해 긍정적이었고 스트레스도 낮은 것으로 나타났다. 의료분야에서도 긍정성이 높은 환자들은 수술 후 긍정성이 낮은 환자들과 비교했을 때 긍정적인 정서와 삶의 만족을 보였고, 부정적 감정이 적었다.

---

66   Seligman, M. E., Steen, T. A., Park, N., & Peterson, C.(2005). Positive psychology progress : empirical validation of interventions. *American psychologist,* 60(5), p.410.

긍정심리자본_자기효능감

　　자기효능감은 자기 자신에 대한 전반적인 긍정적 평가와 우호적 태도이다. 개인이 삶에서 마주칠 수 있는 다양한 문제상황에서 스스로 잘 해결할 수 있다고 자신을 믿는 마음이다. 일반적으로 자존감이라고 말한다. 악셀 호네트가 개인이 성공적 삶을 살기 위해 필요한 3가지라고 말한 자존감, 자신감, 자부심 중 그 자존감이다. 개인의 건강한 성장과 성취에 따른 결과물인 동시에, 인간관계와 생산적 활동에 긍정적인 영향을 미침으로써 행복을 증진하게 된다. 단, 과도하게 높은 수준의 자존감은 주관적 안녕에 부정적인 영향(실패, 자기 비난 초래 등)을 줄 수 있다.

　　자기효능감은 개인이 과업을 성공적으로 수행할 수 있다는 자신의 능력에 대한 믿음을 의미한다.[67] 조직의 맥락에서는 정해진 과제를 성

67　　Bandura, A.(1977). Self-efficacy : toward a unifying theory of behavioral change. *Psychological review,* 84(2), p.191.

공적으로 수행하는 데 필요한 동기와 자원을 확보하고 행동할 수 있는 능력에 대한 개인적인 확신이나 자신감으로 정의한다. 자기효능감은 확고한 이론적 근거와 다양한 연구에 의해 지지를 받고 있다. 희망, 긍정성, 탄력성 등이 기질과 상태 양쪽에서 연구되는 것과 달리 자기효능감은 상태로써 측정되고 지지받아왔다는 면에서 긍정심리자본의 변인이 갖추어야 할 기준을 충족시키고 있다.[68] 자기효능감을 갖고 있는 사람은 도전적인 과제를 선택하고 그 목표를 달성하기 위해 노력하고 어려움에 부딪쳐도 좌절하지 않는다고 알려져 있다.

자기효능감은 다양한 실증연구를 통해 업무태도, 리더십 등에 긍정적인 영향을 미치는 것으로 보고되었다. 또한 주어진 기회를 포착하고 어려운 상황에서 주의를 집중하며 위기를 인식하는 것 등에 긍정적인 영향을 미친다. 자기효능감은 직접적인 경험, 모델링을 통한 대리경험, 사회적 설득, 심리적·생리적 환기 등의 인지적 프로세스를 통해서 계발되거나 육성될 수 있다. 이러한 측면에서 교육훈련의 실시나 프로그램을 통해 자기효능감을 계발할 수 있다.

자기효능감은 개인이 예상치 못한 사건들을 경험하면서 지속적으로 강화될 수 있다. 또는 단순하고 비공식적인 모임 속에서 자신의 확인할 기회를 가지거나 육체적인 건강, 심리적인 훈련 등으로 강화할 수 있다. 또한 자기효능감은 개인이 자신이 한 일을 돌아보고 성찰하는 기회를

---

68   Luthans, F., & Youssef, C. M.(2007). Emerging positive organizational behavior. *Journal of management,* 33(3), pp.321-349.

통해서도 길러질 수 있다. 개인이 혼자서 일기를 쓰는 등의 성찰도 도움이 되지만, 친구나 가족 등 다른 사람과의 대화를 통한 성찰도 도움이 된다.

Korthagen(2005)는 문헌연구를 통해 성찰하기는 개인의 강점과 긍정적 정서를 형성하는 데 기여한다고 하였다.[69] 대학 수업에서 개인적 성찰과 팀과의 협력을 통한 성찰이 자기효능감에 긍정적 효과가 있음을 증명하였다. SNS를 이용한 협동학습의 성찰활동도 자기효능감에 효과적으로 나타났다. 대학의 컴퓨터공학 수업에서 성찰일지를 작성하는 활동은 학습자의 자기효능감 변화에 영향을 미쳤다. 수학과 대학생을 대상으로 한 연구에서 성찰일지 작성이 학습자의 사고를 돕고 자기효능감을 향상시키는 방법으로 활용될 수 있다고 보고되기도 하였다.[70]

일기 쓰기, 친구와의 대화를 통한 성찰 등 자기를 돌아보는 기회 속에서 자신의 강점을 발견하는 일은 자기효능감을 키우는 데 확실히 도움이 된다. 그리고 그 성찰에 자신이 의미부여를 하고 오늘의 일이 나에게 어떤 레슨 포인트를 주는지, 자기에게 소리 내어 말해주는 것도 좋은 훈련이 된다. "토닥토닥 잘했어. 삶은 오늘 내게 불공평했지만, 나는 그래도 내 길을 계속 가는 거야." 이렇게 말해주자.

---

69 Korthagen, F., & Vasalos, A.(2005). Levels in reflection : Core reflection as a means to enhance professional growth. *Teachers and teaching*, 11(1), pp.47-71.

70 Hekimoglu, S., & Kittrell, E.(2010). Challenging students' beliefs about mathematics : The use of documentary to alter perceptions of efficacy. *Primus*, 20(4), pp.299-331.

긍정심리자본_희망

희망은 긍정 정서와 긍정심리자본에 동시에 포함될 만큼 우리 삶을 지탱하고 움직이게 하는 원동력이다. 이 장에서는 긍정심리자본이라는 학술적 개념에서는 희망에 대해 어떤 이론적 접근을 하는지 살펴보자.

희망은 목표와 계획들이 성공적으로 성취되고 수행될 것이라는 믿음과 목표에 대한 의지와 그 경로를 찾을 수 있다는 긍정적인 동기부여 상태로 정의된다.[71] 희망은 좋은 결과가 일어날 가능성에 대한 믿음을 내포하고 개인이 가지고 있는 자원에 대한 스스로의 지각에 의해 좌우된다. 사람들은 자신의 목표를 달성할 수 있다고 지각하고 있고, 그 목표가 사회적·도덕적으로 수용될 수 있는 범위 안에 있을 때 희망을 가지게 된다. 희망은 세 가지 요소로 구성되는 데, 이는 개인이 가지고

---

71 Snyder, C. R., Sympson, S. C., Ybasco, F. C., Borders, T. F., Babyak, M. A., & Higgins, R. L.(1996). Development and validation of the State Hope Scale. *Journal of personality and social psychology,* 70(2), p.321.

있는 목표(goal), 목표를 지향하는 의지(agency), 목표로 향해가는 경로(pathway)를 성공적으로 이끌어내는 상호작용이다.

인간의 행동은 본질적으로 목표 지향적이고 개인의 행동은 추구하고자 하는 목표와 연결되고 이 목표 달성에 대한 긍정적인 기대는 희망과 연결된다. 희망은 객관적 상황보다도 개인이 인식하는 세계관에 더 큰 영향을 받는다. 희망 수준이 높은 사람은 목표에 이르는 경로인 방법을 빠르고 효과적이며 쉽게 발견할 수 있고, 난관에 봉착했을 때도 더 적응적이고 긍정적인 정서반응을 보이는데 그것은 다른 추가적인 통로를 탐색할 수 있다는 확신 때문이다.

희망은 정서이며 동시에 사고과정으로서, 희망이 높은 사람은 목표를 달성할 가능성을 높게 생각하고 실패보다는 성공이나 도전의식과 같은 긍정적인 가능성에 초점을 맞춘다. 반대로 희망이 낮은 사람은 목표를 추구하면서도 목표에 낮은 가능성을 두고 실패할 확률에 초점을 맞추고 부정적인 감정 상태를 보인다. 목표에 대한 동기부여와 목표 행동에 대해 영향을 준다는 점에서 자기효능감과 비슷하지만, 목표가 이루어지는 과정에 초점을 두고 작용한다는 점에서 자기효능감과 구분된다.

희망은 다양한 분야의 경험적 연구를 통해 긍정적인 성과에 영향을 미치는 변인으로 증명되고 있다. 일반적으로 희망은 학업이나 운동적 성취, 육체적·정신적 건강과 생존과 관련된 대처, 믿음과 기술, 바람직하고 긍정적인 삶의 결과 등과 유의미한 관계가 있거나 영향을 주는 것으로 나타났다.

일터에서도 높은 수준의 희망을 보이는 관리자는 더 높은 성과와 직무 만족을 이끌어 내며, 리더십, 감독자 성과평가, 임금, 종업원의 성과, 만족, 행복, 몰입수준 등의 지표에 긍정적인 영향을 주는 것으로 나타났다. 이와 반대로 재정적인 지원, 책임, 권한위임, 정보, 대화통로, 신뢰 등의 유무형의 자원이 제한될 경우 희망의 경로 또한 제한될 수 있다.[72]

조지 베일런트는 행복의 비밀에서 희망에 대해 이렇게 이야기한다.

'희망'은 소원과 구별되어야 한다. 별에게 소원을 비는 것은 아무 노력이 들지 않는다. 그러나 희망은 종종 엄청난 노력을 요구하고, 실제적인 삶에 반영된다. 희망은 현실적이고 긍정적인 미래를 상상하는 우리의 능력을 반영한다. 두 사람이 결혼 서약을 할 때 그들의 '믿음'은 지나간 것들만 포함하고, 그들의 '사랑'은 현재 혼례를 치르게 하지만, 그들이 함께 미래를 상상할 수 있는 것은 오직 희망을 통해서이다. 희망은 감정적이고, 활력을 주고, 힘을 준다.[73]

희망이 있는 한 삶은 살 가치가 있다. 희망은 에너지를 주고 생명을 구한다. 환자가 희망을 가지고 종교 활동에 참여하면 심장 수술 후 생

---

72 Youssef, C. M., & Luthans, F.(2007). Positive organizational behavior in the workplace : The impact of hope, optimism, and resilience. *Journal of management,* 33(5), pp.774-800.

73 조지 베일런트(2013), 최원석 역, 『행복의 비밀』, 21세기북스, 68면.

존율이 높아진다. 존스홉킨스 병원의 신경심리학자 커트 리히터는 죽기 직전에 구조된 경험이 있는 쥐들은 구조된 경험이 없는 쥐보다 훨씬 오래 헤엄친다는 것을 실험을 통해 보여줬다. 또 한 연구에서 불안 환자에게 설탕 위약을 필요한 약이라고 말한 후 결과를 지켜보았다. 15명의 환자 중 14명이 주관적으로나 객관적으로 크게 호전되었다. 오늘날 프로작과 이펙스 같은 항우울제의 효과로 보이는 병세 호전의 50%, 그리고 신경안정제의 효과로 보이는 병세 호전의 90%는 위약 효과에서 나오는 것이 입증되었다. 이런 효과는 이 약이 병세를 낫게 해줄 거라는 환자들의 희망에 근거한 것이다.

긍정심리자본_회복탄력성

회복탄력성은 자신에게 닥치는 온갖 역경과 어려움을 오히려 도약의 발판으로 삼는 마음의 근력이다. 성공은 어려움이나 실패 속에서도 그 역경과 시련을 극복해낸 상태라고 말할 수 있다. 바닥을 쳐본 사람만이 더욱 높게 날아오를 힘을 갖게 된다. 이때 역경을 긍정적으로 받아들여 그것을 도약의 기회로 삼는 것 그것이 바로 회복탄력성의 핵심이다.

회복탄력성은 역경 혹은 위험에 적응하고, 본래의 기능을 유지하는 능력을 의미한다. 탄력성은 환경이 급격히 변화하는 국면에서 정상으로 복귀하는 인간의 능력과 성과를 개선시키는 역할을 설명하는 개념이다. Luthans는 역경, 갈등, 실패 또는 이와 반대로 긍정적인 사건이나 과정 같은 부담감으로부터 원래의 상태로 되돌아오는 역량으로 정의했다.[74]

탄력성을 가진 사람들은 고통이나 역경을 만났을 때 긍정적인 의미와 긍정적인 가치를 찾으며 스스로 성장할 수 있다. 탄력성에 의한 긍정적인 반응들에 대한 결과는 정서연구에서 논의되는 용수철효과와 유사하다.[75] 즉 탄력성이 높은 수준일 경우 역경, 불확실성, 갈등 등과 같이 부정적인 상황이 심해지더라도 긍정적으로 상황에 대처하고 적응하는 수준도 비례해서 높아진다는 의미이다.

탄력성이 높은 개인은 지속적으로 변하는 자신을 둘러싼 환경의 다양한 스트레스원에 더 잘 대처할 수 있고 역경상황에서도 보다 안정적인 정서를 보여준다. 실증연구에서도 탄력성이 높은 사람은 자신의 직무에 만족도가 높고 행복감을 느끼는 것으로 나타났다. 업무성과, 직무만족, 조직몰입, 직무행복감, 다운사이징에 의한 스트레스 상황 등에도 긍정적인 영향을 주고 있다. Luthans와 동료들은 갑작스러운 변화를 겪는 상황에서 중국 종업원들의 탄력성이 업무의 성과에 미치는 영향을 조사한 결과, 탄력성이 높은 종업원들은 건강과 행복, 업무성과를 그대로 유지했다고 밝혔다. 탄력성은 개인들이 일상생활에서 겪는 도전이나 위험에 따르는 스트레스에 효과적으로 대처함으로써 역경으로부터 원래의 안정적인 상태로 되돌아올 수 있도록 돕는다.[76]

74   Luthans, F.(2002). The need for and meaning of positive organizational behavior. *Journal of Organizational Behavior : The International Journal of Industrial, Occupational and Organizational Psychology and Behavior,* 23(6), pp.695-706.

75   Fredrickson, B. L., & Joiner, T.(2002). Positive emotions trigger upward spirals toward emotional well-being. *Psychological science,* 13(2), pp.172-175.

76   Luthans, F., Avolio, B. J., Walumbwa, F. O., & Li, W.(2005). The psychological capital of Chinese workers : Exploring the relationship with performance. *Management and organization review,* 1(2), pp.249-271.

탄력성은 자기효능감, 희망, 긍정성을 회복시켜주는 선행요인으로 보인다. 탄력성은 긍정심리자본의 다른 요소들과 함께 상호작용하여 시너지를 발휘할 경우 더욱 크게 발현됨으로써 긍정적인 반응의 수준이 높아질 것을 예상할 수 있다. 삶의 다양한 도전에 직면한 인간이 긍정적으로 발달·성장하게 해주는 기술, 태도, 능력을 규명하는 데 있어 탄력성이 유용한 개념적 틀을 제시하기 때문에, 심리학이나 사회복지학, 특수교육 등 인간 발달과 변화를 연구하는 분야에서는 탄력성이 활발하게 연구되고 있다.

회복탄력성은 실직, 이혼, 파산, 실연과 같은 생애의 커다란 역경을 이겨내기 위해서만 필요한 힘이 아니다. 처리해야하는 청구서 납부와 신용카드 결제부터 인간관계에서의 갈등 등 자잘한 일상 속에서 일어나는 수많은 스트레스를 아무렇지 않은 듯이 처리내기 위해 필요한 힘이다. 회복탄력성이 높은 사람은 인생의 크고 작은 시련을 두려워하지 않고 오히려 성공을 위한 도약의 발판으로 삼아 즐겁게 맞이할 수 있다.

인생의 역경을 이겨낼 잠재적인 힘인 회복탄력성은 우리 모두 가지고 있으나, 누구나 발휘할 수 있는 것은 아니다. 회복탄력성은 마음의 근력과 같아서 사람마다 제한된 능력을 갖고 있으며, 견뎌낼 수 있는 무게도 정해져 있다. 그러나 마음의 근육이 견딜 수 있는 무게(회복탄력성)는 체계적인 노력과 훈련에 의해 얼마든지 키울 수 있다.

우리 삶에서 반갑지 않지만 찾아오는 어려움들, 사소한 것부터 지극히 괴로운 것까지의 역경은 필수적이다. 극심한 정체, 슬럼프, 열두 번째 거절 등. 우리는 이런 역경에서 나 자신의 회복탄력성을 테스트하고 훈련할 수 있다. 이런 상황에 맞닥뜨렸을 때 기분이 상하지 않도록 나를 보호하는 법, 피할 수 없는 상황을 받아들이는 법, 불행 중 다행을 인식하는 법, 이 와중에라도 다행인 것 찾는 법 등이 도움이 된다.

아비투스의 저자 도리스 매르틴은 독일 전 총리 헬무트 슈미트(Helmut Schmidt)가 "위기 때 성품이 드러난다." 하고 한 말을 예로 들어 회복탄력성을 설명했다. 또 한 슈퍼리치 기업가가 좀 더 직설적으로 같은 말을 전한다. "큰돈을 벌고 파티를 여는 건 아무나 할 수 있다. 그러나 일이 잘못되었을 때 '자, 여러분! 속상하지만 일단 식사를 하며 앞으로 어떻게 할지 이야기해봅시다'라고 말하는 편이 훨씬 멋지다."

플랜 B를 사용하라

내가 회복탄력성을 사용하는 방법은 부정적 감정이라는 괴물을 깨우지 않는 것이다. 무언가 잘못되었다고 느낄 때 일단 감정이 동요하지 않도록 나를 먼저 다독인다. 그리고 이성적인 뇌를 가동한다. 예를 들어 온라인 수업인데 컴퓨터가 인터넷과 연결이 안 되는 상황이 발생했다. 이때는 당황하지 말고, 핸드폰으로 접속한다. 핸드폰을 잃어 버렸을 때, 당황하지 말고, 동선을 다시 백으로 감아서 찾아본다. 이렇게 간단한 일부터 심각한 일까지 감정이라는 괴물을 깨우지 않고 플랜B를 작동시키는 것이다. 이때 중요한 것은 "당.황.하.지. 말.고"라는 주문을 외우는 것이다.

며칠 전 나는 아침에 출근하는 길에 핸드폰을 잃어버렸다는 사실을 깨달은 적이 있었다. 차를 갓길에 멈추고 차 속을 아무리 뒤져도 핸드폰은 보이지 않았다. 차를 돌려서 다시 집에 가서 샅샅이 뒤졌지만 역시 핸드폰은 나오지 않았다. 문득 내 핸드폰에 암호가 걸려 있지 않은 것이 기억났다. 나의 모든 금융정보와 신분증 사진이 들어있는 앨범 등이 속수무책으로 범죄 집단에 넘어 간다면 어떻게 될까를 생각하니 끔찍했다. 악! 하며 소리를 지르고 싶었다. 그러나 나는 조심조심 부정적이고 불쾌한 감정이라는 괴물을 깨우고 싶지 않았다. 일단 얼른 전화기와 컴퓨터를 사용할 수 있는 연구실에 가서 카드를 정지시키고 금융정보를 보호해야 겠다는 생각이 먼저 들었다. 서둘러서 도착한 연구실의 컴퓨터 화면에 다음과 같은 메시지가 카톡으로 올라와 있었다.

"오늘 아침 주차장에서 이 핸드폰을 주웠는데 소식이 닿는 분이 주인에게 알려주시기 바랍니다. 연락을 하기 위해 어쩔 수 없이 카카오톡에 접속했습니다. 핸드폰은 아파트 관리실에 맡겨 놓았습니다." 출근 전 마지막 카톡 대화를 나누었던 동료 카톡에 전달된 메시였다. 다행히 핸드폰을 찾았고 나는 그 사람에게 연락을 해서 감사의 인사를 전했다. 너무나도 다행이었지만, 만약 내가 감정을 폭발시켰다면 그 하루는 거의 망친 거나 다름없었을 것이다.

이와 같이 회복탄력성에서 자기조절능력은 중요한 요소이다. 자기

조절능력은 스스로의 감정을 인식하고 그것을 조절하는 능력으로 스스로 부정적 감정을 통제하고 긍정적 정서를 바탕으로 자신의 상황을 객관적으로 정확하게 파악하여 대처 방안을 찾아낼 수 있는 능력이다. 이러한 능력은 대체로 30~50% 정도는 유전적 요인에 의해서 결정되지만, 나머지 50~70%는 꾸준하고도 체계적인 훈련과 노력에 의해 얼마든지 향상 가능하다. 자기조절능력은 자기이해지능과 밀접한 관련이 있다. 회복 탄력성의 주요 요소인 자기조절능력 또한 독립적인 차원에서 기능하기 때문에 자기조절능력을 향상시켜 회복탄력성을 강화시키는 것이 이론적으로 가능하다.

'자기조절능력=(감정조절능력+충동통제력+원인분석력)'

감정조절력은 부정적 정서와 고정된 사고에 얽매이지 않고, 적극적이고 진취적인 삶의 태도를 갖는 능력으로 긍정적인 정서는 진취적인 삶을 갖게 해주는 감정조절력을 향상 시켜준다. 충동통제력은 자신의 동기를 스스로 부여하고 조절할 수 있는 능력과 관계가 있다. 이는 단순한 인내력과 참을성과는 다르다. 자율성을 바탕으로 오히려 고통을 즐기는 능력이나 마음의 습관이라고 할 수 있다. 즉 단순히 참는 것이 아닌, 자신이 삶의 주체로서 자율적으로 삶을 영위하면서도, 자신을 통제하고 조절하는 능력을 동시에 갖는 것이 충동통제력이다. 원인분

석력은 자신에게 닥친 사건들에 대해 긍정적이면서도 객관적이고 정확한 스토리텔링을 할 수 있는 능력으로 내가 닥친 문제를 긍정적으로 바라보면서도 그 문제를 제대로 해결할 수 있도록 원인을 정확히 진단해내는 능력을 말한다.

저마다 겪는 갖가지의 사건이나 역경에 대해 어떠한 해석을 하고 어떤 의미로 스토리텔링을 부여하는가에 따라 불행해지기도하고 행복해지기도 하다. 따라서 긍정적인 스토리텔링하는 습관을 들여야 한다.

높은 회복탄력성을 가진 사람들은 역경을 극복했기 때문에 역경을 긍정적으로 보는 것이 아니다. 역경을 긍정적으로 봤기 때문에 역경을 극복할 수 있었던 것이다. 역경을 긍정적으로 받아들여 그것을 도약의 기회로 삼는 것이 바로 회복탄력성의 핵심이다.

지금 겪고 있는 어려운 일에 대해 할머니들은 현명하게도 희망을 위한 주문을 안다. "이것도 다 지나갈 거야" 경험이 없고 본보기가 없으면 희망을 배우지 못한다. 파종을 믿으려면 씨앗이 자라는 것을 봐야 한다. 폴 매카트니 <Let It Be>의 노래 가사처럼. "구름 덮인 밤일지라도, 다음 날이 밝을 때까지, 나를 밝혀줄 등불은 여전히 있어요. 그러니 맡기세요."

그리고_몰입능력

누구나 몇 시간씩 시간이 지나간 지도 모른 채 어떤 일에 빠져있던 경험이 있을 것이다. 그것이 드라마 보기 일 수도 있고, 뜨개질이나 그림 그리기, 악기 연주가 될 수도 있고, 기계 조립이나 목공일 수도 있다. 본인의 경우 글쓰기나 논문 작업을 하면 하루가 지나 갈 때도 종종 있다. 이렇게 어떤 일에 빠져 들어서 시간감각을 잊은 채 집중한 상태를 몰입이라고 한다.

몰입 이론의 창시자 칙센트 미하이는 몰입을 플로우(flow)라고 명명했다. 몰입은 자신의 역량을 최대로 발휘한 경험으로 설명할 수 있다.[77] 칙센트 미하이는 몰입이 행복으로 가는 길이라고 생각했다. 삶을 훌륭하게 가꾸어 주는 것은 행복감이 아니라 깊이 빠져드는 몰입이라고 말하며, 몰입 뒤 행복감이 우리의 의식을 고양시킨다고 한다.

---

[77]   Nakamura, J., & Csikszentmihalyi, M.(2009). Flow theory and research. *Handbook of positive psychology,* p.195.

그가 처음으로 몰입에 흥미를 갖게 된 것은 화가들의 작업을 연구하면서 이다. 화가들은 그림을 그릴 때 배고픔도 피곤함도 불편함도 잊고 그림에 몰두했다. 그리고 그 그림이 완성되면 흥미를 잃고 다른 작업을 찾았다. 화가들은 내면의 동기를 따라 작업했던 것이지 외적인 보상을 바라고 그림을 그린 것이 아니라는 것을 발견한 것이다.

당시 심리학에서는 내적동기와 만족감과 수행의 연관성을 발견했지만, 내적으로 동기화된 능숙한 작업을 하는 동안 일어나는 몰입현상은 칙센트미하이에 의해 처음 주목되었다. 그는 이 현상을 플로우(flow)라고 이름을 명명하고 구체화시키고 강화하는 조건과 결과를 연구기반으로 만들었다.

몰입의 측정은 참여자에게 무선 호출기를 들고 다니게 하고 임의적으로 무엇을 하고 어떤 감정을 느끼는지 보고하게 하는 것이다. 83개국 15,000명의 참가자를 대상으로 연구한 결과, 사람들은 과제와 자신의 능력이 최적의 균형을 이룰 때 몰입이 나타난다는 것을 밝혀냈다. 참가자들은 '트랙 유어 해피니스앱'을 통해서 질문을 받은 즉시 22가지로 분류한 활동 중 지금 어떤 활동을 하고 있는지, 그 활동을 하는 동안 기분이 어땠는지, 딴생각을 어느 정도 했는지에 대해 답했다. 사람들은 몰입할 때 행복도가 올라가고 몰입이 떨어지면 행복도가 감소하였다.[78]

사람들은 활동시간의 절반가량을 딴생각으로 보낸다는 점과 이러한

78　제니퍼 모스(2018), 정영은 역, 『행복』, 21세기북스, 58-59면.

딴생각이 기분을 저하시킨다는 것이다. 활동의 종류와 상관없이 딴생각을 하면 집중 상태일 때보다 행복도가 떨어졌다. 부정적인 딴생각은 물론이고 중립적인 주제에 대해 생각할 때도 행복도는 급격한 하락을 보였다. 긍정적인 주제의 딴생각을 할 때는 행복도가 상승하지도 하락하지도 않았다.

딴생각의 비율은 활동의 종류에 따라 크게 달라졌는데, 출퇴근 중에는 60%, 대화 중이나 게임 중에는 30%, 섹스 중에는 10% 정도로 나타났다. 이러한 연구 결과는 감정 건강을 최적화하기 위해서는 신체 활동뿐 아니라 정신활동에도 주의를 기울여야 한다는 것을 보여준다. 또한 행복은 직장에서의 높은 연봉이나 직위 같은 지속적 요소보다 동료들과의 일상적인 교류, 현재 참여 중인 프로젝트 등 순간순간의 경험에 의해 더 크게 영향을 받는다는 것을 밝혀냈다.

객관적으로 어려운 환경에 놓인 사람도 자신이 어떤 정신과 생각을 하느냐에 따라 행복도 좌우된다. 사회주의 이론가이자 혁명가인 로자 룩셈부르크는 수감 된 3년 차의 서신에서 자신의 삶에서 행복한 순간을 즐기고 있다고 했다. 감옥 안의 처참한 환경과 신체적 자유를 빼앗긴 삶에 집중하는 것이 아니라 자신이 즐길 수 있는 모든 순간에 감각을 집중하는 모습을 보여줬다.

"나는 이 겨울의 어둠과 권태로움 그리고 부자유의 검은 시트들로 층층이 몸을 감고 조용히 혼자 누워 있습니다. 그때 나의 마음은 어떤 알 수없는 낯선 내적 기쁨으로 쿵쿵거립니다. 마치 빛나는 태양 아래에서 꽃들이 피어나는 잔디밭을 걷고 있는 듯 말입니다....내가 언제나 아무런 특별한 이유도 없이 기쁨의 환희 안에서 사는 것, 이 기억은 얼마나 기이한지요. 비밀은 바로 삶 그 자체인 것 같습니다."

좀 더 큰일을 위해 감옥에 갇혀 있다는 확신, 즉 자신이 겪는 고통은 의미 있는 것이라는 생각으로 갖가지 불안을 떨치는 그녀의 능력을 더욱 강화시켜 주었다. 무엇보다는 그녀의 강렬한 지각 능력은 새들의 노랫소리나 나뭇잎이 바스락 거리를 소리, 그에 대한 경탄이 자신이 누리는 행복의 근원임을 스스로 인식했다.[79]

로자 룩셈부르크처럼 극단적인 환경이 아닌 것을 다행으로 여기며, 현재의 삶에서 몰입을 경험할 수 있는 순간을 늘리는 방법을 찾아보자. 몰입을 위해서는 적절한 목표가 있어야 한다. 이왕이면 자발적 활동이면 더 좋겠지만, 자발적이 아니어도 가능하다. 또한 적절한 난이도를 가져야 한다. 특히 고양된 높은 수준의 몰입은 목표에 도달하는 과정에서 일어난다.

우리 인간은 목적을 원한다. 그만큼 몰입에 있어서 목적은 중요하다. 이는 나폴레옹 힐의 성공 철학에서도 엿볼 수 있다. 4가지의 성공 철학 속에 확고한 목적의식, 명확한 계획을 언급한다. 매슬로의 욕구 단계설에서도 나타나는데 하위 욕구가 충족되면 점점 상위 욕구 충족을 추구

---

79 슈페판 클라인(2020), 김영옥 역, 『행복의 공식』, 이화북스, 323면.

한다는 이 이론은 '더 상위의 욕구 충족을 추구'한다는 인간의 목적적인 성향을 뚜렷하게 보여준다.

또한 과제의 난이도가 나의 능력에 비해 약간 높은 정도가 몰입을 가장 촉진한다. 만약 과제의 난이도가 낮고, 실력도 낮다면 이 상태는 무관심이 된다. 무관심은 대상에 대해 무기력하고 주어지는 자극만 소극적으로 받아들이는 상태인데 대표적으로 티브이 시청을 예로 들 수 있다.

과제의 난이도는 낮은데 실력이 높다라면 여유 있게 느긋한 상태가 된다. 예를 들면 독서, 식사, 운전 등과 같이 내가 이미 익숙해져서 새로운 집중이 필요하지 않은 단계이다. 반대로 과제의 난이도는 높은데 실력이 낮다면 걱정스럽고 불안한 상태가 된다. 실력도 높고 과제의 난이도가 높을 때는 그 일에 도전적인 동기가 일고 이 상태에서 몰입이 가장 활발하게 일어난다.

적당한 목표일 경우 몰입이 높아진다. 경험이 많은 등반가는 계속해서 성과를 맛볼 수 있도록 등반코스를 나누어 짠다. 수백 미터의 암벽타기를 적절한 수준으로 나누어 그 목표 지점에 도달할 때마다 성취감을 느끼도록 하며 정상에 도달한다. 이렇게 '부분 승리'들은 최종 성과보다 더 많은 좋은 감정을 선사한다. 최종 목표에 도달보다 더 작은 승리를 많이 손에 쥐게 한다. '과정이 곧 목적'이라는 말은 우리의 타고난 기대체계가 매우 강력하기 때문에 매 순간 좋은 경험을 선사할 수 있다. 게임에 빠져들고 흥미를 계속 유지하는 메카니즘도 작은 승리를 맛보도록 게임을 설계했기 때문이다. 레벨이 상승하고 신분이 달라지는 보상들은 유저에게 작은 승리를 지속적으로 맛보도록 하는 장치가 된다.

또한 몰입 상태에서 중요한 것은 오래 몰입하는 것이다. 한 문제에 대해 며칠을 고민하고 끙끙 앓는다면 뇌에서도 그것을 비상상태로 인식하고 이 문제를 해결하기 위해 젖 먹던 힘까지 쏟으며 몰입하게 되는데 이러한 몰입이 순간적인 몰입이 아닌 지속적인 몰입상태가 된다. 이러한 지속적인 몰입상태를 유지하게 된다면 두뇌활용도 극대화되고 가장 빠른 속도로 사고력도 극대화되고, 마지막으로 평소에 해결할 수 없었던 문제도 해결 가능하게 되는 효과를 불러일으킨다.

그렇다면 내가 몰입을 100% 하고 있는지 안하고 있는지는 어떻게 알 수 있을까? 이것은 '잠'을 통해 쉽게 확인할 수 있다. 내가 100의 몰입을 하고 있다면 잠에서 깨어나는 순간 그 문제에 대해서 떠올리게 된다. 그래서 잠이 깰 때 새로운 아이디어도 같이 떠오르는 현상도 경험하게 된다. 영어에 'sleep on it'이라는 표현이 있는데 이 뜻으로 하룻밤 자면서 여유 있게 생각해보는 것이다. 이 경우 그 문제에 몰두해서 고민하다가 잠을 자고 일어나서 그 해답을 얻는 경우가 많다는 의미도 들어있다.

몰입 상태로 인해 얻는 쾌감은 사랑에 빠졌을 때와 비슷하다. 사랑에 빠지면 그 사람을 생각하려고 하지 않아도 자연스럽게 '기-승-전-그 사람'으로 생각이 향해 가는 경험을 해봤을 것이다. 몰입 또한 일시적이지 않고 지속적이고, 한동안 기복 없이 좋은 상태가 유지된다.

몰입의 종류를 나누어 보자면 활동위주 몰입과 사고위주 몰입으로 구분 할 수 있다. 활동위주 몰입은 난이도가 낮고 피드백이 빠른 몰입이다. 예를 들자면 운동과 도박, 게임과 같이 행동을 수반한 몰입이다. 활동위주의 몰입은 승패가 실시간으로 나타나기 때문에 빠르게 몰입이 일어난다. 사고위주 몰입은 피드백이 어렵고 난이도가 실력에 비해 높은 경우가 많다. 예를 들자면 여러분들의 전공과제 등을 들 수 있다. 사고위주 몰입은 피드백을 확인하기까지 시간이 걸리고, 내 스스로 잘하고 못하고의 평가 어렵기 때문에 몰입이 어려운 편에 속한다.

또 다른 방면에서 몰입의 종류를 나누자면 능동적 몰입과 수동적 몰입이 있다. 능동적인 몰입은 그저 어떤 일이 좋아서 미친 듯이 그 일에 몰두하는 것, 수동적인 몰입은 그 일을 하지 않으면 위기가 일어나기 때문에 어쩔 수 없이 하는 것이다.

역사적으로 위대한 성과로 평가받는 업적들은 대부분 이 몰입의 성과라고 볼 수 있다. 사과에 꽂혀서 중력을 연구한 뉴턴은 먹지도 자지도 않고 생각에 생각만 거듭했다. 이 생각에 잠겨 밥 먹는 것도 잊고 잠도 잊었다고 한다. 교육 분야에서 나타난 몰입의 사례로는 영재교육의 선구자 라즐로 라츠는 영재들의 능력을 끌어올리기 위해 한 달 동안 몰입해서 풀어야할 만큼 어려운 문제를 주어 지속적 사고능력과 사고력을 발달시켰다. 유대인도 몰입을 이용해 교육을 시켰다고 할 수 있다. 이를 통해 노벨상 전체 수상자의 23%를 유대인이 차지하는 결과가 되었으니 몰입의 효과를 증명한 것으로 봐도 무리는 없을 것 같다.

사고와 몰입의 힘에 집중하고 이를 경영에 도입한 대표적인 기업으로는 마이크로 소프트, IBM, 3M을 들 수 있다. 마이크로소프트사는 몰입을 직장에서 적용할 수 있도록 구체적인 방법을 제시했다. 각 부서에 '생각의 방'을 만들어 운영함으로써 해당 문제를 해결할 수 있는 확률, 직원들의 사고력, 직무 애착의 향상을 가져왔다. 또, '사고 주간'을 만들어 이 기간 중에는 완전한 몰입상태로 여러 가지 아이디어를 도출해내는 활동을 제시하였다. 이를 더 효과적으로 유지하기 위해 몰입 전임자를 선정하여 부서를 운영하기도 하였다.

중요한 시험을 앞두었거나, 프로젝트의 시작과 마무리와 같은 순간은 특별한 몰입의 기간이 필요하다. 논문을 쓰거나 책을 집필하는 등의 생산적인 결과를 위해서 집중하는 시간을 위해서 몰입에 들어가는 방법을 소개한다. 저자가 자주 사용하는 몰입의 단계를 소개한다.

몰입을 시작하기 위해서는 몇 가지 준비가 필요하다. 첫째로 문제를 설정하는 것이 중요하다. 이에 몰입 경험 자체가 목적일 때에는 관심가는 분야를 대상으로 문제를 설정하는 반면 문제해결이 목적자체가 될 경우는 해결방법으로 문제를 설정해야 한다.

둘째, 몰입할 수 있는 환경을 확보한다. 몰입을 제대로 하기 위해선 일주일 이상의 시간을 필요하기 때문에 미리 주변상황과 여건을 정리해두어 집중도를 높이는 것이 중요하다.

셋째로, 불필요한 정보와 신경 쓰이는 잡다한 일을 미리 처리하거나 차단한다. 이는 외부를 통한 정보가 본인 뇌에 입력되는 것을 차단하여 몰입의 집중도를 높이는 데에 큰 도움이 된다.

넷째, 혼자만의 공간을 마련한다. 가급적 혼자만의 공간이 제일 좋다. 이는 타인과 같은 공간에 있을 시 상대에게 반응하기 위해 뇌의 집중도기 떨어지기 때문에 한적한 곳에 혼자 있는 것이 바람직하다.

다섯 번째로, 규칙적이며 땀 흘리는 운동을 해서 너무 한 생각에 빠져 헤어 나오지 못하는 경우를 대비한다. 운동은 1시간을 넘기지 않는 것이 몰입의 질을 높이는 데에 효과적이다.

여섯 번째는 하루의 루틴을 일정하게 유지한다. 일어나는 시간, 간단한 스트레칭과 요가로 몸 풀기, 아침식사, 책상에 앉기 등의 루틴을 하나씩 하면서 워밍업을 한다. 하루의 작업을 마치는 시간도 일정하게 정해서 그 시간이 되거나 더 이상 진전이 없다고 느껴지면 부담 갖지 말고 털고 일어난다. 내일은 더 잘할 수 있기 때문이다.

저자의 경우는 책상에 앉아서 하루에 할 일을 미리 리스트 해놓고 컨디션이 허락하는 만큼만, 집중이 최상으로 유지되는 시점까지만 작업을 하고 이후 시간은 편하게 운동을 하거나 휴식을 취한다. 이 방식은 헤밍웨이와 하루키의 방식인데 이 둘은 글을 쓰는 시간을 아침과 오후 딱 정해진 시간만 하고 다음날 다시 시작하는 식으로 일정한 루틴을 지키며 글쓰기를 했다고 한다. 저자도 몇 번의 시행착오를 겪다보니 이들이 왜 그렇게 루틴을 유지하며 작업을 했는지 알게 되었다.

마지막으로, 단백질 위주의 식사를 권장한다. 몰입은 활발한 두뇌활동을 요구하기에 단백질 소모가 크다. 그러므로 단백질 위주의 식사는 에너지 공급과 양질의 컨디션을 유지하는 데 도움을 준다.

완전한 몰입에 들어가는 데에는 보통 일주일 정도의 시간이 걸리나 익숙해진다면 3일 정도로 줄일 수 있다. 첫째 날엔 잡념을 털어내고 주변을 정리한다.

둘째 날은 몰입이 50% 정도 진행된 상태로 다양한 아이디어들이 떠오를 수 있는 시기이다. 그러므로 몰입에 집중하는 것을 멈추지 않도록 주의한다.

마지막 셋째 날에는 주어진 문제를 생각하기가 더욱 수월해지고, 가속화되어 이 시기에는 몰입이 70~80% 정도 진행된 상태가 된다. 이 상태에서는 의도적으로 몰입하려고 문제에 집중하지 않아도 저절로 문제에 신경이 집중되어 있는 자신을 발견하게 된다.

몰입이 잘 되고 있다는 느낌이 들면 생각의 속도를 충분히 늘려본다. 이는 문제해결에 큰 도움이 된다. 이 때 뇌는 알파파 상태가 되며 진정한 몰입이라고 할 수 있다. 생각의 속도가 빠를시 나타나는 베타파 상태에서는 쉽게 피로에 시달릴 수 있지만, 천천히 생각한다면 스트레스가 생기지 않고 몰입적인 사고의 부작용도 거의 나타나지 않게 된다.

그렇다면 몰입상태에서의 문제 해결능력은 과연 어떨까? 몰입상태에서는 다양한 형태의 아이디어가 창출된다. 문제에 대해 생각하는 것이 어렵다기보단 오히려 즐거움을 준다는 사실 또한 깨닫게 될 것이다. 이런 아이디어들은 가끔 한순간에 떠오르는 느낌이 들 때가 많은데 사람들은 이를 운이 좋았다고 생각한다. 하지만 이것은 오해이다. 학자들은 창의성이 일어나는 순간을 '세렌디피티(serendipity)'라는 현상으로 이름 붙였다. 사람들은 일반적으로 위대한 발견을 이끄는 핵심적인 아이디어가 우연히 떠오른 것으로 생각한다. 그러나 많은 위대한 발견은 우연함이 아니라 몰입의 결과로 얻어진 것이다. 세렌디피티는 그동안의 노력이 발화점이 되는 순간인 것이다. 그것은 운이 아닌 몰입에 진지하게 임했기 때문에 필연적으로 따라오는 보상이다.

국내에서 몰입을 대중적으로 알리려 노력한 서울대 황농문 교수는 문제해결에 적합한 능동적인 몰입에 이르는 5단계를 이렇게 소개한다. 첫 번째 단계는 '생각하기 연습'이다. 풀리지 않는 문제를 20분 동안 생각하고 2단계로 넘어가기 전 반드시 한번은 문제를 풀어 보아야 한다. 고로, 해결가능한 정도의 문제를 다루는 것이 바람직하다.[80]

2단계는 '천천히 생각해보기'이다. 천천히 생각하는 것은 문제 해결에 큰 도움이 된다. 2시간 동안 풀리지 않는 문제를 생각하고 명상하듯 곱씹는 것이 중요하다. 이 단계의 목표는 생각하는 데 스트레스 받지 아니하고 하루 종일 생각할 수 있는 상태에 도달하는 것이다.

3단계는 최상의 컨디션을 유지하는 것이다. 매일 규칙적인 운동을 하고 2시간 정도 문제해결에 대해 고민한다. 천천히 생각하기를 실천하여 마음이 차분해지는 상태를 얻는 것은 행복과 성공을 동시에 얻을

---

80 황농문(2007), 『몰입』, 알에치코리아, 55~59면.

수 있는 좋은 방법이 된다.

4단계는 두뇌활동을 극대화시키는 것이다. 중요하고 난이도가 높은 문제를 7일간 생각한다. 이는 긴장된 상태에서 본인의 최대능력을 발휘할 수 있는 결과를 이끌어낸다. 비록, 문제해결에 진전이 없어보일지라도 의지를 계속 다진다면 뇌는 비상상태로 전환되어 완전한 몰입단계로 넘어가게 될 것이다.

최종적 5단계는 4단계에서 경험한 몰입을 한 달 이상 지속적인 상태로 유지하는 것이다.

처음부터 5단계까지의 완주를 목표로 할 필요는 없다. 자신이 현재 실천 가능한 단계부터 꾸준히 연습하고 발전하는 모습을 보면 더 높은 단계로 올라가고픈 마음이 들 것이다. 이는 우리의 생활을 긍정적인 힘이 넘치게 바꿔줄 것이라는 큰 의미를 내재하고 있다. 이런 몰입의 경험은 인생에 통찰력을 만들어 주고 어떤 상황을 만나게 되더라도 유연하게 대처할 수 있게 해준다.

몰입적 사고는 지적능력을 빠른 속도로 향상할 뿐만 아니라 학습 속도 또한 증진한다. 그 결과로 무엇을 해도 흥미를 느끼고 잠재능력 역시 상승한다. 문제를 처음 대했을 때 막막함을 느끼는 경우 포기하지 않고 계속 생각한다면 자신의 두뇌 능력의 한계를 최대치로 발휘할 수 있게 된다.

일의 성과와 능력향상을 가장 즉각적으로 볼 수 있는 곳은 바로 직장이다. 직장에서도 능동적인 몰입을 추구하는 것이 바람직하다. 그 이유는 비상사태로 촉박하게 하는 수동적 몰입은 스트레스를 동반하며 급한 상황 외에는 몰입하려 하지 않기 때문이다.

직장에서 능동적 몰입도를 올릴 방법으로는 첫째, 하나의 일에 집중하는 것이다. 멀티태스킹이 아닌 한 번에 한 가지 일을 하는 것이 유리하다. 둘째, 회의는 되도록 짧게 한다. 이는 일의 몰입도를 올리기 위해 시간 확보가 중요하기 때문이다.

지금까지 몰입에 대해 간략히 알아보았다. 완전한 몰입에 도달하기에 많은 시간 투자와 끈기가 필요하기에 어려운 것처럼 보인다. 그러나 몰입 이후의 삶은 이전의 삶과는 큰 차이를 보인다는 것은 분명한 사실이다. 하지만 현재 실천 가능한 단계부터 꾸준히 연습하고 발전하려한다면 그 자체만으로도 우리의 생활을 긍정적인 힘이 넘치게 바꿔줄 것이다.

chapter 5
행복의 날씨_감정의 세계

감정의 세계_감정 예보

오늘의 날씨는 화창하다. 어제는 하루 종일 비가 내렸는데 그 흔적을 찾을 수 없다. 매일 매일의 날씨가 바뀌듯 나의 감정도 날마다 바뀐다. 이유도 없이 우울하거나 기분 좋거나 슬퍼진다. '오늘의 날씨처럼 감정을 예보할 수 있다면 좋을 텐데' 하는 생각을 자주 해본다.

모든 감정은 내면에서 무슨 일이 일어나고 있는지 알려 주는 중요한 정보원이다. 인간의 감각이 몸과 마음, 바깥세상에서 소식을 가져오면 뇌가 이를 정리하여 분석한 뒤 표현해 낸다. 이것이 바로 '감정'(feeling)이다.

감정이 무시된 역사는 오래되었다. 고대 그리스의 스토아 철학자들은 감정이 변덕스럽고 특이한 정보를 만들어낸다고 주장하였고, 인간에게 이성과 지성만이 내면의 위대한 힘이라 여겨 감정은 배척되는 개념이었다. 그 후로 서구 문학, 철학, 종교는 감정이 올바른 판단과 이성적 사고를 방해한다고 생각했다. 오늘날까지도 우리는 이성과 감정이 각기 다른 신체 부위에서 온다는 사고방식을 갖고 있다. 요즘에는 '머리와 가슴, 둘 중 어느 쪽을 더 신뢰하라고 배웠나?' 는 질문에 대한 답변은 가슴을 따르라. '네 마음이 원하는 것을 하라'는 게 정답일 것이다. 그러나 근대에만 해도 정답은 '머리를 따르라'였다. 이를 보면 사고와 이성 중심의 문화였다는 것을 쉽게 알 수 있다.

과학 분야에서도 지적능력은 IQ라는 수치로 측정할 수 있으나 감정을 측정하는 것은 어렵기 때문에 연구대상에서 벗어나 있었다. 1900년 무렵부터 지능연구를 활발하였으나 감정연구는 1990년에 이르러 심리학자 피터 샐러베이와 존 메이어가 감성지능을 학술논문에 최초로 소개했다. 이들은 감정은 "자신과 다른 사람의 감정을 인지하고 식별하여 그 결과를 생각과 행동에 활용하는 능력"으로 정의했다.[81]

예일대의 샐러베이 교수는 인간에게 감정체계가 괜히 있는 게 아니며 인간이 삶을 헤쳐 나가기 위해서는 감정 체계가 반드시 필요하다고 말했다. 아무리 힘든 감정이라도 그 정체를 파악하고 표현하며 이를 제어할 수 있다면 긍정적이고 만족스럽게 살아갈 수 있다는 것이다.

감정은 일종의 정보이다. 한 개인이 무언가를 경험할 때 내면에서 어떤 메시지가 발생하는지를 전하는 뉴스 보도와 비슷하다. 이 정보에 접근하여 그 의미를 파악하면 가장 적절한 결정을 내릴 수 있다. 예를 들면 분노는 부당한 일이 벌어졌다는 신호이다. 부당함이 해결되면 분

---

81   마크 브래킷(2020), 임지연 역, 『감정의 발견』, 북라이프.

노는 사라진다. 더 이상 화낼 필요가 없기 때문이다. 해결하지 못하면 겉으로는 누그러진 듯 보일지 몰라도 속으로 곪아 버릴 것이다.

감성능력을 배우고 감정에 대응하는 방식을 개선한다고 해서 일순간에 우리가 행복한 일상을 누리게 되지는 않는다. 영원한 행복은 우리가 추구하는 목표가 아니며 실현 가능하지도 않다. 우리에게 필요한 것은 더 나은 삶을 살고 현명한 판단을 내리며 의미 깊은 관계를 맺고 자신의 잠재력을 깨달을 수 있는 능력이다. 이러한 능력을 기르려면 유쾌한 기분과 불쾌한 기분을 어느 정도는 조절할 수 있을 정도로 감정을 경험하고 표현할 수 있어야 한다.

롤러코스터처럼 오르락내리락 요동치는 감정들을 매일 느끼며 살지만, 우리들은 감정을 다스리는 법을 배우지 못했다. 한순간 불편해진 기분을 일상으로 끌어들이지 않는 법, 최대한 기분이 좋아지는 방향으로 생각을 전환하는 법을 익히지 못했다. 행복을 기분을 좋은 상태로 유지하는 것으로 본다면 이렇게 오락가락하는 감정을 학습하는 것은 매우 유용한 일일 것이다.

감정의 세계_감성지능

앞장에서 서술한 것처럼 감정은 예매하고 불확실하여 연구의 대상이 되기까지 오랜 시간이 걸렸다. 1990년 후반에야 감성지능은 다른 지능과 동등한 위치를 얻었다. 신경 과학자, 심리학자, 지능연구자들이 감정과 인지가 정교한 정보 처리 과정을 수행한다는 데 동의하게 된 것이다. 학자들은 감정이 우리 일상에서 유효한 영향을 미친다고 주장하였다. 먼저 진화론적 관점에서 감정의 일차적 목적은 실용성이다. 감정이 생존을 보장한다. 감정의 역할은 진화론적 관점과 행동동기부여 관점, 감성지능의 관점에서 성장하였다.

첫째는 진화론적 관점에서 감정은 주의력의 방향을 정한다. 다윈은 생명체에게 감정이 가치 있는 정보를 전달하며 생존에 핵심 역할을 하는 적응 행동을 활성화한다는 주장을 하였다. 위협에 직면한 인간에게 두려움은 매우 유용했다. 굶주린 짐승과 맞닥뜨린 인간이 재빨리 도망가도록 하는 데에 두려움은 효과적인 감정의 역할을 했다. 특히 두려움이라는 감정은 우리의 주의를 위험에 집중하고 대비하도록 영향을 미쳐서 생존에 긍정적 작용을 한다.

둘째는 감정은 의사결정에 영향을 준다. 감정과 기분이 사고 과정, 판단, 행동에 필수적인 역할을 한다는 것이다. 뇌의 영역별 차이를 연구한 뇌 과학자들은 인지 및 행동과 감정이 상호 작용하는 방식을 밝혀내기 시작했다. 이를 통해 우리가 사고할 때 감정이 행동 목적과 우선순위, 핵심 관심사를 정해 준다는 사실이 드러났다.

감정은 감각이 전달하는 지식으로부터 받은 정보를 이용해 뭘 해야 하는지 알려 준다. 감정이 행동에 동기를 부여하는 셈이다. 화창한 봄 날씨는 기분을 자극하고 밖으로 나가도록 영향을 주는 것과 비슷하다. 우리가 하는 많은 행동 중 어떤 하나의 행동을 선택하고 실행하는 데에 감정의 영향이 크다. 부정한 정치 후보에게 화가 나서 무언가에 집중한다는 것은 쉽지 않다. 인터넷으로 촘촘히 연결되어 편리해진 우리 생활 환경이 오히려 역설적이게도 집중의 방해요소가 되기도 한다. SNS와 인터넷, 유튜브 등 집중을 방해하는 요소가 가득하다. 집중으로 얻는 성과가 남다르고 귀하다. 이처럼 집중하는 상태가 지속되면 몰입에 이른다. 운전을 마다않고 투표장 가서 투표하는 사람들은 그 분노를 투표로 표현한다. 분노는 행동을 촉발한다. 추운 겨울날 차가운 아스팔트 위에 앉아서 오랜 시간 항의했던 촛불 시위의 장면들이 떠오른다. 감정이 얼마나 강력한지 개인이 자신의 이익보다 불편함을 감수하며 행동하게 만든 장면이다.

셋째, 감정은 학습능력, 성과에 영향을 미친다. 심리학자들은 기분과 판단이 연관되어 있다는 인지 회로(cognitive loop) 개념을 제시했다. 기분이 좋은 사람은 긍정적으로 생각하여 좋은 기억을 갖게 되고 그 결과 기분이 좋아져서 긍정적인 생각을 계속하게 된다. 인간은 '기분과 일치하는'(mood-congruent) 정보를 가장 쉽게 인식하고 상기하기 때문이다.[82] 긍정 정서를 연구하는 학자인 루보머스키는 긍정적인 감정에서는 창의적이고 더 도전적인 사고를 한다는 것을 증명하였다.

감정은 당신이 관심을 보이는 대상을 결정한다. 만약 어색함, 부끄러움, 어리석음, 부적절함과 같은 감정을 느낀다면 이 감정은 몸과 마음에 영향을 미친다. 두렵고 공포처럼 강렬한 부정적 감정은 마음의 여유를 앗아간다. 또한 주변부를 보는 시신경을 차단시켜서 생명의 위협에만 집중하게 만든다. 생리학적으로도 부정적 감정이 생기면 뇌에서 스트레스 호르몬인 코로티솔이 분비되어 이로 인해 전전두 피질에서 정보 처리가 이루어지지 않고 신경 인지 측면에서도 집중력과 학습력이 손상된다. 만성스트레스는 해로우며 생물학적으로도 학습 능력에 지장을 준다.

반대로 짜릿한 환상과 즐거운 상상은 원하는 방향으로 생각을 이끈다. 강력한 감정은 충만한 기쁨이 있을 때 세로토닌과 도파민 등의 기분이 좋아지게 하는 신경화학 물질을 분출하게 해 생각과 행동에 영향

---

82   마크 브래킷(2020), 임지연 역, 『감정의 발견』, 북라이프, 43-48면.

을 미친다.

또한 감정은 학습에서 서로 다른 역할을 맡는다. 오탈자를 찾는 교정에서는 부정적 감정이 유효하다. 비관주의는 실수를 방지하고 적절한 조치를 취한다. 불안은 주의를 기울이게 해 상황을 개선하도록 돕는다. 분노는 변화를 위한 행동을 북돋운다.

기분 좋은 긍정적인 감정에서는 행복함을 주지만, 감정이 힘든 이유는 우리 삶에서 두려움, 불안, 외로움, 슬픔과 같은 부정적 정서가 더 자주 일어나고 엄습하기 때문이다. 감정과 관련된 연구 결과들은 우리에게 감정이 분명 우리 삶에 존재하는 이유가 있고, 그 유익한 점을 활용할 수 있다는 것을 알려준다.

만약 최근 주의 집중력이나 기억력이 떨어진다고 느낀다면 스스로에게 이렇게 물어볼 수 있다. 어떤 생각이 떠오르면 이 생각은 어떤 감정이 함께하는 걸까? 내가 원하는 것은 무엇일까? 이런 성찰의 순간에 감정을 함께 고려한다면 원하는 답에 더 가까이 다가갈 수 있을 것이다. 감정은 분명 나에게 무언가를 집중해보라는 신호를 보내는 것이다. 다음 장에서 여러 감정들 중 나를 불편하게 만드는 부정 정서에 대해 한발 더 깊이 들어가 보자.

감정 관리의 5단계

감정 인식하기

자신의 생각, 에너지, 신체의 변화나 타인의 표정, 몸짓, 목소리의 변화를 알아차려 어떤 감정이 생겨났음을 아는 것이다. 무언가 중요한 일이 일어나고 있다는 첫 번째 단서이다. 감정을 알아차리고 이름을 붙이면 막연히 기분이 나쁠 때보다는 감정이 더 명확해지고 내가 통제할 수 있는 울타리에 들어온다. 마치 길가에 있는 꽃의 이름을 알면 그 꽃에 대해 더 많은 정보를 알게 되는 것과 같다. 감정의 종류와 표현에 익숙하지 않기 때문에 혼란스럽고 막연한 감정에 이름을 붙이기는 쉽지 않다.

예일대 감성지능센터장이자 『감정의 발견』을 쓴 저자 마크 브래킷은 그의 책에서 무드미터[83]를 소개하고 있다. 무드미터는 감정의 쾌적함과 활력을 기준으로 사분면에 감정의 이름을 나열해서 정리한 표이다. 1사분면은 노란색으로 소개되는데 쾌적함이 높고 활력도 높은 감정들이다. 주로 행복, 신남, 낙관적, 의욕과 같은 감정들이 속한다. 2사분면은 빨간색으로 표시되는 감정들이다. 쾌적함은 낮고 활력이 높은 상태의 감정들이 해당한다. 화, 불안, 좌절감, 두려움과 같이 열정적이고 적극적 행동이 수반되고 경쟁심, 긴장이 조성된다. 신체적으로 심장박동이 빨라지고 강렬한 부적감정들이 이 구간에 속한다. 3사분면은 초록색의 영역이다. 쾌적함이 높고 활력은 낮다. 평화롭고 만족스러운 감정들이 대표적이다. 이완된 감정들로서 온화하고 부드러운 미소를 지으며 안정감을 느끼고 긴장이 풀린다. 마지막 4사분면은 파란색으로 표시된다. 쾌적함이 낮고 활력도 낮다. 에너지가 가장 떨어지는 영역이다. 슬픔, 무관심을 기본정서로 하며 움츠러들고 우울증인 상태와 비슷하고 위로가 필요하다.

막연하고 혼란스러운 감정은 마치 날씨와 비슷하다. 계절과 달에 따라 날씨가 다르듯이 매일 하루하루의 감정이 다르다. 그러나 명확히 그 감정이 무엇인지 인식하지 못하기 때문에 그냥 감정에 휘둘릴 때가 많은 것이다. 일기예보에서 오늘 비가 온다고 하면 우산을 준비할 수 있듯이, 감정을 알면 내 마음을 미리 준비할 수 있는 것과 같다. 그런 차원에서 무드미터는 유용하다. 지금 내 감정상태가 활력이 높은가? 쾌적함이 낮은가? 이런 기준으로 자신에게 맞는 감정을 찾은 순간 그

---

83   마크 브래킷(2020), 임지연 역, 『감정의 발견』, 북라이프, 115면.

감정은 내 손안에 들어온 거다.

인터넷에서 '무드미터'를 검색하면 관련 자료와 앱에 대한 설명을 찾아볼 수 있다. 지금의 내 감정은 어느 사분면에 있나 찾아보고 활용해보길 권장한다.

감정 이해하기

감정에 이름을 붙이고 인식한 후에는 이런 감정이 왜 생기는 걸까? 생각해본다. 감정의 원인을 파악하고 감정이 생각과 결정에 어떤 영향을 미치는지 알아본다. 그러면 자신과 다른 이의 행동을 더 잘 예측할 수 있다. 자신의 감정을 이해하기 위해 자신에게 끊임없이 질문을 던져본다. 예전 남자친구와 헤어지고 꽤 오랜 시간이 지났는데도 이별의 아픔에서 쉽게 나올 수 없었던 적이 있었다. 그 때는 이렇게 오래 생각나는 걸보니 진짜 많이 좋아했구나 싶었다. 그런데 질문을 계속 던져보니 그것은 그 친구에 대한 감정이라기보다는 외로움에 가까웠다. 나의 외로움 때문에 슬픔이라는 부정 정서에서 빠져나오기 힘들었던 것이다. 그렇다면 외롭지 않은 환경을 만들어야겠다는 방안이 나오기 시작했다.

이런 질문들이 도움이 된다.

- 방금 무슨 일이 일어났는가? 이 일이 벌어지기 전에 나는 뭘 하고 있었는가?

- 내 감정이나 반응을 유발한 원인은 무엇인가?
- 무엇이 이 감정을 일으키는가?
- 보통 무엇 때문에 이런 감정을 느끼는가?
- 이런 감정을 느낄 때면 무슨 일이 일어나는가?
- 이런 감정을 느끼기 직전에 무슨 일을 하고 있었는가? 누구와 함께 있었는가?
- 지금 무엇이 필요한가?

감정의 폭발은 무언가 일어나고 있다는 신호를 나에게 보내는 것이다. 그런데 그 이유가 뭔지를 알려 주지는 않는다. 그 이유를 알고자 한다면 감정을 표현하고 자신에게 적절한 질문을 해야 한다.

감정에 이름 붙이기

감정적 경험을 잘 설명하는 정확한 용어를 찾는 것이다. 감정 어휘를 능숙하게 사용하는 사람들은 기쁨, 행복, 희열, 신남, 황홀감의 차이를 구분 할 수 있다. 감정에 정확한 이름을 붙이면 자아 인식 능력이 높아지고 사회적 의사소통을 할 때 오해를 줄일 수 있으며 감정을 효과적으로 전달할 수 있다.

"이름을 붙이면 길들일 수 있다"
위 1번에서 활용한 무드미터를 사용해서 구체적인 색조를 찾으며 범위를 좁혀간다. 무드미터는 단순히 감정 시각화에 유용한 도구가 아니다. 우리가 경험하는 감정을 발견하고 이름을 붙이는 데 필요한 방법론이다. 이름을 붙이면 감정에 내재된 힘을 얻을 수 있다.

감정에 이름을 붙이면 경험을 정당화하고 조직화한다. 감정에 단어를 붙이면 감정에 실체가 주어지고 그 단어의 정신적 모델이 만들어진다. 이름 붙인 감정과 다른 감정을 비교할 수 있다는 뜻이다. 매슈 리버먼 교수는 감정표현어휘(affective labeling)을 쓰면 실제로 고통스러운 감정적 경험이 덜어진다는 것을 확인했다. 부정적 감정의 이름을 쓰면 그 감정을 객관적으로 보는 데 도움이 된다는 실험도 있다. 감정에 이름을 붙이면 부정적인 감정을 느낄 때 활성화되는 뇌 속 편도체 활동이 감소하고, 감정을 조절하는 우측 복외측 피질이 눈에 띄게 활성화된다.

감정에 이름을 붙이고 각 감정의 특징을 이해하면 뇌의 회로와 신경계에서 그 감정은 진정한다. 언어능력은 실행제어(executive control)와 메타인지 사고(metacognitive process)를 가능하게 한다. 따라서 감정에 이름 붙이기라는 단순한 행위가 사고의 전환을 일으켜 변화를 이끌어낼 수 있는 것이다.

언어가 세계관과 사고방식을 결정한다는 사피어-워프 가설은 감정에도 통한다. 감정에 정확한 이름을 붙이면 그 감정에 어떻게 대처해야 할지 생각하게 되기 때문에 중요하다. 그리고 자신이나 상대를 더 잘 도울 수 있게 된다. 힘들고 괴로울 때 감정을 '스트레스'라는 하나의 단어로 뭉뚱그리지 말자.

감정 표현하기

현재 상황, 함께 있는 사람들, 전체적인 맥락에 맞춰 감정을 표현해야 할 적절한 시기와 방법을 아는 것이다. 이에 뛰어난 사람들은 감정 표현의 불문율, 일명 '표현 규칙'을 잘 이해하고 있으며, 자신의 감정을 표현하는 최적의 방법을 찾고 그에 따라 행동을 고칠 수 있다. 제임스 페니베이커 교수에 의하면 감정을 표현하면 신체적 정신적으로 건강해진다고 한다.

비밀을 품고 있던 사람에게 실제로 병이 생기는 경우가 있다. 트라우마를 억압하면 몸이 쇠약해지지만 다른 사람에게 털어놓거나 글로 쓰면 안도감을 얻을 수 있다. 다른 사람과 감정을 공유하기 어려울 때는 글쓰기나 일기나 편지도 도움이 된다.

소설가이자 시인, 시나리오 작가, 영화감독, 작곡가 등 다재다능한 예술가로 활동 중인 줄리아 카메론은 실제 이혼의 아픔과 알코올 중독에 처하면서 어려운 시기를 겪었다. 자신의 아픔을 치유하기 위해 저자는 매일 아침 눈을 뜨자마자 머릿속에 떠오르는 생각을 아무것이나 자유롭게 써나가는 '모닝 페이지'를 개발하고 실천했다. 아무런 비평이나 재단을 하지 않고 머릿속에서 자신의 괴롭히는 것들을 모조리 글로 쏟아내는 것이다. 문법, 철자, 띄어쓰기 등도 고치지 않는다. 우리가 음식을 먹으면 소화시키고 배설을 하는데 머릿속에 들어온 생각은 배설되지 않아서 여러 골칫거리로 남게 된다. 생각도 배설이 필요하다는 데서 창안한 글쓰기가 모닝 페이지이다. 줄리아 카메론은 이런 자신의 경험을 『아티스트웨이』[84]라는 책에서 소개한다. 글쓰기가 감정을 배설하고 관리하는 데 도움이 된다는 것을 많은 사람들이 공감하고 아티스트웨이라는 워크숍을 개최하기도 했다.

이글을 쓰는 본인에게도 너무도 어려운 시기가 있었다. 아무리 가까워도 터놓고 하지 못한 이야기들, 머릿속을 맴도는 쓸데없는 잡생각들, 빠져나오고 싶은데 계속 생각나는 불안한 생각들과 같은 것들을 나만의 모닝 페이퍼에 써놓곤 한다. 그러면 신기하게도 그 생각에서 벗어나고 더 이상 괴롭지 않게 된다. 저자가 『아티스트웨이』를 읽은 지 10년이 넘었는데 아직도 모닝페이퍼를 쓴다. 지금도 가끔 머릿속에서 맴도는 생각 때문에 괴로울 때, 또는 누군가에게 털어놓기 어려운 이야기를 모닝페이퍼에 쓴다. 그리고 예전에 쓴 글을 들여다보기도 한다. 모든 글들이 뜨겁게 분노하거나 후회하거나 괴로워하며 쓴 글이었는데 지금 보면 하찮고 한줌의 먼지로 조그맣게 보인다. 시간이 지나면 그렇게 무의미해지나 보다. 그렇지만, 그 기간을 보내는 동안의 괴로움을 덜 수 있으니 매우 효과적이라고 권할 만 하다.

감정 조절하기

개인적 직업적 목표를 달성하기 위해 감정 반응을 관찰하고 통제하

---

84   줄리아 카메론(2017), 임지호 역, 『아티스트웨이』, 경당.

여 바람직한 방식으로 수정하는 것이다. 불편한 감정을 무시하는 것이 아니라 감정을 받아들이고 다루는 법을 배워야 한다. 이런 능력을 갖춘 사람들은 자신의 감정을 잘 관리하며 타인도 그렇게 할 수 있도록 돕는다. 자신이 어떤 감정을 언제 느끼고 어떻게 경험하고 표현하는지를 잘 살펴보는 것은 훈련의 과정이다. 반복할수록 더 잘하게 된다. 스스로 훈련하는 과정을 통해 더욱 잘 조절하게 된다. 다음 장에서 우리에게 가장 흔하고 힘들게 다가오는 부정 정서를 어떻게 다룰 수 있는지 살펴보자.

부정 정서_감정다루기

당근마켓에서 마음에 드는 물건을 발견했다. 그래서 기쁜 마음에 입금을 하고 물건을 기다렸는데 소식이 없다. 혹시 보이스 피싱인가 싶어 검색을 해보니 비슷한 사건에 대한 후기가 많이 올라와 있었다. 경찰서에 가서 사건 신고를 하려고 보니 수사관의 책상에는 나와 비슷한 내용의 사건 증거들이 잔뜩 쌓여 있었다. 속상하고 바보 같은 마음에 허탈해하며 국밥 한 그릇에 소주 한잔으로 털어버렸다.

다음날 밝은 기분으로 일을 시작하는데 나도 모르는 사이 내가 원하지도 않은 신용카드 유료 서비스의 수수료를 내고 있다는 사실을 알게 되었다. 카드사 고객센터에 전화해서 상담원에게 이럴 수가 있냐고 화를 냈다. 평소 같으면 조용조용 얘기했을 사항이었는데 나도 모르게 화가 끓어오르는 것을 보고 놀랐다.

억눌러진 감정은 어디선가는 폭발하는구나. 특히 약자에게, 후환이 없을 곳에서 결국 드러내고 마는구나 싶어 깜짝 놀랐다. 전화를 끊고 상담원에게 미안한 마음이 들기도 하고, 그동안 나에게 무례했던 사람들도 어디선가 억눌린 감정을 들고 나에게 그렇게 표출한 건가 하는 생각에 이해가 되기도 했다. 분노의 순환 고리가 이어지겠구나 싶다.

이처럼 감정은 처음 생긴 순간 이후로도 오래 지속되어 뒤에 이어지는 행동에 영향을 미친다. 이를 부수적 기분 편향(incidental mood bias)이라고 한다. 위의 당근마켓 사기사건도 예가 될 수 있고, 아침에 엄마나 아내와 다투고 출근하면서 공격적으로 운전하게 되는 것도 흔한 사례이다.

감정은 솔직하다. 행복, 기쁨, 인정, 자부심과 같은 긍정적인 감정을 다루는 것은 어렵지 않다. 그러나 부정적인 감정들은 조용히 사라지지 않는다. 가라앉아 있다가 순식간에 급변해서 폭발한다. 우리 삶은 다양한 사건과 사고를 겪어내면서 이런 감정들과 공존해야 하는 운명을 타고났다. 행복에 관한 이야기는 결국 우리가 행복하지 않을 때 어떻게 해야 할까?의 질문을 담고 있다. 긍정 정서를 관리한다는 것은 부정 정서를 관리한다는 말과 동일하다.

감정(Emotion)은 라틴어 '에모웨레(Emovere)'에서 유래된 단어로 '에너지의 움직임'이라는 의미를 담고 있다. 우리는 이성적 판단으로 행동하는 것 같지만 실제로 행동을 결정하는 것은 감정이다. 불안은 관심의 폭을 좁혀 세부를 주목하게 한다. 반면 긍정적 관점은 삶이 제대로 나가고 있다는 만족감을 준다. 신중한 추론보다 그 순간의 감을 따른다.

감정은 긍정적이든 부정적이든 에너지와 연결되어 있다. 뇌 과학자

안토니오 다마시오는 감정이 우리 신체 내부에서 발생하는 생체신호로서 정보를 담고 있다고 설명한다. 이 신호는 위험을 예측하게 하고 기회를 알아채어 자동적으로 반응하도록 정보를 준다. 기분(Feeling)은 이 감정이 소용돌이칠 때 자기 몸에서 어떤 일이 일어나는지 자각하는 과정으로 볼 수 있다고 한다. 감정은 우리가 앞날을 예측하고 자신의 세계를 이해하는 데 도움을 준다. 이런 감정에 대한 알아차림은 우리 삶에 중요한 통찰을 제공한다.

우리 삶이 평온하지만은 않다는 것을 어느 정도 깨닫게 되었을 때 혼란스런 감정의 파도가 밀려오는 것은 자연스러운 일이다. 그러나 그 파도를 어떻게 넘을지는 우리 몫이다.

'파도가 밀려오는 것은 막을 수 없지만, 파도타기는 배울 수 있다'[85]

편안한 감정에서는 깊이 있는 통찰을 얻기 힘들다. 불안과 혼란, 예기치 않은 사건 사고를 겪게 되었을 때 왜 이런 일들이 있을까? 무엇이 잘못된 것일까? 생각하게 되고 들여다보게 된다. 이런 감정을 다시 겪고 싶지 않기 때문에 고통을 느끼기 때문에 방법을 생각하고 궁리를 한다. 뭔가 변화를 시도하고 행동으로 옮길 충분한 이유를 발견하게 된다. 이런 힘든 감정들을 깊이 이해하다 보면 자신의 참모습을 발견하

---

85   존 카밧 진(Jon Kabat-Zinn), 마음 챙김 명상 수련 창안자.

는 힘과 에너지를 발견할 수 있다. '난관이 닥쳤을 때 행동이 앞당겨진다. 즉 막힌 곳을 뚫으면 길이 된다.'[86] 이 책에서는 우리가 가장 빈번하고 자주 겪는 부정 정서인 두려움, 불안, 슬픔, 분노, 외로움의 5가지 감정에 대해서 다뤄 보겠다. '알면 보이고 보이면 알게 되고, 알면 이해하게 된다'는 선현의 말씀이 감정에도 통하길 기대해보자.

---

86   랜디 타란(2019), 강이수 역, 『감정은 패턴이다』, 유노북스, 10면.

부정 정서_두려움(Fear)

　인류는 두려움 때문에 살아남았다. 위험한 상황에 대한 신호를 빠르게 알아챌수록 생존할 가능성이 높아진다. 생존과 연관되어 있기 때문에 두려움은 강력한 감정이다. 두려움이 느껴지면 우리는 그 어느 때보다도 주의력을 집중한다. 이때 우리의 경계심은 최고조에 달하고 모든 감각이 활성화되고 자신 안의 모든 능력이 총출동 태세를 갖추게 된다.

　이 두려움은 가벼운 염려에서부터 우려, 걱정, 괴로움, 불안, 경각심, 공황, 공포, 경악에 이르기까지 다양한 스펙트럼을 갖고 있다. 단순한 걱정거리를 두려움으로 덮어버리면 과도한 공포를 느끼게 된다. 어두운 밤길에 뭔가가 자기를 따라오는 듯한 섬뜩함이 느껴져 두려움이 엄습한다. 그런데 그 두려움을 거두고 들여다보면 사실 아무 것도 아닌 그림자인 걸 알게 되는 것처럼 말이다. 그 두려움을 정도에 따라 다양한 이름을 명명함으로써 좀 더 객관적으로 두려움의 감정들을 대할 수 있다.

랜디 타란은 두려움을 그 유형에 따라 상실의 두려움, 변화에 대한 두려움, 거절에 대한 두려움, 상처에 대한 두려움, 죽음에 대한 두려움으로 나누어 제시했다.

두려움의 유형	두려움의 내용	관점의 변화 전략
상실의 두려움	• 사랑하는 사람을 잃는 두려움(예 : 연인, 가족, 친구, 멘토, 애완동물 등) • 일자리나 돈벌이에 대한 걱정 • 기회를 잃는 두려움 • 꿈을 잃는 두려움	• 이 두려움을 이용해 현재 곁에 있는 사람을 소중히 여겨라. • 경제적 불안은 몰랐던 잠재력을 발휘하는 원동력을 발견하는 계기가 된다. • 결정을 내렸다고 해서 수정이 불가능한 것은 아니다. • 자신의 재능, 경험에 감사하라.
변화에 대한 두려움	• 실패에 대한 두려움 • 되는 일이 없을 것 같은 두려움 • 직장이나 인간관계에서 멀어지는 두려움 • 이사나 이직에 대한 두려움 • 성공에 대한 두려움	• 한번 실패하더라도 다음 기회가 있다. • 낭비된 것은 아무것도 없다. 그 경험이 삶을 풍요롭게 하고 성장시킨다. • 세상은 넓고 인생은 아직 창창하다. 새로운 기회를 탐색하라. • 당신은 인생을 충분히 즐길 자격이 있다.
거절에 대한 두려움	• 자신이 부족하다고 느끼는 두려움 • 약하게 보이는 두려움 • 거짓 성공의 두려움 • 질투와 시기의 두려움	• 인생은 남과의 비교가 아니라 자신의 가치와 열정과 재능을 찾는 과정이다. • 취약성을 드러내고 충실히 사는 사람이 진짜 강한 사람이다. • 가면증후군에서 벗어나라. 작은 성공에 기뻐하라. • 칭찬의 순간에 감사하고 음미하라.
상처에 대한 두려움	• 이용당하는 두려움	• 자신이 원하는 것에 초점을 맞춰라.
죽음에 대한 두려움	• 미지의 세계, 허무함, 공허함, 종말에 대한 두려움	• 죽음은 당신이 생각하는 것보다 덜 슬프고 덜 무섭고, 더 행복하다.

두려움에 대해 정면으로 생각해보면 오히려 내 두려움의 경험이 다른 수많은 사람들의 경험과 비슷하다는 것을 알 수 있다. 이런 두려움의 감정을 나만 겪고 있는 것은 아니다. 사람이라면 누구나 비슷한 감정을 겪고 있다는 것을 알게 되면 좀 더 그 감정을 객관적으로 볼 기회가 생긴다. 막연한 두려움이라는 감정을 랜디가 유형별로 정리한 내용으로 보면 대부분의 사람이 비슷한 감정으로 두려워한다는 것도 알게 된다. 인간의 특성 중 하나라는 생각을 하게 되면 피식 웃음도 나올 수 있다.

두려움은 우리를 집중하게 하고 에너지를 내어 다음 단계의 행동을 취하게 한다. 두려움을 책망하거나 억누르는 것보다는 두려움을 마주하고 주의를 기울이면 현재보다 더 발전할 수 있다. 위의 표에 정리한 것처럼 사랑하는 사람, 직장, 인간관계를 잃을지도 모른다는 두려움 덕에 우리는 현재 내 옆에 있는 사람들과의 관계에 더 관심을 기울이게 된다. 또 그동안 불만과 서운함으로 가득 찼던 직장이 갑자기 소중한 곳으로 느껴지는 경험도 하게 된다. 꿈과 기회를 놓칠 것 같은 두려움으로 인해 그 꿈과 기회에 대해 더 에너지를 쏟게 한다. 두려움은 잃고 싶지 않은 대상에게 집중하게 하여 그 대상을 잃지 않게 하는 역할을 한다.

변화와 거절은 누구에게나 두렵다. 이 변화와 거절에 대한 두려움 때문에 하고 싶은 일에 도전하지 못하기도 하고 마음속에 좋아하는 사람을 그냥 떠나보내기도 한다. 그런데 이 두려움은 실제 자신이 어떤 사람인지를 알게 해주는 시험이 될 때가 있다. 두려움에 맞서 자신의 용기를 시험하고 익숙한 영역을 벗어나 새로운 시도를 하게 만들어 준다. 두려움을 뚫고 용기를 내었을 때 자신의 가능성과 새로운 면모를 만나면서 성장하는 계기가 되기도 한다.

상처와 죽음에 대한 두려움 덕에 현재의 가치를 새롭게 발견하고 현재의 나 자신에게 집중하게 된다. 두려움은 불편한 감정이지만 그 감정을 딛고 앞으로 나갈 때 인생의 새로운 한발을 내딛게 해준다. 배는 항구에 묶여 있을 때가 가장 안전하지만, 항구에 있기 위해 배가 만들어진 것은 아니다. 폭풍우와 거친 파도를 맞서서 항해할 때 비로소 그 배의 능력을 알게 되는 것이다.

작가이자 교육자인 칼라 맥라렌(K. McLam)은 두려움은 비겁한 게 아니라 앞으로 닥쳐올 일에 충분히 대비하지 못했음을 알리는 내면의 보호 장치라고 하였다. 두려움은 우리를 꼼짝 못하게 묶어 놓고 괴롭히는 감정이 아니라, 정신과 마음을 가다듬고 에너지를 모으는 데 필요한 시간을 우리에게 벌어주기 위한 배려이다. 무언가가 두렵다면 그것은 준비가 필요한 시간이라는 것을 알려주는 알람이 울린 것이다.

그렇다면 이런 두려움을 느끼는 상황에서 우리는 어떻게 하면 좋을까? 두려움을 회피하려고 TV 채널을 돌리며 주의를 분산시키거나 맛있는 음식을 끊임없이 먹는 것은 좋은 방법이 아니다. 사실 이 장면은 저자에게도 너무나 익숙하기도 하다. 저자도 힘들고 어려운 과제가 있거나 하고 싶지 않은 일이 있을 때 너무도 빨리 회피의 수단으로 도망칠 때가 많다. 이성적으로는 일을 해야 하는 것을 알지만, 그 이성이 알람을 켜기 전에 푹신한 소파와 TV, 넷플릭스는 너무 매혹적이기 때문이다. 게다가 요즘은 더 강력한 스마트폰과 유튜브 같은 것들이 이성이나 의지를 무력화시키기도 한다. 오늘도 이 원고를 작성하기 전까지 최대한 관심 끄는 유튜브를 보고, 쓸데없이 집안 이곳저곳에 페인트칠을 하며 최대한 미션으로부터 멀어지려고 안간힘을 쓰기도 했다.

이런 현상은 관성의 법칙이 작용하기 때문이다.

관성의 법칙은 물리적 공간에만 있는 게 아니다. 바로 우리 정신에도 관성의 법칙이 작용한다. 하고 있는 일이나 상태를 계속하려는 힘이 있다. 침대에 누워 있을 때 일어나는 것보다 누워 있는 것이 더 편하다. 또 놀다가 일을 해야 하는 상태로 바꾸려면 많은 에너지가 필요하다. 그래서 힘이 드는 것이다. 계속 놀려는 힘이 더 크기 때문이다. 그 힘을 이기고 책상에 앉아야 하니 얼마나 에너지가 많이 필요하겠는가.

관성의 법칙은 우리 뇌에도 작동한다. TV 보며 놀고 있던 머리를 일을 시키려니 얼마나 하기 싫겠는가. 그 뇌를 잡고 일을 시키려면 최소 15분의 워밍업 시간이 필요하다. 무슨 일이든 15분을 지속하면 그 일에 적응이 되면서 그 일을 계속하려는 추동이 발생해서 이전보다는 쉽게 진도가 나갈 수 있다. 놀기에서 일로 전환하기, 편한 상태에서 긴장상태로 전환하기는 이전보다 큰 에너지가 필요하고 그 일을 계속하기 위해서는 15분 이상의 지속하는 힘이 필요하다. 이 원리를 안다면, 아침에 일어날 때 왜 힘든지, 공부는 왜 하기 싫은지 이해할 수 있다.

나를 달래야 한다. 이런 원리가 있어... 그러니 일어나자.

두려움에 맞서는 방법으로 심리치료에 가장 많이 쓰는 방법을 응용해볼 수 있다. 바로 순차적 적응 방법이다. 뱀을 무서워하는 사람에게 멀리서 뱀을 보게 하고, 점점 한발씩 다가가게 한다. 그리고 처음에는 뱀의 모형과 작고 귀여운 인형에서 출발해서 점차 진짜 뱀에 가까이 도전해보는 식이다. 일단 시작은 그 대상에 집중해야 한다. 두려움이 느껴지는 것이 있다면 지금 집중해보자. 지금 현재 나는 안전하고 두려움이 나를 해칠 수 없다는 것을 떠올린다. 그리고 내가 무엇을 두려워하는지 그 유형을 생각해본다. 두려움의 유형이나 정체를 파악한다.

이제 행동으로 옮길 타이밍이다. 시작해야 할 것이 있다면 작게 시작해본다. 큰 과제를 앞두고 느끼는 두려움이라는 것을 알게 됐다면 큰 과제를 작은 과제로 나눠본다. 그리고 한 번에 하나씩, 오늘 해야 할 최소단위의 한 가지 활동에 주목한다. 오늘은 글쓰기 과제 자료조사까지만 하자. 오늘은 헬스클럽에서 1시간만 운동하자. 이렇게 작은 단위로 접근한다. 행동으로 두려움에 맞서라. 책 원고 집필을 멀리했던 저자가 오늘 사용한 방법은 지난 번 작성한 원고를 그냥 한번 읽어 보는 거였다. 그러면 고치고 싶은 부분이 나오고, 수정하고 보완하면서 자연스럽게 작업의 뇌를 작동 시키는 거다. 다행히 이렇게 성공적으로 원고를 집필하고 있다. 웃음 표시 보이나요? ^^)

두려움은 충분히 존재하는 이유가 있다. 두려움은 우리를 직관으로 인도하고 자신의 본성에 부합되도록 삶의 궤도를 수정하도록 돕는다.

두려움을 느낄 때 잠시 멈춰서 자신의 삶을 돌아본다. 두려움으로부터 무언가를 배울 수 있다면, 그 에너지는 내 삶의 지혜로 남게 된다. 두려움을 피한다면 그 두려움은 계속 나를 쫓아다니며 괴롭힐 것을 우리는 너무도 잘 알고 있다. 피할 수 없으니 대면하자.

최근에 특히 죽음에 대한 두려움에서 나를 놓아준 정보가 있었다. 죽음에 대한 실상은 실제 생각하고 상상하는 것보다 덜 고통스럽다는 것이다. 이 정보는 최근 내가 생각하는 죽음에 대한 두려움을 한 스푼 덜어내 주었다.

부정 정서_불안(Anxiety)

두려움과 비슷하지만 다른 정서로 불안을 들 수 있다. 두려움은 실제하고 눈앞에 닥친 위협에 대한 거라면, 불안은 막연하고 미래에 예상되는 위협에 대한 정서로 구분할 수 있다. 또 비슷한 정서로 걱정과 비교하자면, 걱정은 해결해야 하는 또는 미리 예상되는 어려움에 대한 정신적 사고과정이라면, 불안은 다가올 미래에 통제하기 어려운 상황을 신체적인 반응으로 느끼는 것으로 볼 수 있다. 일반적으로 나타나는 신체반응으로는 안절부절 못하고 대개 짜증이 나며 잠을 잘 못자거나 일에 집중이 어려워진다. 불안은 내가 통제할 수 없는 미래에 대한 막연한 공포라고 정리할 수 있다.

내가 치러내야 할 시험이나 면접, 발표에 대한 상황에 대해 불안을 느끼게 되면 그 불안을 없애기 위해 시험공부를 하거나, 면접에 대해 대비를 하는 방식으로 행동을 하게 만든다. 이런 불안은 비교적 건강한 불안이다. 불안을 해소하기 위해 나의 행동을 통해서 에너지를 쓰게 만들어 결과적으로 나의 능력을 향상시킨다. 약속시간에 늦을까봐 불안함을 느끼면 예상보다 일찍 출발함으로써 이런 불안을 없앨 수 있다. 결과적으로 좋은 상태를 유지하게 만든다.

이런 건강한 불안이 있는가 하면, 정상적인 사회생활을 유지하는 데 어려움을 겪는 고통이 되는 불안이 있다. 발표 불안이 너무 심해서 발표 상황에서 사라진다든지, 결혼에 대한 불안이 커서 결혼식 전에 사라지는 배우자의 사례를 들 수 있다. 이런 정도가 되면 불안장애로 볼수 있고 심리적 치료가 필요한 단계이다. 두려움이나 걱정은 대개 대상과 원인을 제거함으로써 처치가 쉽지만, 불안장애의 경우 막연하기 때문에 치료가 쉽지 않다. 공황발작, 강박장애, 분리불안, 공포증, 외상후 스트레스 장애 등은 이 책의 범위를 넘어서 전문가의 치료를 요하는 상황이므로 이 책에서는 일상생활에서 느끼는 불안으로 범위를 한정하겠다.

불안을 조절하고 줄이는 방법으로 가장 먼저 추천되는 방법은 바로 명상이다. 명상은 오늘날 많은 분야에서 스트레스에 대응하는 생존학으로 소개되고 있다. 유튜브와 SNS가 쏟아내는 수많은 정보와 관계망에서 오는 스트레스를 감당해야 하는 현대인에게 명상은 선택과목이 아닌 필수과목이 되었다. 머릿속에서 날아다니는 시끄러운 목소리를 잠재우고, 마음의 평화에 도달하는 지름길이기도 하다.

명상의 장점은 여러 매체에서 소개되었지만 간단하게 정리해보자면, 스트레스로 인해 지친 마음과 몸을 회복시키고, 과제에 대한 주의력과 집중력을 향상시킨다. 또한 신체적으로 염증반응과 고통을 줄여주기도 한다. 많은 조직과 학교에서 명상 교육을 실시하고 있다. 구글의 명상 프로그램은 성과를 향상시키는 데 긍정적 영향을 준 것으로도 유명하다. 유튜브나 앱스토어에 다양한 명상 프로그램이 있다. 마음먹으면 지금 당장 실행해 볼 수 있을 정도로 쉬운 방법이다.

명상은 흔히 앉아서 하는 명상만을 떠올리기 쉬운데, 숲길 걷기와 같은 걷기 명상, 태극권, 요가, 기공 같이 몸을 움직여서하는 동적인 활동도 명상으로 분류된다. 공통점은 나의 호흡과 움직임에 집중함으로써 다른 불필요한 걱정이나 산만한 요소를 제거하는 것으로 볼 수 있다. 이렇게 명상을 하면서 호흡을 조절하면 심신이 안정되고 활동적인 교감신경을 잠재우고, 이완에 도움을 주는 부교감신경을 활성화한다.

현대인은 24시간 빛과 소리에 노출되기 쉽고, 요즘은 특히 잠자기 직전까지 스마트 폰을 들고 있는 경우가 대부분이라 교감신경이 매우 활성화되어 신체의 밸런스가 깨진 경우가 많다. 이런 환경에서 명상은 부교감신경을 활성화해서 신체의 균형을 찾아주는 기능을 한다. 결과적으로 명상은 심신의 균형을 찾아서 몸과 마음의 긴장을 풀고 숙면을 취하는 데도 도움을 준다.

저자의 경우도 침대에 누워서 뉴스를 챙겨보거나 혹시 속보가 있는지 유튜브의 화면을 손가락으로 끌어내려 끝을 확인해야 잠을 자는 경우가 많았다. 이런 경우 쉽게 잠들지 못해서 고생을 하면서 좀 더 일찍 스마트 폰을 내려놓지 않았던 것을 후회하기도 했다. 최근에 이런 경우 유튜브의 수면 명상을 틀고 명상과 수면 음악을 들으면서 잠을 청하기도 한다.

물론 저자도 불안함을 느껴 일이 손에 잡히지 않아 안절부절 할 경우도 있다. 이럴 때 조용히 아빠다리를 하고 앉아서 코끝에서 들어오는 숨과 내쉬는 숨을 쳐다보며 고요히 머리를 비우는 명상을 하기도 한다. 꼭 고가의 명상 프로그램에 참가하지 않아도 유튜브에 좋은 명상 가이드가 많이 있어서 여러분 취향에 맞는 명상프로그램을 쉽게 따라할 수 있다.

명상과 함께 저자가 추천하는 방법이 한 가지 더 있다. 불안은 미래가 안 좋아질 수 있다는 막연한 공포라고 할 수 있다. 그 발표를 할 때 실수하면 어떻게 하지, 면접을 보다가 답을 못하게 되면 어쩌지 같은 불안에 대해 마음을 내려놓는 것이다. 최선을 다하지만 결과가 안 좋으면 할 수 없다. '나는 할 만큼 했다.' 이렇게 생각하면 도움이 될 때가 있다.

담담한 마음은 사람의 성격에 따라 차이가 크다. 더 신경이 날카로운 사람이 있고 좀 더 담담한 사람이 있을 수 있다. 그러나 불안은 잘하고 싶은데 못할까봐, 좋은 결과를 얻고 싶은데 안 될까봐 생기는 정서이다. 공부는 안 해도 시험은 잘치고 싶다. 연습을 많이 안했지만 발표는 잘하고 싶다. 이런 마음을 욕심이라고 한다. 더 잘하고 싶은 마음, 좋은 결과를 얻고 싶은 마음을 내려놓으면 불안이 조금 가라앉는다.

불안은 미약하고 불완전한 존재인 인간에게는 숙명처럼 따라다니는 정서이다. 삶에서도 마찬가지이다. 불안을 정면에서 마주하고 불안에서 빠져나온 이야기로 엘론 머스크의 에피소드가 적절할 것 같다. 지금은 13조 원의 재산을 보유한 이 기업가가 '창업을 하기 전 하루 1달러로 살았다'고 말해 화제가 된 적이 있다. 얼핏 돈이 없어서 어렵게 살던 시절의 이야기로 들릴 수 있지만, 사실은 그가 창업하기로 결심한 기간에 일어난 일이라 흥미롭다.

머스크는 어릴 때부터 지구를 구원하는 것 꿈이 있었다. 이 꿈을 실현하기 위해 3단계로 꿈을 계획한다. 1단계는 인터넷으로 혁명을 일으켜 큰돈을 번다. 2단계는 우주진출사업을 해서 화성에 인류의 식민지를 건설한다. 3단계는 지구에 친환경 에너지를 마련한다. 이런 꿈을 위해 그는 창업을 결심한 순간 누구나 갖게 될 불안에 직면한다. "만약 망하게 되면 나는 안정적인 삶도 포기해야 할 텐데..." 이 불안에 대해 머스크는 한 달 동안 자신이 1달러로 살면 어떻게 될지를 실험을 해보기로 한다. 당장 대형마트로 달려가서 냉동 핫도그와 오렌지 30개를 사와서 한 달 내내 이것만 먹는 실험을 한 거다. 한 달을 살아보니 견딜 만 하다는 확신을 갖게 되었다. 한 달이 지나니까 이 과정이 자신에게 별로 힘들지 않다는 걸 깨달았고 자신이 좋은 음식에 흥미가 없다는 걸 알았다고 한다. 컴퓨터 한 대와 한 달 30달러만 있으면 평생 살 수 있다는 확신이 들었다. 이를 계기로 일론은 좀 더 정신적인 일에 몰두할 수 있었고 창업에 뛰어들었다.

막연하게 망하게 될 상황에 대한 상상으로 불안에 휩싸인 채 보내는 것이 아닌 그 불안을 한번 대면했다는 점이 주목된다. 그리고 자신의 삶에서 최저선을 경험함으로써 자신이 망해도 이런 삶이라면 괜찮다고 예측하고 통제의 범위를 확인한 결과를 얻은 것이다. 지금은 말 안 해도 그 결과를 여러분들이 잘 아실만큼 대 성공을 거둔 삶을 살고 있다.

앞서 이야기한 머스크의 경우에서도 볼 수 있듯이 물질적 추구가 그리 강하지 않은 자신을 발견한 것은 머스크에게는 큰 소득이다. 마찬가지로 물질적인 것, 외형적인 것에 대한 추구가 강하지 않을수록 삶에서 느끼는 불안은 적다. 앞장의 행복의 조건에서 보았듯이 소박한 삶속에서 만족하게 사는 것을 터득하는 것이 행복의 길이라는 것을 눈치 챘다면 행복에 한걸음 다가간 것이라고 축하해주고 싶다.

머스크처럼 꼭 모든 것을 건 창업이 아니더라도 갑자기 온갖 불안이 밀려올 때가 있다. 직장에서 잘리면 어떻게 될까? 가족에게 무슨 일이 생기면 어떻게 하지? 내 몸에 병이 생기면 어떻게 하지? 이런 막연한 불안감이 있다. 이런 불안에 대해 나름 그동안의 경험을 통해 터득한 노하우가 있다면 '내려놓는 것'이다.

잘리지 않도록 잘하자. 하지만 잘했는데도 잘릴 수 있다. 그렇다면 그 다음에 잘 살면 된다. 그냥 이렇게 단순히 생각하는 거다. 가족에게 무슨 일이 생긴다면 매우 가슴 아프고 고통스러울 것이다. 그런 일이 일어나면 안 되겠지만, 만약 그런 일이 일어난다면 그것은 내 힘 밖의 일이다. 다만 조심하자. 이렇게 생각한다. 또 병이 생기지 않도록 조심하자. 담배도 끊고, 술도 줄이고, 좋다는 운동도 정기적으로 한다. 한때

단 것(danger)은 위험한 것이라는 우스갯소리가 이제는 진실이 되었는데 당분 섭취도 줄이는 노력을 한다. 좋아하는 빵을 하루에 다 안 먹고 한 3일에 나눠 먹는 정도의 노력을 한다. 더 먹고 싶은 마음이 들면 양치질한다. 저자의 경우 식욕보다 게으름이 힘이 더 센 편이라. 그런데도 병이 생긴다면 그것 또한 '내 삶의 레슨 포인트가 있는 것이겠지' 하고 받아들일 수밖에 없을 것이다.

불교신자는 아니지만 가끔 좋은 말이 있으면 메모지에 써서 책상에 붙여 놓곤 하는데 저자의 경우에는 「보왕삼매론」이 많은 도움이 되었다. '몸에 병이 없기를 바라지 마라. 몸에 병이 없으면 탐욕이 생기기 쉽나니 병고로써 양약을 삼으라'로 시작해서 삶의 지혜가 10가지로 정리되어 있다. 이런 구절 하나씩 알고 있는 게 삶의 힘든 순간에 많은 도움이 되었다. 적극 추천한다.

아마 여러분은 취직이 안 되면 어떻게 할까? 내가 좋아하는 저 사람이 나를 싫어하면 어떡하지? 이런 고민들이 더 많을 것이다. 이런 고민에 대해서도 힌트를 얻을 수 있을 것이다.

부정 정서_슬픔(Sadness)

아무도 슬픔을 바라지는 않는다. 그러나 이 세상에서 슬픔을 겪지 않고 살아가는 사람은 없다. 슬픔은 상실이나 충격적인 변화에 대해 우리 내면에서 반응하는 자연스러운 현상이다. 비교적 가벼운 실망부터 극심한 좌절과 고통스러운 비탄까지 슬픔의 영역은 다양하고 폭이 넓다. 사랑하는 사람이나 가족, 애완동물을 잃을 때와 같은 상실, 갑작스러운 이사와 해고, 질병, 예기치 않는 시련 등과 같은 혼란스러운 상황에서 비롯된다. 우리 삶에서 떼어 놓을 수 없는 슬픔이지만 현대 사회는 아무리 슬픔이 커도 겉으로 드러내지 않는 것이 더 성숙한 것처럼 받아들이는 분위기가 있다. 슬픔보다는 그것을 이겨내는 극기, 좌절보다는 일어서는 용기가 더 응원 받기 때문에 슬픔을 겪고도 마음껏 슬퍼할 수 없다는 것이 문제이다. 우리 사회는 슬픔을 추스르고 정서적으로 정리하는 데 필요한 시간을 내어주지 않는다.

슬픔은 누구나 반드시 겪는 과정이다. 슬픔을 겪어 낸다는 것은 자신에게 일어난 일을 천천히 납득하고 슬픔을 일으킨 사건에서 시간을 가지고 천천히 빠져나오면서 더 성장한 자신을 발견하는 과정이다. 이 슬픔은 우울과 혼동해서 사용되기도 한다. "우울해"라는 말이 "슬퍼"라는 말보다 더 자주 들리기도 한다. 감정에 정확한 이름을 붙이는 것은 감정을 다루는 첫 번째 단계이기 때문에 슬픔과 우울을 구분하는 것은 중요하다. 아래의 9가지 증상 중 5가지 이상의 증상이 2주 이상 진행된다면 우울증으로 진단 받고 약을 처방받는 것이 좋다.

슬픔(Sadness)[87]	우울증(Depression)
• 정상적인 감정 상태 • 어떤 사건이나 상황에 대해 슬픔을 느낌 • 상실에 적응하며 감정적 고통이 사그라듬 • 기분 전환으로 슬픔을 잠시 잊을 수 있음 • 정상적인 죄책감을 약간 느낄 수도 있음 • 보통의 슬픔은 자살 충동이 없음	• 감정, 지각, 행동에 영향을 미치는 비정상적인 감정상태 • 만사가 서글픔 • 만성적 우울감 • 좋아하는 일에도 흥미를 잃음 • 가벼운 우울증은 일시적으로 해소될 수 있지만, 중증 우울증의 경우에는 기분을 걷잡을 수 없음 • 자신이 하찮고 나쁘다고 생각하며, 자기 탓과 자기 비하가 심해짐 • 자해나 자살 계획으로 이어질 수 있음

우울증은 비교적 약물로 증상의 개선이 쉬운 경우가 많다. 호르몬 불균형 때문에 우울한 경우 약물은 신의 선물이라고도 한다. 심지어 우울한 경우 타이레놀이 효과가 있다고 한 실험도 있다. 정신적 고통도

---

87   랜디 타란(2019), 강이수 역, 『감정은 패턴이다』, 유노북스 101면.

신체적 통증과 마찬가지로 우리 뇌는 동일한 통증으로 본다는 것이다. 실제 저자도 우울증 처방약을 받으러 가기 힘들 때 정말 간혹 타이레놀을 먹기도 한다. 이 방법이 단순한 플라시보 효과였는지는 모르겠지만 효과가 있었다. 여하튼 우울증은 약물처방을 받으면 훨씬 수월하게 증상을 개선할 수 있으니 이 책을 읽는 독자 중 자신이 우울증이라고 생각된다면 얼른 처방을 받고 도움을 받길 바란다.

그런데 약물의 도움을 받는 것보다 훨씬 더 효과적인 방법이 있다고 한다. 랑간 채터지 박사는 BBC프로그램의 <우리 집 주치의>라는 프로그램의 진행자이며 『질병을 치유하는 법』의 저자이다. 랑간 채터지 박사는 극심한 우울증을 겪는 16살 소년 데본에게 휴대전화 사용시간을 줄이고 당분 섭취를 줄이도록 하고 경과를 관찰하였다. 정크 푸드로 채우던 간식은 견과류와 양질의 단백질을 섭취하도록 하여 영양이 균형된 식사를 하도록 하였다. 데본은 몇 달 뒤 학교와 교우 관계 모두 잘 적응하고 있고 몰라보게 달라진 생활을 하게 되었다. 채터지 박사는 단 4가지의 원칙을 적용해 건강한 생활 방식을 이어감으로써 우울증을 개선할 수 있다고 주장하였다.

채터지 박사가 제시한 아래의 4가지는 간단하면서도 건강한 생활을 하는 원칙이기도 하다. 우울증뿐만 아니라 대부분의 부정적 감정을 해소하고 행복도를 높이는 데도 도움이 되는 방법이기도 하다. 당장 적용해보길 바란다.

❶ 긴장을 풀고 사랑하는 사람과 소통하라. 사람과의 연대감은 정말 중요하다. 직장 동료나 동호회 모임과 같은 방법을 활용해도 좋다. 누구든 마음이나 뜻이 맞는 사람과 잠깐이라도 이야기를 나누면 내가 다른 사람과 연결되어 있다는 것을 느끼게 해 준다. 가장 좋은 것은 가족이나 사랑하는 사람이다. 연로하신 부모님과의 전화 통화만으로도 부모님의 삶의 질을 높여 줄 뿐만 아니라 나의 건강에도 도움을 준다. 사랑하는 이의 목소리가 가장 큰 선물이다.

❷ 당분을 줄이고 양질의 단백질과 견과류를 충분히 섭취한다. 당분이 많은 음식은 혈당을 출렁이게 하고 칼로리가 높다는 문제점도 있지만, 코르티솔이나 아드레날린과 같은 스트레스 호르몬을 증가시킨다. 이런 호르몬은 기분에 직접적인 영향을 미쳐서 우울감을 상승시킨다.

❸ 숙면을 취해 신체를 재충전하라. 수면은 생각보다 더 중요하다. 2019년 Science논문에 따르면 숙면을 취하는 동안 뇌는 낮에 쌓인 노폐물을 청소해 다음날 말끔한 뇌로 회복시키는 활동을 한다고 한다. 숙면을 취하지 못하면 노폐물이 제거되지 않아 뇌가 안개가 낀 듯 말끔하지 못하여 혼란스럽고 분명하게 생각하기 어려운 상태인 브레인 포그가 일어나기 쉽다. 숙면은 나이가 들수록 더 중요한 것 같다. 20~30대에는 4~5시간 자도 끄떡없었지만, 30대 중반만 되도 잠을 잘 못자면 당일 일과를 소화하는 데 어려움을 느낀다. 정신을 집중해야 할 연구나 공부에서 효율도 매우 떨어진다. 또한 잠을 잘 못자면 면역력도 떨어지는데 정상 수면을 취한 사람보다 감기에 4.2배 더 잘 걸린다. 더욱이 피곤함을 이기려고 달콤한 간식을 찾게 되어 당뇨에 걸릴 위험이 5배 가까이 높아진다. 여기에 고혈압과 심혈

관 질환과도 연관이 있고, 식욕을 억제하는 렙틴 호르몬이 적게 분비되어 체증 증가의 원인이 되기도 한다.

❹ 몸을 좀 더 움직여라. 몸을 움직이면 효과적으로 기분을 전환할수 있다. 코로나 19로 피트니스클럽을 가거나 여러 사람과 함께하는 운동이 많이 제한되었다. 저자는 이 참에 가정용 러닝머신을 마련했다. 몇 백만 원하는 헬스장의 러닝머신처럼 멋지고 근사하진 않지만 30분만 빠른 속도로 걷고 나면 땀이 확 나는 게 아주 만족스럽다. 동네 한 바퀴를 산책하는 것도 좋다. 미세먼지도 염려되고 날씨도 추우면 야외운동이 쉽지 않으니 자기에게 맞는 운동이나 홈 트레이닝을 추천한다. 운동을 하고 나면 숙면에 훨씬 도움이 된다.

아무래도 우울증보다 우리가 집중해야 할 감정은 슬픔이다. 슬픔은 인간에게 필연적으로 붙어 다니는 감정이다. 그렇다면 슬픔은 우리에게 어떤 레슨 포인트를 주는가를 살펴보자.

호주 시드니 뉴사우스웨일스 대학의 조셉 포가스 교수는 사람들이 약간 슬플 때 기억력이 더 증가한다는 것을 밝혀냈다. 실험 참가자들에게 상점에서 보았던 물건을 기억하는 과제를 주었는데 사람들은 맑고 화창한 날보다 우울한 느낌의 비 오는 날 상점에 있던 물건을 더 세세하고 정확하게 기억해냈다.[88] 또한 슬픈 기분일 때 사람들은 더 정확한 판단을 내린다는 실험도 있다. 슬픈 기분일 때 절도죄로 기소된 사람을

---

88 Forgas, J. P.(2014). *Four Ways Sadness May be Good for You*. Greater Good Science Center, June, 4.

맞추는 확률이 행복한 기분일 때 확률보다 11% 증가하였다.[89]

슬픔은 분석적이고 사고 작용이 필요한 상황에서 힘을 발휘한다. 어려운 문제를 풀 때 행복한 영화를 본 그룹은 빠르게 문제를 풀었지만 오답이 많았고, 슬픈 영화를 본 그룹은 좀 더 오랜 시간동안 문제에 집중했고 정답률도 높았다고 한다. 또한 슬픔은 분석적 과제를 해결할 때 도움이 된다. 사회심리학자 빅토리아 비서는 사회의 다양한 위치에 있는 리더들에게 창의적 문제와 분석적 문제를 주고 풀도록 했다. 감독자가 밝은 분위기를 조성한 그룹은 창의적 문제를 더 잘 해결했고, 감독자가 불만스러운 분위기를 조성한 그룹에서는 분석적 문제를 더 잘 해결했다.[90] 대부분의 비평가나 심사위원들이 어두운 표정을 하고 까칠한 이미지인 것이 우연은 아닌 것 같다.

위에서 언급한대로 슬픔이 주는 의외의 긍정적인 효과도 있지만 슬픔은 대부분 어려운 감정인 것은 부인할 수 없다. 슬픔은 여러 측면에서 폭풍우를 피해 잠시 머무는 항구와 비슷하다. 잠시 어려운 상실과 사건의 순간에서 나를 보호하고 추스를 수 있도록 심리적 안정을 찾는 시간을 벌어주는 역할을 한다. 눈물을 흘리고 슬픔의 감정을 표현하는

---

89 Kashdan, T. B., & Biswas-Diener, R.(2014). *The upside of your dark side : Why being your whole self-not just your "good" self-drives success and fulfillment.* Penguin.

90 Visser, V. A., van Knippenberg, D., Van Kleef, G. A., & Wisse, B.(2013). How leader displays of happiness and sadness influence follower performance : Emotional contagion and creative versus analytical performance. *The Leadership Quarterly,* 24(1), pp.172-188.

것이 회복하는 데 더 도움이 된다. 아이들이나 주변 사람들에게 나의 힘든 상황을 숨기고 스스로 억압하는 것보다 양해를 구하고 인정받는 것이 더 낫다.

슬픔은 삶의 일부분이며 슬픔을 겪었기 때문에 기쁨의 순간은 더 강렬하게 빛날 수 있다. 기쁨과 슬픔은 동전의 양면과 같아서 슬픔을 알기에 기쁨도 누릴 수 있다. 슬픔은 피하고 숨겨야 할 어두움이 아니라 삶의 교훈이 숨겨져 있다.

'슬픔은 기쁨이 들어설 자리를 만들어 주는 귀중한 감정이다.'

— 랜디 타란

부정 정서_외로움(loneliness)

행복과 외로움은 반대 영역에서 삶을 좌우한다. 외로움은 사전적으로 '홀로 되어 쓸쓸한 마음이나 느낌'을 뜻한다. 비단 혼자 있기에 외로운 것이 아니라 많은 사람과 함께 있어도 타인과 의미 있게 연결되지 못하는 상태에서 주관적인 성향에 따라 외로움을 느낄 수 있다. '혼자 있으면 외롭지만 둘이 있으면 더 외롭다'는 말은 이런 특징을 더 잘 보여준다. 외로움은 물리적으로 또는 심리적으로 타인과 연결되지 못한 상태라고 볼 수 있다. 외로움 역시 독립적으로 존재하는 인간으로서 필연적인 정서라고 볼 수 있다. 정호승 시인은 "울지 마라. 외로우니까 사람이다. 살아간다는 것은 외로움을 견디는 일이다"라고 했다. 외로움은 삶의 당연한 일부로 받아들일 수 있다. 신경과학자 존 카시오포는 사람들이 외로움을 느끼도록 진화했다고 주장한다. 외로움을 느끼기 때문에 인간이 서로 협력하고 다른 사람을 만나게 된다고 하였다.[91]

외로움을 느끼는 것과 사회적으로 격리되는 것(외톨이, loner) 사이에는 명확한 구분이 있다. 특히 외로움은 사회적 상호작용(social interaction)이 필요한 기대 수준과 실제 상호작용 정도 사이에서의 불일치로 볼 수 있다.[92] 고독(solitude)은 타인과의 접촉이 부족한 것이며 스스로 혼자임을 선택한 자발적 선택이 강조된다. 고독은 혼자 있음에도 외로움을 느끼지 않을 수 있다. 주변에 아무도 없어도 사회적 의사소통이 불필요하여 외롭지 않을 수 있다. 그러나 외로움은 주관적인 경험이다. 외로움은 혼자 있을 때뿐만 아니라 많은 사람과 함께 있을 때도 밀려드는 '고통'이 수반되는 감정이라고 말한다. 외로움은 관계의 의존성을 갖는다는 것. 즉, 함께 있어도 외로움을 느낀다. 파티 한가운데 있어도 많은 사람과 이야기하지 못하여 외로울 수 있다.

인간의 존재론적인 외로움 이외에도 인터넷 사용이 증가하면서 사람들이 외롭다고 답변하는 비율이 꾸준히 높아지고 있었다. 외로운 사람들이 인터넷에 더 끌리는지 아니면 인터넷을 많이 해서 외로운지에 대한 양쪽의 논란을 담은 연구들이 쏟아져 나오고 있다. 결론은 인터넷 사용 시간과 외로움은 깊은 상관을 보인다는 것이다.[93]

91 BBC NEWS 코리아(2018), "외로움에 대한 5가지 놀라운 사실들", 2018.10.9. 일자, 2020.9.20. 검색.
https://www.bbc.com/korean/news-45696844

92 Peplau, L.A.; Perlman, D.(1982). Perspectives on loneliness. Peplau, Letitia Anne; Perlman, Daniel. *Loneliness : A sourcebook of current theory, research and therapy,* New York : John Wiley and Sons. pp.1-18.

93 Hughes, Carole(1999). The relationship of use of the Internet and loneliness among college students (PhD Thesis). Boston College.
Sum, Shima; Mathews, R. Mark; Hughes, Ian; Campbell, Andrew(2008). Internet Use and Loneliness in Older Adults. *CyberPsychology & Behavior,* 11 (2), p.208.

인터넷의 등장으로 촉발된 4차 산업 혁명 시대는 초연결 시대라고 할 수 있다. 원하는 시간, 원하는 장소 어디에서든 누구와도 연결할 수 있다. 휴대폰을 몇 번만 손끝으로 두드리면 미국 대통령이나 톱스타의 SNS로 연결할 수 있는 시대이다. 예전의 연애소설에서 등장하는 약속 시간이 어긋나서 사랑하는 사람과 헤어졌다느니, 연락처를 알 수 없어서 찾지 못하는 연인의 이야기는 이제 고리타분한 선사시대의 이야기고 비겁한 변명이다. 마음만 먹으면 몇 차례의 인터넷 검색으로 연결될 수 있기 때문이다. 사실은 애써 찾지 않는 것이다. 현시점에서 사람들이 더 외로움을 느낀다는 것은 연결할 수 있는데 연결할 사람이 없다는 것이다. 아니 더 정확히는 내 외로움을 받아주고 소통할 사람이 없다는 것이다.

독일 인구의 3분의 2가 외로움이 심각한 문제라고 생각하며, 네덜란드 국민의 3분의 1이 자신이 외롭다고 인정했다. 영국에서는 2018년 외로움 담당 장관(Minister for Loneliness)을 임명하기도 했다.[94] 외로움으로 고통을 겪는 사람이 영국에서만 900만 명에 달하며 외로움은 건강에도 치명적인데 이 수준은 매일 담배 15개비를 흡연하는 수준의 해악과 비슷한 것으로 나타났다. 영국 국가 의료 보험 책임 간호관 제인 커밍스는 "추운 날씨와 외로움은 겨울철에 치명적"이라고 경고했다.

---

94 김성탁(2018), "영국 '외로움 담당 장관' 생겼다", 중앙일보, 2018.1.18. 일자, 2020.9. 25. 검색
https://www.joongang.co.kr/article/22296232

영국의 메이 총리는 "외로움은 현대 삶의 슬픈 현실"이라고 역설하기도 했다.

외로움이 건강을 해친다는 사실은 여러 조사 결과에서 드러난다. 미국 시카고대 존 카치오포 박사 연구팀이 50~68세 성인을 대상으로 외로움의 수준에 따른 건강 변화를 조사한 결과를 보면, 외로운 사람은 면역력, 비만, 고혈압, 신진대사, 심장마비, 염증 억제력 등이 외롭지 않은 사람에 비해 모두 나쁜 수준이었다. 또 사회적 고립 때문에 발생하는 조기 사망률이 14%나 증가한다는 결과는 외로움이 개인적 문제만은 아니라는 점을 증명한다.[95]

한국인의 외로움은 어느 수준일까? 한국리서치에서 2018년 4월, 만 19세 이상을 대상으로 실시한 '사회적 고립과 외로움 인식 보고서' 결과를 보면 응답자의 7%가 '거의 항상 외로움을 느꼈다'고 답했으며, 19%는 '자주 느낀다'고 대답했다. 4명 가운데 1명은 상시적인 외로움에 노출되어 있는 셈이다. 또 한국임상심리학회가 심리학자 317명을 대상으로 진행한 '대한민국 고독지수' 설문조사에서는 100점 가운데 78점이라는 높은 고독지수를 보였다. 그 이유로 개인주의 심화와 사회계층 간 대립 심화, 경제 불황 등 현대 사회가 낳은 문제들이 꼽혔다. 여기서 우리가 주목할 점은 외로움의 원인이다. 물질적 풍요와 첨단기술의 부

---

95 전성기(2018), "조기 사망률 14% 증가, 외로움은 더 이상 개인만의 문제가 아니다", 2018.10.10. 일자, 2020.10.4. 검색
https://post.naver.com/viewer/postView.nhn?volumeNo=16751024&memberNo=24108940&vType=VERTICAL

산물인 개인주의는 유대감과 소속감에서 안정을 찾는 인간에게 외로움이라는 질병을 선사했다.

몇 년 전까지만 해도 우리나라와 일본에서도 노인 고독사가 비극적 사건으로 기사화되었는데 이제는 너무 일반적인 현상이라 기사 거리도 못 되는 현실이다. 최근에는 노년층의 고독사뿐만 아니라 청년층과 중년층의 고독사도 매년 늘어가는 추세라는 것이 현장의 유품 정리사의 목소리이다. 고독사는 이제 전 연령층에서 나타나고 있으며, 1인 가구의 증가는 중요한 원인으로 꼽을 수 있다.

나이가 들수록 외롭다는 것은 외로움에 대한 오해이다. 조사 결과에 의하면 오히려 젊을수록 외롭다. 75세 이상 노인은 27%만이 자주 외로움을 느낀다고 답변한 것에 반해 16~24세 젊은 층은 무려 40%가 자주 외로움을 느낀다고 답했다.[96]

게다가 코로나바이러스가 전 세계를 뒤덮은 2020년 이후 대면 접촉을 꺼리는 현상은 고립감을 더 깊게 했다. 외로움이 산업이 되고 있다. 렌트어프렌드(Rent-a-Friend)라는 앱을 통해 외로운 시간을 함께 해주는 도우미를 소개받는 서비스가 활발하다. 굳이 미팅앱이나 이성친구 소개팅앱도 이 부류에 속한다는 것을 언급할 필요도 없을 것 같다. 급속도로 증가하는 1인 가구와 같은 삶의 형태는 물리적 고립을 깊게 한다.

---

96 이동민(2022), "죽음까지 외로웠던 사람들... 줄지 않는 고독사", 전북일보, 2022.1.10.
일자, 2022.1. 검색.
http://www.jjan.kr/news/articleView.html?idxno=2125744

집 안에서 인터넷으로 손가락만 까닥하면 필요한 모든 물건과 음식이 바로 문 앞까지 도착하는 편리한 세상에 살고 있다. '혼자는 외롭지만 편하다. 그러나 둘은 힘겹다'는 말이 종종 들린다. 편리함과 유대감 중에 편리함을 먼저 선택한 결과이다. 힘든 인간관계를 선택하느니 그냥 편리한 외로움을 선택하는 것이다.

그렇다면 이렇게 외로울 수밖에 없다면 외로움을 관리할 수 있으면 삶에 도움이 될 것이다. 외로움은 더 이상 숨겨야 하는 감정이 아니다. 외로움 전문가인 존 카치오포 박사는 '나'에 대해 느끼는 외로움, '너'와의 외로움, '우리' 속의 외로움을 이해하고 사회적 유대감을 형성해나가는 과정에서 외로움이 치유된다고 한다. 그가 권하는 다섯 가지 치유법을 소개한다.

첫째 '나'를 거절하지 않는 대상 찾기

외로움은 두려움을 먹고 자란다. 거절을 당할 수도 있다는 두려움은 외부와의 관계를 차단하며 외로움을 가중시킨다. 두려움 때문에 낮아진 자존감부터 회복시켜야 한다. 거절에 대한 면역력을 높이는 방법 가운데 하나는 거절하지 않는 반려 동물과 같은 대상을 만들어 본다. 반려동물이 자폐 환자나 우울증 환자에게 탁월한 치료 효과가 있다는 건 널리 알려진 사실이다. 경쟁사회에서 유일하게 인간과 경쟁하지 않는 존재로서 무력감, 스트레스, 슬픔, 외로움 등 인간의 부정적 감정을 감소시키는 능력이 있기 때문이다. 최근에 반려동물 산업이 급성장하는 것은 외로움이 증가한 반증으로도 볼 수 있다. 반려동물 외에 보이지 않는 동반자를 만드는 방법도 있다. 근본적 해결책은 아니지만 온라인 친구나 종교를 가지는 것도 외로움으로 고립된 사람에게 도움이 된다.

둘째 '나'에 대해 되묻기

부정적인 생각을 몰아내는 방법으로 '나는 정말 그런 사람인가?'라고 되묻는 과정이 필요하다. '모든 사람이 정말 나를 미워하는가?' '나는 정말로 실패자인가?'라고 스스로에게 질문해보는 것이다. 질문을 반복하면 스스로를 왜곡하고 있는 사실을 마주하면서 자신에 대한 부정적인 생각을 멈출 수 있다. 그다음 자신을 인정하고 행동을 고칠 수 있는 질문을 해보면 좋다. '내가 사교적이지는 않지만 나를 사랑하는 사람도 있다. 나는 다른 사람과 교류할 수 있는가?'와 같은 질문이다. 사고 패턴이 달라진다고 외로움에서 벗어날 수는 없지만, 관계를 맺기 전까지 스스로를 무장하는 데 이만한 것도 없다.

셋째 '너'와 짧게 대화하기

나에 대한 자신감이 생겼다면 타인과 짧게 접촉하면서 실전 연습을 해보자. 안정감을 느끼는 익숙한 장소, 예를 들어 엘리베이터 안에서 만난 이웃 주민에게 짧게 '안녕하세요' 인사를 나누며 '몇 층이세요?'라고 친절을 베풀 수 있다. 긍정적인 반응이 돌아올 확률이 높다. 그러나 무조건 기대를 품는 것은 금물이다. 혼자 기쁨을 누리는 선에서 즐길 수 있어야 한다.

넷째 '우리' 안으로 들어가기

남을 돕는 일은 정서적 포만감을 안겨주고 신체에 긍정적 변화를 불러온다. 이를 정신의학적 용어로 '헬퍼스 하이(Helpers High)'라고 하는데, '헬퍼스 하이'는 인간의 감정을 긍정적으로 만드는 만병통치약으로 통한다. 구세군 바구니에 돈을 넣는 일, 뒷사람을 위해 문을 잡아주는 일도 헬퍼스 하이를 일으킨다. 여기에 익숙해지면 좋아하는 분야의 자원봉사에 신청해보자. 자신의 사회적 에너지를 어디에 쏟을지 결정하는 단계부터 긍정 호르몬이 분비된다. 동물을 좋아한다면 동물 보호소에 자원봉사를 신청하자. 관심이 대화의 기초가 되어 사람들과 자연스럽게 관계를 형성할 수 있을 것이다.

다섯째 관계의 양이 아닌 질에 집중하기

외로움을 느끼는 사람들의 특징 가운데 하나는 다른 이의 시선을 지나치게 의식한다는 점이다. 인간관계는 상호적으로 작용하며 비슷한 수준의 친밀도가 있을 때 더욱 단단해진다. 지속 가능한 관계를 위해서는 자발적인 '주고받기'가 이루어져야 한다. 기억해야 할 주의점이 있다. 외로운 사람일수록 상대방에게 받아들여지고 싶다는 욕구가 강하기 때문에 이용당할 우려가 있다. 새로 사귄 친구가 돈을 빌려 달라고 한다거나 나의 행동이나 사고방식을 조정하려고 한다면 경계해야 한다.

여기에 하나를 더 하자면, 외로움을 적극적인 고독으로 선택하는 것을 추천한다. 외로워서 쩔쩔매는 대신 이 외로운 시간에 나를 위한 어떤 활동으로 채워보는 것도 저자가 자주 사용하는 방법이다. 그럼 나를 잊고, 나의 외로움도 잊고, 집중하는 활동 속에서 오히려 뿌듯함을 느낄 때도 있다. 내가 좋아하는 일을 하는 것, 취미를 갖는 것을 추천한다. 취미를 가지면 자연스럽게 관련되는 동호회도 알게 되고 그룹 속에 속하는 이점도 누릴 수 있다.

외로움이 이익이 될 수도 있다. 괴테는 자발적 외로움인 고독에 대해 '인간은 사회에서 여러 가지를 배울 수 있다. 그러나 영감을 받는 것은 오로지 고독 속에 있을 때만 가능하다'라고 말했다. 인간이라면 누구도 외로움을 피할 수 없다.

외로움을 자발적인 고독으로 바꾸어 자신의 능력으로 만드는 방법을 소개한다. 바로 '고독력'이다. 외로움(Loneliness)을 고독력(Solitude)으로 승화시키는 능력은 '나 홀로 인생'을 즐거이 살기 위해 반드시 필요한 능력이라고 할 수 있다.

황동규 시인은 『버클리풍의 사랑노래』란 시집에서 '홀로움'이란 신조어를 선보였다. '홀로'와 '즐거움'을 합성한 말이다. 홀로움은 '외로움을 통한 혼자 있음의 환희'라며 기쁨의 정서로 표현했다. 일본 작가 다케나가 노부유키는 『고독력』에서 "고독은 우리에게 찾아온 선물이자 기회"라고 말한다. 고독력은 자신의 고독한 시간을 새로운 기회로 반전시키는 능력이 있고, 한걸음 뒤로 물러나 상황을 객관화시켜 바라보고, 나 아닌 다른 사람의 눈으로 자신을 바라볼 수 있는 능력을 갖게 한다고 강조한다. 즉 『고독력』은 '나 다운 나'로 살기 위해 매우 중요한 힘이다. 인터넷, 유튜브, SNS 등으로 넘쳐나는 초연결 시대가 오히려 고독하기 힘든 시대라고 이야기한다. 어차피 누구나 혼자가 되는 시간이 있다. 외로움보다는 고독을, 고독을 통해서 고독력을 키우자.

고독은 어떤 목표를 정하고, 그 목표를 달성할 사람이라면 반드시 수없이 겪어야 할 통과의례이다. 금연이나 금주를 결행할 때, 시험 준비를 할 때, 새로운 아이디어를 구상할 때, 글을 쓸 때, 주위의 모든 것들이 고독의 시간을 방해한다. 이럴 때 고독의 시간을 방해하지 말라고 용기 있게 말할 수도 있을 것이다.

세계 최고의 부자 빌 게이츠는 일 년에 두 번씩 꼭 혼자만의 휴식 기간을 갖는다. 그는 이를 '생각의 주간(週間)'이라고 명명했다.[97] 고독하다는 것은 '나다운 나'로 살기 위해 매우 중요한 힘이다. 그 힘이 바로 고독력이다. 고독력은 세상 속에서 자신을 돌아보는 고독의 시간 속에서 키워진다. 동서고금을 막론하고 수많은 불후의 명작이나 성과들은 모두 고독 속에서 탄생했다. 이런 성과물을 이룬 사람들은 모두 가슴에 열정을 품고 아무도 가지 않았던 낯선 길, 외로운 길, 험한 길, 심지어

97　오대석(2015), "용기있게 말하세요. 지금 외롭다고", 스카이데일리, 2015.4.18. 일자, 2021.1.20. 검색
https://www.skyedaily.com/news/news_view.html?ID=34292

길이 아닌 길을 개척하면서 묵묵히 걸었다. 그래서 그들은 고독했다. 오늘부터 외롭지 말자. 고독하자.

부정 정서_분노(anger)

몇 년 전 <세상에 이런 일이>라는 TV프로그램에 '하루 종일 노래하는 여인'이 소개된 적이 있었다. 이 여성은 아침에 일어나면서부터 노래를 시작해서 식사 준비하면서, 설거지하는 동안, 옷 입고 외출 준비하는 동안 계속 노래를 멈추지 않았다. 모든 일과 사이사이에 노래를 계속하는 그 여성에게 기자가 물었다. 왜 그렇게 계속 노래하냐고? 몇 번의 질문과 답변이 계속되다가 드디어 나온 속 이야기는 너무 화가 나서였다. 며느리가 잘못 들어와서 자신과 아들 사이를 갈라놓고 지금은 의절하고 지내는 상태인데 그 생각만 하면 너무 화가 난다고 한다. 그 화를 참을 수 없어서 이러다 죽겠다 싶어 생각을 하지 않기 위해 노래를 하게 되었다는 이야기이다.

최근 저자에게도 사회적으로 너무 화가 나는 일이 있어서 정말 생각만 해도 분노가 치밀어 오르는 상태가 된 적이 있었다. 그 상태로 며칠 지났는데 뭘 먹기만 하면 배탈 설사가 나고 급기야 음식 먹을 생각만

하면 위가 먼저 움츠러들어 식사를 못하고 앓아누울 정도가 되었다. 이 과정에서 위가 예민해져 화나는 일을 생각하면 더 위가 아파왔다. 일주일을 병원을 오가며 고생한 기억이 있다. 이 사건으로 분노가 정말 무섭구나 하는 것을 실감했다.

고대 철학자 세네카는 "분노는 화를 쏟아 붓는 그 어떤 대상보다도 화를 담고 있는 그릇을 더 심하게 부식시키는 산(Acid)에 비유할 수 있다"[98]고 했다. 이 말이 진짜라는 것을 심하게 경험하고 나니 분노가 이젠 무섭기까지 하다. 분노를 안으로 삭이면 나를 다치게 하고 밖으로 표출하면 다른 사람을 다치게 할 수 있다.

사람들이 분노를 다루는 방법은 크게 두 가지로 나눌 수 있다. 하나는 밖으로 표출하는 것이고, 두 번째는 안으로 삭이는 것이다. 밖으로 분노를 표출하면 일시적으로 감정이 빠져나가는 것과 같은 시원함을 느끼기도 한다. 그러나 쓸어 담지 못할 말을 하는 실수가 뒤에 남겨질 수 있기도 하고, 관계가 깨지거나 자기의 감정 조절이 안 되는 사람이라는 평판이 남을 수 있다. 안으로 삭이는 것은 위에서 저자의 사례처럼 분노를 내면적으로 무시하거나 거부하면 잠시는 지나가는 것처럼 보인다. 그러나 점점 뭔가 감정을 필사적으로 억누르는 것과 같은 불편함에 잠을 못 이루는 모습으로 나타나거나 편두통, 위염, 요통, 불안감의 증상으로 나타난다. 오히려 분노를 억누른 결과 불안과 좌절감, 우

---

98   랜디 타란(2019), 강이수 역, 『감정은 패턴이다』, 유노북스, 128면.

울증을 유발하기도 한다.

그냥 무시하고 넘어갈 감정은 아닌 것이다. 나를 배신하고 다른 사람에게 간 연인에 대한 배신감과 분노, 내 신의를 저버린 친구에 대한 분노, 학대하는 상급자, 무례한 동료, 공정할 것이라고 믿었던 시스템에 대한 분노. 이런 일들은 삶의 일부이고 인생에서 누구나 겪는 일들이다. 분노를 유발한 그 상대에게 직접 표출하는 것은 효과적이지도 않고 적절하지도 않다. 나에게 온 하나의 큰 파도일 뿐이다. 그 파도가 오는 것은 자연현상이지만 그 파도를 어떻게 넘을지는 나의 선택이다.

여러 책이나 전문가들이 모두 한 목소리로 강조하는 분노 조절방법이 있다. 바로 명상이다. 잠시 호흡에 집중함으로써 자신을 휩싸고 있는 감정 벗어나올 수 있는 방법이다. 실제 이런 분노는 잠을 자는 동안만 잠시 잊을 수 있다. 눈을 떴을 때부터 잠잘 때까지 내 머릿속을 떠나지 않고 고통스럽게 한다. 분노라는 감정에서 빠져나올 수 없어 더 괴롭다.

명상은 잠시 호흡에 집중함으로써 자신을 휩싸고 있는 감정에서 벗어나올 수 있는 방법이다. 숨을 들이쉬는 그 숨에 집중하고 내쉬는 그 숨이 어떻게 내쉬는지에 집중하는 한 호흡의 순간만으로도 효과가 있다. 저자도 해보니 실제 효과가 있다. 요즘은 유튜브에 여러 명상 가이드가 많으니 실제 효과가 있는지 한번 해보길 바란다. 장담한다. 명상 횟수가 늘어날수록 점점 감정이 잦아드는 것을 발견하게 된다.

만약 분노의 대상이 개인이 아니라 사회이고 시스템이라면, 질문해 볼 수 있다. '이 상황은 내가 통제하거나 바꿀 수 있는 것인가, 아니면 상황을 보는 내 관점을 바꾸는 것이어야 하는 것인가?' 만약 직장 상사가 나를 화나게 한다면 그 사람 앞에서 화를 내야 할까? 그러면 원하는 바를 이룰 수 있을까? 아리스토텔레스는 이렇게 말했다.

"누구나 화를 낼 수 있다. 화를 내기는 쉽지만, 합당한 사람에게 적당한 정도로 알맞은 시기에 올바른 목적을 위해 바람직한 방식으로 화를 내는 것은 누구나 할 수 있는 일이 아니며 좀처럼 쉽지도 않다."[99] 거의 모든 것에 통달하고 아테네의 지체 높은 귀족도 분노를 어떻게 다룰지 고민한 흔적을 엿볼 수 있다. 쉽지 않다.

내가 통제하고 영향을 가질 수 없다면 좀 더 큰 그림을 그려서 계획하는 것이 이성적 방법일 것이다. 바꿀 수 없다면 일단 나의 정신 건강부터 안전하게 챙기자. 내가 이해 못하는 다른 세계와 시각이 있을 수도 있으므로 이 상황을 둘러싸고 있는 배경과 맥락을 이해하는 것도 도움이 된다.

이런 과정을 통해서 앞에서 이야기한 것처럼 사회적인 분노에 대해 저자는 이렇게 결론 내렸다. "로마는 하루아침에 이루어지지 않았다. 역사는 옳고 그름을 반복하지만 결국 가야할 길을 알고 있다"지금은 당장 내 가치관과 다른 일들이 벌어지고 그름이 이기는 것처럼 보이지만 결국 가야할 방향으로 가고 있다는 것을 안다.

좋다. 명상법도 좋고, 큰 그림도 좋다. 하지만 당장 분노가 치밀어

---

99   랜디 타란(2019), 강이수 역, 『감정은 패턴이다』, 유노북스, 156면.

오르는 상황에서는 어떻게 할 것인가? 가장 많이 추천되는 방법은 숫자를 세는 것이다. 1부터 10까지... 화가 나는 상황에서 일단 화를 잠재우는 것이 필요하다. 훨씬 효과적으로 그 상황을 다루기 위해서 분노의 게이지를 잠시 떨어뜨려놓는다. 참을 인 세 번이면 살인도 면한다는 말이 있다. 심호흡을 한다.

두 번째로 자신의 화나는 상황과 감정을 아주 안전한 사람에게 털어놓는다. 하소연한다. 단 아주 안전한 내편이어야 한다. 내 절친, 내 연인, 배우자, 엄마아빠가 될 수도 있다. 나를 비난하지 않고 내편이 될 수 있는 사람에게 내가 찌질 해 보여도 괜찮은 사람에게 말한다. 사실 이런 사람을 찾기는 그리 쉽지는 않다. 하지만 있다면 효과 만점이다. 위로가 된다. 만약 누가 당신에게 이렇게 화나는 상황을 하소연하면 그냥 판단하지 말고 들어 줘라. 공감해준다면 더욱 좋을 것이다. 공감은 큰 도움이 된다.

또 하나 강추하는 방법이 있다. 약간의 시간이 있다면 그 장소를 벗어나 야외로 나가서 걷는다. 에스키모인들은 화가 나면 무조건 걷는다고 한다. 계속 걷다보면 어느새 화가 풀린 것 발견하면 그곳에 돌을 쌓아놓고 온다고 한다. 그 거리가 얼마나 화가 난지를 알려주는 지표이다. 지난번보다 더 많이 걸어왔다면 '내가 아주 심하게 화가 난 거였구나!' 이렇게 깨달으면서 지표로 사용한다. 저자도 화가 났을 때 많이 걸었다. 화가 풀릴 때까지 걷는 에스키모를 상상하면서... 그 결과 건강은 잃지 않았다. 그리고 나를 괴롭히던 그 파도는 지나가고 있었다.

원치 않는 감정에서 빠져나오기

누구나 하루 종일 머릿속에서 떠나지 않고 빙빙 도는 불안하고 기분 나쁜 생각에 괴로웠던 적이 있을 것이다. 떠나가서 더 이상 인연이 닿지 않는 옛 연인에 대한 생각, 떼인 돈 생각, 미진한 준비 때문에 망친 시험 생각, 잘못 판단해서 사기를 당한 일 등 나를 괴롭히는 부정적인 일들로부터 벗어나고 싶어도 다시 그 생각에 들어가 있는 나를 발견한다.

부정적인 정서는 분명 우리에게 어떤 정보를 주고, 무엇이 우선순위이고 중요한지 일깨워주는 역할을 한다. 또한 현재 자신의 문제를 되돌아보게 하는 계기를 만들어서 새로운 출발을 하도록 돕는다. 그러나 이러한 이점이 있다하더라도 지속되는 부정적인 생각 때문에 괴로운 순간 빠져나오고 싶은 순간 나는 여러 방법들을 선택할 수 있다는 걸 알면 내 정신 건강에 도움이 된다.

마음 챙김 호흡(mindful breathing)

가장 많이 그리고 효과적이라고 거론되는 것이 명상이다. 그 중에서도 마음 챙김 명상법은 최근 일반인들이 가장 쉽게 접근하고 생활 속에서 실천할 수 있는 명상법이다. 몸과 마음을 차분히 진정하며 주변에서 일어나는 일에 압도되지 않고 현재 순간을 충실히 살아갈 수 있도록 돕는다.

마음 챙김 명상은 마인드풀니스로도 불리는데 '마음이 가득 찼음'을 의미한다. 마인드풀니스를 쉽게 정리하자면, '마음(mind)+충만함(fullness)' 두 가지 단어가 하나로 연결된 단어로 이해하면 좋을 것 같다. '마음이 가득 찼다'는 것은 현재에 충실하고, 자신의 마음을 운용하며 자신이 삶의 주인으로 사는데 최선의 노력을 기울이는 것을 의미한다.

우리는 이미 이 마인드풀리스의 순간을 많이 경험했다. 좋은 음악을 들었을 때 고양되는 느낌, 사랑하는 사람과 함께 있을 때 충만한 마음, 가족과 함께 했을 때 가득한 기쁨과 평화가 가득한 상태, 그 순간과 나의 감정이 하나가 된 상태, 즉 '감정이 가득한 상황' 속에 그 느낌, 감정 및 생각을 경험해봤을 것이다. 이러한 경험들이 바로, '마인드풀니스 경험'이라 할 수 있다.

일본 스기우라 요시노리(杉浦義典) 교수팀이 2018년 성인 734명의 연봉과 행복감, 마인드풀니스의 관계를 비교한 결과, 마인드풀니스가 높은 사람은 수입과 관계없이 행복감이 높다는 연구 결과를 스위스의 과학잡지 'Frontiers in Psychology'의 온라인판에 게재했다.[100] 이 같은 결과는 '수입이 많은 사람이 행복감이 높을 것'이라는 일반적 생각과 달리 '수입과 상관없이 마인드풀니스 경향이 높은 사람의 행복감이 고액연봉자보다 더 높은 것'으로 드러났다.

연구팀은 마인드풀니스와 관련해 높은 행복감을 느낀 사람의 특징에는 두 종류가 있다고 설명한다. 하나는 자신의 생활을 비판적으로 보지 않는 것이다. 또 다른 하나는 자신의 생활체험을 말로 잘 표현하는 사람이다. 자신의 생활을 비판적으로 보지 않는 사람은 자신을 소중히 여기고, 이러한 생각을 말로 표현하기를 즐긴다. 순간순간의 체험을 느끼고, 행복감을 마음에 기록하는 것이다.

마인드풀니스는 심리학, 의학, 뇌과학, 인지과학 등 다양한 연구자들에 의해 보다 체계적으로 정리되어 연구되고 있다. 마인드풀니스 연구가로서 명성을 쌓아온 미국 매사추세츠 대학교 외과 대학의 존 카밧진(Jon Kabat Zinn) 박사는 마인드풀니스를 '의도적으로, 지금 이 순간에, 비판단적으로, 특정한 방식으로 주의를 기울이는 것'이라고 정의하고 있다. 존 카밧진 박사의 개념은 알아차림(awareness), 수용하기(acceptance), 현재 순간(present moment) 등 세 가지 주요 키워드로 정리할 수 있다.

---

100 고종관(2018), "연봉보다 마인드풀니스 강한 사람이 행복감 더 높다", 뉴스웍스, 2018.8.20. 일자, 2021.1.22. 검색
http://www.newsworks.co.kr/news/articleView.html?idxno=209111

현대인의 삶에는 우리의 주의를 분산시키고 원치 않는 상황과 감정에 휩싸이기 너무도 쉬운 조건을 가지고 있다. 특히 4차 산업혁명의 결과로서 IT기술의 발달은 우리에게 넘치는 정보와 자극적인 영상을 홍수처럼 쏟아 붓고 있다. 이런 환경에서 자신의 존재 자체에 고요히 집중하는 것은 쉬운 일은 아닐 것이다.

뇌의 속성은 끊임없이 자극을 원한다. 공허함을 견딜 수 없어 한다. 뇌가 특별히 집중할 일이 없을 때, 목표가 없을 때 뇌는 잡생각이나 근심을 끌어내 일을 한다. 생각하는 것은 뇌의 존재방식이다. 마치 손은 움직이는 것이 그 자체의 존재 방식이고, 눈을 무언가를 보고, 코를 냄새를 맡고, 위는 소화시키는 역할을 하는 것과 같다.

눈을 감고 아무 것도 보지 않음으로써 눈을 쉬게 할 수 있다. 코는 자극적인 냄새를 없앰으로써 코를 쉬게 할 수 있다. 그렇다면 뇌를 쉬게 하려면 어떻게 해야 할까? 생각을 끄려면 어떻게 할까? 이 질문에 대한 답이 명상이다. 우리는 모든 것을 다 쉬게 할 수 있지만 숨을 쉬는 것은 쉬게 할 수 없다. 그렇기 때문에 최종적으로 숨을 쉬는 그 자체에 집중하여 외부로부터 오는 모든 자극을 차단하는 것이 명상이다. 호흡에 집중함으로써 생각하는 뇌를 오프(off) 시키는 것이다.

그 어떤 인간도 본인의 불안한 상태를 매번 관리하거나 치료할 수 없다. 우리는 불완전한 사람이기는 하나, 마인드풀니스 수련을 통해 우리 에너지를 고갈시키게 만드는 자신의 생각 혹은 감정 상태에서 우리 자신을 깨어나게 할 수 있다. 자신에 대해 집중을 할 때, 우리는 불완전한 사람이 아닌 완전한 사람이 될 수 있다. 자신의 감정, 생각, 마음 상태에 대해 몰입하고, 주의를 기울이고, 깨어 있고, 인식할 수 있는 방법을 지속적으로 수련할 수 있다. 자신에 대해 집중을 하면 불안감에 사로잡힐 수 있는 상태에서 벗어날 수 있다. 끝나지 않을 것 같은 너무 많은 업무로 인해 감정이 표류하거나 혹시 내일 발생하게 될 사안으로 불안한 생각으로 가득 찬 뇌를 끄고 쉬게 해보자.

마음 챙김 명상은 현재 내가 하는 일, 삶과 관련해서 존재하는 순간의 품질을 향상시킬 수 있는 방법이다. 시간이 지남에 따라 내 삶 전반의 품질을 향상시킬 수 있는 방법이기도 하다. 매일 시작하고 마무리하는 '하루'가 우리 각자가 만들어내는 상품이라고 생각해보자. '하루를 어떻게 보내고 있는가?'라는 질문에 대한 답을 찾는 데 마음 챙김 명상은 도움이 될 것이다. 내가 원하는 하루는 어떻게 이루어지는가? 하루를 성공적으로 만들 수 있다면 우리 삶도 내가 원하는 삶의 모습으로 채워질 수 있을 거라 생각한다.

마음 챙김 명상은 쉽다. 하나의 호흡에 내가 원하는 단어를 넣어보며 느낌을 충실히 느껴보는 것이다. 우선 방해되는 물건을 치우고 너무 환한 것보다는 약간 어둡고 조용한 실내가 좋다. 이제 편안한 자세로 눈을 감고, 자세와 몸을 의식하고 자연스럽게 호흡한다. 이때 숨을 들이쉬면서 속으로 생각한다. "안으로~", 숨을 내쉴 때는 "밖으로~", 이런 식으로 숨을 들이 쉴 때에 한 단어 내쉴 때 한 단어를 생각한다. 깊게~, 천천히~ / 고요~, 편안~ / 웃음~, 내려놓음~ / 마음에~, 평화~ / 이런 식으로 활용해 볼 수 있다. 나에게 절실한 단어를 반복해 본다.

저자의 경우 매우 힘든 상황이었을 때 "마음에~ 평화~" 이런 단어를 반복했던 기억이 있다. 영화 <쿵푸 팬더>의 시푸가 회랑에 가부좌를 하고 "이너 피스(inner peace)~" 하고 호흡을 가다듬었던 모습이 떠올라 피식 웃었던 기억이 난다. 이내 마음이 조용해지고 호흡이 정리되면서 나를 치유하는 느낌이 든다. 만약 마음이 산란하면 다시 호흡으로 그 자체로 돌아와 다시 시작한다. 매일 5~10분의 연습도 바로 효과가 있으니 가볍게 시작해보길 권한다.

거리두기 전략

원치 않는 감정을 유발하는 대상을 생각하고 이를 피하거나 물리적 환경을 바꾸는 것을 의미한다. 예를 들어 정치적인 문제가 나를 힘들게 할 경우 정치적인 뉴스를 모두 끄거나 다른 채널로 돌리는 것처럼 내 주위와 생각이 원치 않는 감정을 일으키지 않도록 하는 것이다.

미래에 일어날 상황에 대해 내가 어떻게 생각하고 어떤 기분이 들지를 미리 예측하고 부정적인 감정이 일어나지 않도록 미리 계획을 세운다. 이 전략은 나의 감정적 반응을 자극할 상황이나 대상을 예측할 수 있다면 미리 조치할 수 있다는 측면에서 편리하다. 미래를 완전히 피하는 것은 불가능하지만 어느 정도는 예측하고 바꿀 수 있다. 직장 상사나 싫어하는 사람을 만나야 하는 상황이라면 어렵겠지만 적어도 그 사람 생각을 안 하는 쪽으로 타협도 가능하다.

회피도 전략이 될 수 있다. 권할 만한 방법이 아니라고 생각하지만 특정 상황에서는 유용한 방법이다. 감자튀김이 맛있는 식당을 피함으로써 고뇌의 순간에서 나를 구하는 것이다. 큰 손해는 아니다. 빵순이인 저자가 빵집을 안가고 빵을 사놓지 않는 것도 이런 전략을 쓴 사례이다. 집에 빵이 있으면 먹게 되니까 아예 안사는 것이다. 어떤 의사가 권하길 다이어트를 하거나 몸에 좋지 않은 음식을 안 먹는 방법은 '친구를 집에 들이고 적은 멀리하는 것'이라고 했다. 참새라면 방앗간을 멀리 두고 돌아가자.

주의 돌리기 전략

기분을 전환하는 전략이다. 감정을 자극하는 원인으로부터 주의를 돌려 그 영향을 완화하는 것이다. 기분전환 방법은 작고 소극적으로는 몽상하기부터, 위태롭고 적극적인 방법으로 약물이나 알코올을 이용하는 것처럼 다양하다. 음식을 먹는 것은 가장 단기적인 전략으로 신체적 자극을 통해서 정신적 불안을 해소하는 가장 쉬운 방법이다. 불안하면 뭔가를 씹는 행위에서 불안을 해소하는 노력을 하게 된다. 스트레스 받으면 맵거나 단 음식과 같은 자극을 통해서 스트레스를 해소하는 경험을 선택하게 된다.

음식 먹기가 가장 즉각적이고 즐거운 기분전환 전략임을 부정할 수 없다. 음식을 통한 저작운동이 스트레스 해소와 불안해소에 도움을 준다는 것은 이미 여러 연구에서 밝혀진 바가 있다. 미국 메이저리그 중계를 보다보면 많은 선수들이 껌을 씹는 장면을 볼 수 있다. 운동선수들이 껌을 씹는 이유는 물론 긴장감을 해소시키기 위한 것도 있지만 집중력 향상에도 큰 도움을 준다는 사실이 과학적으로 입증됐다. 위덕대의 이상직 교수의 연구에서 실제로 껌을 씹으면 뇌혈류량이 증가하여 뇌기능이 향상되고 지적 능력과 기억력 향상에 긍정적인 영향을 끼쳐 노인들의 치매 예방에도 도움이 된다는 결과가 나왔다. 또한 단국대 김경욱 교수는 지속적으로 껌을 씹는 행위가 뇌기능을 활성화시키고 정신적인 이완작용과 행복감을 증가시켜준다고 주장한다. 성인 36명을 대상으로 껌을 씹으면서 난이도가 어려운 문제를 풀게 한 뒤 스트레스 정도를 측정한 결과, 스트레스 호르몬인 코르티솔의 수치가 감소했다. 또 운동선수들이 껌을 씹을 경우 뇌혈류량이 증가하여 뇌기능이 향상되고 집중력 향상에도 도움을 준다.[101]

메타 모먼트(Meta-moment)

요즘 메타라는 단어가 자주 사용된다. 메타는 그리스어로 'beyond'의 뜻을 가지고 있다. '~를 초월하여', '~를 너머서', '~에 대해서'라는 의미를 가진다. 다른 개념으로부터 추상화하는 개념을 표현할 때 사용된다. 예를 들어 메타 데이터는 데이터에 대한 데이터이고 메타메모리

---

101 민경중(2014), "껌만 잘 씹어도 장수에 다이어트! 저작의 놀라운 8大 효과", 노컷뉴스, 2014.8.27. 일자, 2021.1.24. 검색
https://www.nocutnews.co.kr/news/4080121

272 ———— AI 시대, 나를 지키는 행복학

는 기억에 대한 기억을 의미한다. 메타이론은 이론을 대상으로 하는 이론이다. 일반적으로 구체 상황을 추상화하여 제3자의 입장에서 거리를 두고 객관적으로 통찰하는 의미로 사용된다.

이장에서 사용하는 메타 모멘트는 내가 겪은 상황이나 기억의 순간에 대해 제 3자적 관점에서 거리두기를 하고 바라보는 훈련방법이다. 메타모먼트는 내가 트라우마를 겪은 그 감정적 상황에 일반적으로 반응하는 대신 제 3의 객관적 시각으로 반응하도록 도와 최선의 행동을 하도록 촉진한다.

'일시정지하기', '숫자세기', '호흡하기' 도 메타 모먼트의 방법이 될 수 있다. 잠시 감정을 전환하고 한 템포 멈출 여유를 갖는 행위로써 멈추기는 생물학적으로도 부교감 신경계를 활성화해 감정의 온도를 낮추는 데 도움을 준다. 다음과 의미 있는 질문은 자신의 상황에 대해 해석을 달리할 통찰을 가지는 데 도움이 된다. 스스로에게 질문을 던져 보자.

- "과거에 내가 이런 상황에 어떻게 대처했더라?"
- "내 '최고의 자아'라면 지금 뭘 할까?"
- "교수님이라면 이런 경우 어떻게 행동했을까?"(평소 존경하거나 롤 모델로 삼고 있는 인물의 행동이나 말을 떠올려 본다)
- "유진초이라면 뭐라고 말해줬을까?"(평소 좋아하는 캐릭터라고 생각하고 대응한다)
- "지금 내가 느끼는 감정은 정말 기분이 나쁜 걸까? 아니면 나빠

야 된다고 내가 생각하고 기분이 나쁜 걸까?"

이런 질문을 스스로 던져봄으로써 화나고 힘든 상황에서 일반적인 감정적 반응이 아닌 제 3자적 객관적인 반응을 끌어낼 수 있다. 이런 질문들은 자신에게 성찰의 시간을 제공해서 막무가내로 덮쳐오는 감정에서 빠져나와 자신을 보다 이성적이고 귀한 존재로 인식하는 데 도움을 준다.

건강한 신체적 자극

우울증 환자에게 의사들은 약물처방과 함께 반드시 하루 30분 이상 운동을 처방한다. 운동은 불안과 우울을 물리치고 몸을 행복한 상태로 만들어준다. 운동은 우울한 기분을 달래는 데 도움이 된다. 연구자들에 의하면 일주일에 한 시간만 운동해도 우울 증상을 개선하는 효과가 나타난다. 달리기, 자전거 타기, 근육운동 등의 고강도 운동은 물론, 걷기, 춤추기, 요가 등의 운동을 중간 강도로 해도 정신 건강을 지키는 데 도움이 된다.

지난해 미국 연구팀이 의료저널 '자마 네트워크(JAMA Network)'에 게재한 논문에 의하면 우울증에 걸리기 쉬운 유전적 소인을 가진 사람들이 운동을 하면 운동을 하지 않을 때보다 우울증이 발생할 가능성이 낮았다. 매일 하루 15분씩 달리거나 한 시간씩 걷는 것으로도 효과가 있었다.

이는 운동이 뇌의 신경전달물질인 엔도르핀의 분비를 자극해 통증을 완화하고 즐거운 감정을 촉발하며, 스트레스 수치를 떨어뜨리기 때문이다. 또한, 2017년 '뇌 가소성(Brain Plasticity)저널'에 실린 연구에 의하면 운동은 도파민과 세로토닌, 뇌유래신경인자(BDNF)의 수치를 증가시킨다는 점에서도 우울증을 개선하는 효과가 있다.

의학 전문가들은 건강상 특별한 문제가 없는 일반인들에게는 한 주에 2~3시간의 중간강도 운동을 하거나 1~2시간의 고강도 운동을 할 것을 권장하고 있다. 운동할 마음이 나지 않더라도 일주일에 한 시간씩만이라도 운동을 해보라고 조언한다. 활기차게 걷기, 수중 에어로빅, 춤, 정원 가꾸기, 요가 등의 중간강도 운동을 하거나 달리기, 자전거 타기, 수영하기, 하이킹, 줄넘기, 근력운동 등의 고강도 운동을 다양하게 섞어서 해보는 걸 추천한다.

혼자 하는 운동이든, 팀으로 하는 운동이든 상관없다. '의학과 스포츠와 운동의 과학(Medicine & Science in Sports & Exercise)저널'에 실린 2015년 연구에서는 함께 운동하는 사람의 수와 상관없이 운동은 불안감과 스트레스, 우울 증상을 감소시키는 효과가 있었다.[102]

102   문세영(2020), "우울증과 싸우기 좋은 운동 방법과 시간은?", 코메디닷컴, 2020.11.9.
일자, 2021.1.25. 검색
https://kormedi.com/1327103/%EC%9A%B0%EC%9A%B8%EC%A6%9D%EA%
B3%BC-%EC%8B%B8%EC%9A%B0%EA%B8%B0-%EC%A2%8B%EC%9D%80-
%EC%9A%B4%EB%8F%99-%EB%B0%A9%EB%B2%95%EA%B3%BC-%EC%8B
%9C%EA%B0%84%EC%9D%80/

불안으로 고생하는 사람들에게는 근육을 자극하는 운동이 최고의 치료법이 될 수 있다. 운동이 "행복 호르몬"이라고 알려진 세로토닌과 엔도르핀 수치를 높인다. 이 호르몬들은 우울증에 아주 긍정적으로 작용하기 때문에 누군가는 종래의 우울증약보다 훨씬 효과가 좋다고 말하기도 한다.

좋아하는 일을 하는 것

마음이 한곳에 머무르지 못하고 분주하게 움직이는 '심리적 방황상태'에 있으면 인간은 불안하고 기분이 저하된다. 법륜스님은 청중에게 이런 질문을 던지곤 한다. "생각할 때가 힘들어요? 행동할 때가 힘들어요?" 짧게 생각하면 행동할 때가 힘든 것 같은데 잘 생각해보면 아니다. 생각만 하고 있을 때가 훨씬 힘들다. 행동할 때가 힘들 것 같아서 생각만 하고 있으니 더 힘들다. 막상 행동하면 그리 힘들지 않다. 마음이 행동에 깃든 것이다. 마음은 한곳에 머무르지 못하는 방황상태를 가장 싫어한다. 그래서 마음 둘 곳을 찾는다. 우리가 힘들 때 하는 말이 있다. 마음 둘 곳이 없다. 이것은 소외이고 단절이고 마음이 갈 곳을 잃었다는 뜻이다.

무언가 내 힘과 에너지를 쏟을 곳이 있고 그곳에 집중할 수 있다면 그 시간은 행복한 시간이 되는 것이다. 내가 좋아하는 무엇이 있는가? 그것이 애완견이어도 되고, 화분 키우기이어도 좋다. 본인의 경우 코로나19로 모임이나 외출이 자유롭지 않은 시기에 그림 그리기에 마음을 쏟았던 적이 있었다. 시간이 너무 빨리 가서 깜짝 놀랐다. 그만큼 그 일에 마음을 집중했다는 뜻이었으니까.

'Track Your Happiness'라는 앱을 만들어 83개국 5000명의 성인에게 설문조사 실시한 결과, 대부분의 사람들은 현재의 일에 집중하지 못했다.[103] 이렇듯 현실과 동떨어져 사는 것은 좋지 못한 결과를 가져온다. 딴 생각이든 걱정거리로 방황을 하든 심리적 방황은 우리의 기분을 억누른다. 마음 둘 곳을 찾자. 그게 무엇이든 나만의 프로젝트를 만들자. 사람은 현실에 집중할 수 있을 때 가장 행복하다.

---

[103]　랜디 타란(2019), 강이수 역, 『감정은 패턴이다』, 유노북스, 328면.

chapter 6
좋은 삶과 행복

좋은 삶과 행복

긍정심리학은 심리적으로 좋은 삶에 대한 시각을 제공한다. 사람들이 삶 속에서 겪는 미묘한 차이에 더해서 다양한 문화적 차이를 고려하더라도 좋은 삶에는 다음과 같은 것이 포함되어야 한다는 결론 내릴 수 있다.

긍정심리학에서 제시하는 좋은 삶의 조건을 개인이 충족하더라도 내가 누구를 만나게 될지에 대한 변수는 다양하다. 개인이 좋은 삶을 추구하여 이런 조건을 갖춘다하더라도 괴로움을 겪는 공통적인 요인은 걱정이나 우울로 방해를 받는다. 그리고 이런 모순적 상황은 대개 인간 관계와 관련이 되어 있다.

삶을 살만한 가치가 있는 것으로 만드는 대부분의 활동은 다른 사람과의 관계를 포함하고 있다. 그러나 안타깝게도 그들이 매번 호의적이지 않다는 점이 변수가 된다. 긍정심리학자 패터슨은 자신이 겪은 에피소드를 소개했다.[104]

패터슨은 어느 날 기분 좋게 쇼핑을 하며 계산원과 가벼운 날씨와 관련된 농담을 건네려고 하였다. 그러나 계산원은 웃지도 않고 아무 말도 하지 않고 잔돈을 카운터에 놓은 채 무시하는 대응을 했다고 한다. 그는 계산원이 기분이 좋지 않다고 이해했고, 본인도 기분 나쁘게 받아들이지 않았지만, 그 다음 계산원에게는 친절한 행동을 하지 않았다고 한다.

계산원이 우리 삶에서 중요한 사람은 아니다. 그러나 이런 상황은 삶에서 가장 가까운 가족, 친구, 직장 동료에게서도 종종 일어난다. 이들의 기분은 나의 기분과 마찬가지로 수시로 변하고, 만났을 때 항상 호의가 가득하지도 않다. 이로 인해 우리는 고독한 활동을 더 많이 하게 되는 경향이 있다. 타인의 기분을 통제하긴 힘들지만 혼자서 하는 활동은 통제하기 쉽고 심리적으로 훨씬 안전하기 때문이다.

도덕적인 측면에서 우리가 깨달을 수 있는 것은 내가 사랑하는 사람들이 때때로 나를 미치게 만드는 것만큼 나 또한 그들을 미치게 만든다는 것이다. 나는 사랑하는 사람들이 좋은 삶을 살도록 촉진하기 위해 '남에게 대우 받기를 원하는 대로 남을 대우해야 한다'고 생각하고, 나또한 그러한 호의를 돌려받기 원한다. 그러나 다른 사람의 심리적 문제를 통찰하는 것은 여전히 어려운 문제이고 나의 통제 밖의 문제이다. 모두 함께 행복하기 위해 누가 먼저 선의의 수레바퀴를 돌릴 것인

---

104   크리스토퍼 패터슨(2010), 『긍정심리학 프라이머』, 물푸레.

가? 더 고민하고 의식수준이 높고, 연민을 가진 사람이 돌리게 된다. 내가 그렇게 하고 싶다면 내 의식 수준이 더 높은 것이다. 선의의 수레 바퀴를 돌리려고 마음을 먹은 사람에게 '당신은 충분히 행복할 자격이 있는 사람이다' 이렇게 칭찬해주고 싶다.

결론적으로 다음과 같은 요소가 많으면 많을수록 융성하고 넘치는 삶인 에우다이모니아를 느끼는 좋은 삶에 다가갈 수 있다.

- 부정 정서보다는 긍정 정서를 많이 느낄 것
- 자신과 삶에 대한 만족감
- 미래를 향한 희망
- 과거에 대한 감사
- 자신의 강점을 확인하고 인정
- 건강한 신체와 신체활동
- 다른 사람과 가까운 관계
- 집단과 조직에서 의미 있는 활동

그리고 이에 더해서 안정과 건강은 좋은 삶에 선행조건이다. 한 개인이 이 모든 조건을 가진다는 것이 쉽지는 않지만 더 많은 조건을 충족할수록 더 잘 살 것이라는 결론은 분명하다.

행복에의 강박

이러한 행복을 강박적으로 의무처럼 추구하는 것은 오히려 그 그림 자만 짙게 할 수 있다. '행복해져야 한다'는 의무감이 오히려 행복을 방해한다. 행복에 집중함으로써 오히려 덜 행복해지는 것이다. 영국 철학자 존 스튜어트 밀은 "행복하냐고 물어보라. 그러면 곧 행복하지 않게 될 것이다"라고 따끔한 일침을 가했다.[105] 행복은 잡으려 애쓸수록 우리 손가락 사이로 빠져나간다.

예전 기차여행 중 읽은 어느 책에서 나온 이야기가 오래도록 기억에 남는다. 자신의 손금이 안 좋다고 생각한 주인공은 손금을 잘 보는 사람을 찾아다니며 손금에서 희망을 발견하려고 노력했다. 그러다 어느 할머니가 손금을 보러 온 주인공에게 이렇게 이야기해준다. "자신의 손바닥만 들여다보고 사는 사람은 불행해진다." 이후 이 남자는 더 이

---

105   에릭 와이너(2020), 김하현 역, 『소크라테스 익스프레스』, 어크로스, 76면.

상 손금을 보지 않았다는 말로 끝난다. 이 이야기는 매우 간단했는데 저자도 내 사주나 손금 이야기를 들으면 귀가 솔깃해진 경험이 있어서 마음속에 와 닿았던 모양이다.

행복의 이면을 연구한 내용을 보면 행복에도 그림자가 있다는 것을 알 수 있다. 행복이 모든 분야에 다 긍정적인 것은 아니다. 특히 일터에서 행복을 연구한 학자들이 이런 결과를 많이 발표했다. 한 연구에서는 기분이 좋은 사람들은 그렇지 않은 사람들에 비해 상대의 속임수를 잘 알아채지 못하는 경향이 있다.[106] 매사를 긍정적으로 보는 사람은 사기꾼에 대해서도 긍정적으로 생각하기 쉽기 때문이다.

부정 정서 연구에서는 화난 사람이 행복한 사람보다 협상에서 더 나은 결과를 얻어낼 가능성이 크다고 했다.[107] 협상장에서는 감정을 드러내지 않는 포커페이스가 더 유리하다고들 말하는 이유가 여기에 있는 것 같다. 영화나 드라마에서도 주인공이 협상할 때 이미 원하는 것을 얻었더라도 좋은 감정을 표현하지 않은 채 끝까지 협상을 유리하게 이끄는 모습을 떠올릴 수 있다. 결론적으로 행복이 모든 면에서 좋은 것은 아니며, 날카로운 판단이나 협상력이 있어야 하는 직종에서는 오히려 좋지 않은 결과를 불러올 수도 있다.

---

106 Forgas, J. P., & East, R.(2008). On being happy and gullible : Mood effects on skepticism and the detection of deception. *Journal of Experimental Social Psychology,* 44(5), pp.1362-1367.

107 Van Kleef, G. A., De Dreu, C. K., & Manstead, A. S.(2004). The interpersonal effects of anger and happiness in negotiations. *Journal of personality and social psychology,* 86(1), p.57.

행복은 상사와의 관계에도 좋지 않은 영향을 줄 수 있다. 직장을 행복을 추구하는 곳으로 생각하면 직장 상사를 대리 부모나 대리 배우자로 생각하는 실수를 범할 수도 있다. 상사에게 너무 의지한 결과 자기 주관적인 판단을 못해서 도덕적 판단을 못하는 경우도 발생할 수 있다.

일터에 너무 긍정적인 기대를 하는 것은 오히려 악영향을 가져올 수 있다는 연구도 있다. 수잔나 에크만은 미디어기업을 대상으로 한 연구에서 일이 자신을 행복하게 만들어 주기를 기대하는 사람은 감정적인 의존성이 강해진다. 이러한 직원들은 관리자에게 끊임없이 감정적인 인정과 반응을 기대했는데 이러한 기대가 충족되지 않으면 소외감을 느끼고 과민한 반응을 보였다.[108] 이들은 직장에서 겪는 작은 차질도 상사의 거부로 해석하는 경향을 드러냈다. 과도한 스트레스를 받아 오히려 행복에서 멀어지는 결과를 얻을 수도 있다.

이와 관련하여 러시아 단편작가인 안톤 체홉의 「관리의 죽음」이라는 단편을 소개하고자 한다. 주인공이 극장에 갔는데 앞자리에 자신의 상관이 앉아 있었다. 가볍게 인사를 하고 공연을 관람하던 중 주인공은 심한 재채기를 했고, 가래가 상관의 머리에 튀는 실수를 한다. 주인공은 미안하다며 여러 차례 사과를 하였다. 신경이 쓰인 주인공은 거듭하

---

108 Ekman, S.(2013). Fantasies about work as limitless potential-how managers and employees seduce each other through dynamics of mutual recognition. *Human Relations,* 66(9), pp.1159-1181.

여 사과를 하였으나 상관의 얼굴은 점점 굳어지고 불쾌함으로 분위기가 험악해졌다. 상관의 심기가 신경이 쓰였던 주인공은 집으로 돌아와 자살하였다. 이 단편의 상황을 객관적으로 보면 주인공은 극단적으로 상관의 심기를 염려하여 거듭 사과하는 실수를 저질렀다. 가래가 상관에게 튄 것보다 주인공의 거듭된 사과 때문에 공연을 즐기러 온 상관의 즐거움을 망친 것이다. 그러나 주인공은 공연을 감상하고 싶은 상관의 입장이 아니라 자기가 사과를 했는데 사과를 받아주지 않은 상관에 대한 원망에 휩싸여 극도의 스트레스 속에서 극단적 선택을 한 것이다. 짧은 단편인데 충격적이어서 오래 기억에 남은 작품이었다.

저자는 이 이야기를 읽고 자기의 행동에 대해 너무 상대의 반응을 확대해석하는 것이 얼마나 쓸데없는 오해를 일으키는지 내가 이런 경우가 없었는지 생각했었다. 상대의 반응을 내 마음대로 해석하고 소설을 쓰며 스스로 괴롭혔던 여러 장면들이 떠올랐다. 여러 면에서 직장 상사에게서 행복을 기대하는 것은 우리를 감정적으로 취약하게 만든다.

행복은 또한 실직을 실제보다 더 절망적으로 느끼게 한다. 삶의 행복과 의미를 직장에서 찾기 시작하면 직장에 대한 우리의 의존도는 위험할 정도로 높아진다. 사회학 교수인 리처드 세넷은 전문직 종사자들에 대한 연구를 바탕으로 직장에서 의미를 찾으려 하는 사람일수록 해고로 인한 충격이 크다는 것을 알게 되었다. 이들에게 실직은 단순한 수입원의 상실이 아니라 행복에 대한 약속의 상실이다. 이렇듯 일을 행복의 중요한 근원으로 여기다 보면 조직에 어떤 변화가 생겼을 때 감정적

으로 취약해질 수 있다.[109]

또한 행복에 큰 의미를 두는 사람일수록 외로움을 많이 느끼는 경향도 있다. 행복의 추구를 개인의 이익추구로 이해해서 지나치게 집착할 경우 타인과의 관계를 훼손하고 결과적으로 관계가 단절되어 외로움을 느끼게 된다는 것이다.[110] 즉 개인의 행복을 위한 이기적 행동은 결과적으로 개인을 더 외롭게 만들어서 행복과는 거리가 더 멀어지게 된다. 직장이나 일터에서 사회적으로 성공했다고 판단할 수 있으나 그 결과 개인적으로 행복하다고 말할 수 없다는 것이다.

결과적으로 행복에 대한 의식적 추구는 오히려 우리를 지치게 하고 예민하게 만든다. 실제 좋은 경험에서 얻을 수 있는 기쁨을 느끼지 못하게 할 수도 있다. 행복은 자연스런 감정이며 의식적으로 만들어 낼 수 있는 것이 아니다. 어쩌면 일을 통해 행복을 찾고자 하는 지나친 노력을 줄인다면 일을 통한 기쁨을 더 느낄 수 있을지 모른다.[111]

끊임없이 행복을 추구하다 보면 오히려 자멸의 길로 들어설 수 있다. 행복에 높은 가치를 둘수록 실망할 가능성도 커진다는 연구 결과가 이미 축적되어 있다. 행복이라면 무조건 가치 있다고 여기지 말고 행복

109   Sennett, R.(1998). *The corrosion of character : The personal consequences of work in the new capitalism.* WW Norton & Company.

110   Mauss, I. B., Savino, N. S., Anderson, C. L., Weisbuch, M., Tamir, M., & Laudenslager, M. L.(2012). The pursuit of happiness can be lonely. *Emotion,* 12(5), p.908.

111   앙드레 스파이서, 칼 세데르스트룀(2018), 정영은 역, 『행복_직장에서의 행복에 대한 또 다른 연구. 세상에 다 좋은 것은 없다』, 21세기북스.

의 종류를 구분해서 받아들여야 한다. 인생 전반에 필요한 행복과 각 상황에 걸맞은 행복은 따로 있다.

행복도 마찬가지이다. 행복을 준다던 파랑새를 쫓아다니다 문득 집 앞마당에 있는 파랑새를 발견하는 이야기처럼 행복을 추구한다고 얻어지는 것은 아닌 듯 같다. 러시아의 소설가 도스토예프스키도 이런 말을 했다. "우리가 불행한 것은 자기의 행복을 모르고 있기 때문이다." 우리의 행복이라는 것은 무슨 물건을 사듯 쉽게 얻어지는 것이 아니라 삶에 대한 깨달음 속에서 얻어진다.

선택의 역설

4차 산업혁명 시대에 들어서면서 사람들이 더 행복을 추구하는 이면에는 다양한 선택이 가능한 사회라는 점을 들 수 있다. 예전에는 선택할 무엇이 없어서 선택이 어려웠지만, 이제는 거의 불가능이 없는 것처럼 보인다. 예를 들어 국가를 바꾸는 것, 성별을 바꾸는 것, 개명 등. 이렇게 선택이 불가능하다고 여겨지던 것도 선택이 가능한 시대가 됐기 때문에 개인에게 돌아오는 선택의 결과에 대한 책임은 오로지 개인이 짊어져야 하는 상황이다. 핑곗거리가 별로 없다. 개인의 의지나 능력에 따라서 못할 것이 없다는 것이 상식이다.

선택할 상황이 많아짐에 따라 선택의 결과에 대한 감정도 오롯이 개인의 몫이다. 매번 선택이 성공적일 수 없으므로 잘못 선택했을 때 후회와 상심을 느끼는 경우도 예전보다 늘었다고 볼 수 있다. 자신의 선택이 틀렸다고 인정하고 그걸 다른 사람에게 말하며 위로받기보다 혼자 불편한 감정을 해소해야 하는 상황에 빈번히 노출되는 것이다.

이런 이유로 더 행복에 대해 많이 생각하게 된다.

편의점 냉장고에서 음료수를 하나 사더라도 너무 많은 상품들이 있어서 하나 골라서 나오기까지 꽤 시간이 걸린다. 저자가 대학생 때에는 콜라 아니면 사이다, 거기에 조금 더 보태면 포카리스웨트 정도였다. 현재는 수요보다 공급이 늘어난 시대에 각양각색의 소비자 취향을 맞추려고 다품종 소량생산 시스템이 일반화된 현상이다. 맥주의 종류도 많고, 심지어 아몬드도 꿀 코팅에서 와사비까지 상상할 수 있는 종류는 다 있는 것 같다.

긍정심리학 프라이어의 저자 피터 패터슨은 청바지 애호가지만 청바지의 종류가 늘어나자 선택에 어려움을 느낀 사례를 소개했다.[112] 선택의 수가 증가할수록 사소한 결정을 내리는 데도 시간을 많이 들인다. 그리고 선택에 대한 후회를 한다. 두 개 이상의 선택권들은 하나보다 더 만족을 줄 수도 있지만, 선택해야 할 사항이 너무 많아질 때는 심리적으로 이득이 될 것이 별로 없을 수 있다.

사람들은 여러 대안 중에서 선택을 할 때 일관적인 모습을 보이는데 두 가지 유형으로 구분해 최대주의자와 만족자로 나눌 수 있다. 최대주의자는 여러 대안 중에서 가장 좋은 선택을 내리길 원하는 이들이고, 만족자는 이만하면 좋은 선택이라고 만족하는 사람들이다.[113] 최대주의

---

112   크리스토퍼 패터슨(2010), 『긍정심리학 프라이머』, 물푸레, 302면.
113   Schwartz, B.(2004, January). *The paradox of choice : Why more is less.* New York : Ecco, p.80.

자들은 선택에 필요한 정보를 최대로 끌어모아서 최선의 선택을 하려고 시간을 쏟는다. 재미있는 것은 최대주의자는 결정을 내리는 데 시간이 더 오래 걸리지만, 흥미롭게도 이들은 그 결정에 대한 만족감이 덜하다는 것이다. 오히려 만족자들이 내린 빠른 결정보다 더 나은 결정일 경우에도 최대주의자들의 만족감은 덜했다.

졸업 후 취업한 사람들을 추적조사 한 결과 최대주의자들은 만족자들보다 높은 연봉을 받았지만 직업만족도가 떨어졌다. 일반적으로 최대주의자는 만족자들보다 삶의 만족도가 낮았다. 이는 선택의 역설이다. 우리가 그것을 원했고, 더 많을수록 더 좋지만, 선택권이 증가했다는 것이 반드시 행복을 보장해주지 않는다.

선택 후 만족을 높이는 방법을 Schwartz는 이렇게 제언한다.

❶ 선택의 자유에 대해 반항하지 말고 자발적인 제약을 받아들여라.
❷ 최고를 추구하는 대신 "충분히 좋은" 것을 추구하라.
❸ 결정 결과에 대한 기대치를 낮춰라.
❹ 당신이 내린 결정이 돌이킬 수 없도록 영수증을 없애라.
❺ 주변 사람들이 하는 일에서 주의를 돌려라.

슈워츠의 연구는 일반적으로 만족자가 최대주의자보다 더 행복하다는 것을 보여주고 있다. 그러나 삶의 모든 영역에서 만족자가 되라고 주장하는 것은 아니다. 언제 만족자가 되고 언제 최대주의자가 되어야 하는지를 배워야 한다고 제안한다. 예를 들어 크리스마스 카드를 고르는 일과 결혼을 결정하는 것, 새로 이사할 집을 고르는 것의 과정이 같다면 아마도 뭔가 잘못된 것이다. 2000원 쿠폰을 받기 위해 2시간에 걸려서 앱을 가입하고, 1만원을 못 아껴서 여전히 속상하다면 한걸음 물러나 곰곰이 생각해보아야 한다.

마지막으로 당신이 가진 것에 감사하고, 당신이 가지지 않은 것을 동경하지 마라.

스트레스가 적은 삶의 선택

스트레스를 줄이고 건강한 삶을 위해 금연, 금주, 운동, 사회활동, 식사 등의 좋은 습관을 갖는 것은 여러 모로 유리하다. 심리학자들은 습관을 바꾸는 데 실질적으로 도움이 되기 위해서는 사소한 것을 바꾸는 것을 제안한다. 또한 바로 행동으로 적용할 수 있는 실제적인 지침이 더 효과적이라는 것을 밝혀냈다. 심리학자 프로카스카와 동료들은 습관의 변화가 일어나기 위해서는 4가지의 단계를 거친다.[114]

❶ 계획 : 변화의 중요성에 대한 생각이 이루어지는 시작단계
❷ 준비 : 변화의 어려움을 고려하고 목표 수립이 이루어지는 진행
단계

114　Prochaska, J. O., Redding, C., & Evers, K.(1997). *The transtheoretical model. Health behavior and health education : theory, research, and practice.* San Francisco, Jossey-Bass.

❸ 행동 : 적절한 보상과 처벌을 구상함으로써 실질적인 변화를 시
　 작하는 행동단계

❹ 유지 : 원래의 나쁜 단계로 퇴보하는 것을 저지하는 유지단계

　건강에 이로운 습관을 몸으로 체화할 때까지 실질적인 변화를 일으키기 위해서 위의 계획-준비-행동-유지의 단계를 거친다. 이러한 과정을 통해서 감소 또는 소멸하고 싶은 습관과 새로운 습관을 만들 수도 있다. 대부분 바람직한 것은 감소와 생성의 과정이 동시에 생기는 것이다. 이전 습관은 안 좋은 습관이라도 한가지쯤은 나에게 주는 이익이 있었기 때문에 그 습관이 생긴 것이다. 따라서 그 좋은 이익은 남겨두고 방법은 건강에 도움이 되는 식으로 변화시킬 수 있다.

　예를 들어 바삭한 과자를 먹으면서 스트레스를 풀었다면 그 과자를 당근스틱과 같은 채소로 변화시킬 수 있다. 또 밀가루를 많이 먹는 식습관을 밀가루가 들어가지 않은 쌀가루 음식으로 대체할 수도 있다. 음주가 사회적 활동과 모임에서 얻는 인간관계를 충족시켜 줬다면 운동이나 댄스 모임으로 바꿔서 인간관계의 욕구를 충족할 수 있다.

　건강한 습관을 만드는 두 번째 방법은 행동단계의 지침을 구체화하여야 한다. 예를 들면 '건강한 삶'보다 '아침에 맨손 스트레칭 10분 하기'가 더 유용하다. 아주 사소한 것으로 단위를 설정하고 구체화하는 것이 행동단계에서 더 많이 실행할 가능성이 높다. 실천목표도 5킬로 감량하기보다 하루 500그램 감량하기, 또는 일주일에 1킬로 감량하

기와 같은 무리하지 않고도 해볼 만한 수준으로 정하는 것도 도움이 된다.

유지단계에서 만약 다이어트 중인데 과자를 한개 먹었다고 그날을 망친 것으로 생각해선 곤란하다. 성공한 날과 실패한 날과 같이 이분법 적으로 생각할 것이 아니라 그 두 날 사이에 여러 구분이 있을 수 있다. 성공한 날과 실패한 날로만 구분하면 과자 한 조각에도 실패한 날이 되어 그날은 그동안 참아왔던 음식을 다 먹어버리는 폭식으로 이어질 가능성이 높게 된다. 이러한 대응은 매우 바보 같은 대응이다.

다이어트를 할 때 과자 한조각의 유혹은 언제든 있을 수 있기 때문에 적절하고 유연한 마음가짐과 대응을 하는 것이 좋다. 변화는 시작보다 유지가 더 어렵다. 습관의 변화가 삶의 스타일로 자리 잡을 수 있도록 지속적으로 환경의 변화에 따라 유연할 필요가 있다.

chapter 7
Let's Live happily Today

맺음말

이 책을 쓰는 내내 '행복이란 무엇인가?'를 머릿속에 달고 살았다. 책을 마치며 내가 얻은 결론은 부정적 정서는 줄이고 긍정적 정서를 많이 얻는 삶이라는 결론에 도달했다. 긍정적 정서인 기쁨, 평화, 자부심, 사랑 등등 이런 정서를 얻는 것은 순간순간 내 기분을 좋게 하는 것. 그리고 그 기분을 유지하도록 노력하는 것이다.

요즘 유행하는 '정리하기'도 내가 머무는 공간을 쾌적하게 함으로써 내 기분을 좋게 하는 것이다. 예쁜 옷을 입는 것도 그 옷을 통해 내 기분이 고양되는 것을 즐기는 과정이다. 맛있는 음식을 먹을 때도 접시에 보기 좋게 담는 행위 같은 삶의 소소함을 추가해서 내 기분을 좋게 만드는 것. 그리고 그런 순간순간이 모여 내 정서가 긍정적으로 유지되는 것이 결국 행복일 것이다. 행복이라고 하면 너무 멀고 추상적으로 느껴진다. 뭔가 대단한 일이 일어나야 할 것 같지만, 실상 내 삶의 작은 순간을 기분 좋은 순간으로 만드는 것이 모여진 게 더 행복에 가깝다.

또한 삶을 균형 있게 두루두루 보살펴야 한다. 미국작가 톰 레스(Tom Rath)와 짐 하터(Jim Harter)는 『무엇이 우리를 행복하게 하는가 *Wellbeing*』라는 책에는 행복의 요소를 다음과 같이 제시했다. 좋아하는 직업, 좋은 인간관계, 재정적인 안정, 건강한 신체, 사회공헌을 통한 자부심이 그것이다. 이 다섯 가지를 충족하는 사람들은 전체의 7%밖에 되지 않는다. 대부분은 일부만 갖고 있어서 만족하지 못한 경우가 많고 한두 가지 요소에만 집착해서 나머지 요소를 소홀히 하기 때문이다.

『살아가는 데 가장 많이 써먹는 심리학』[115]에 소개된 행복에 관한 옛날이야기를 소개한다. 행복의 본질을 아주 잘 보여주고 있다. 옛날 매우 선량한 사람이 있었다. 그는 평생 다른 사람을 도왔고 거기서 행복을 느꼈다. 그는 죽은 뒤 생전에 했던 선행 덕분에 아무 문제없이 천국에 가서 천사가 되었다. 그는 천국에서도 행복을 느끼고 싶어서 인간 세상으로 자주 내려가 계속해서 사람들을 도왔다.

한번은 울고 있는 농부를 만났다. "우리 집 물소가 죽어서 농사를 도울 물소가 없으니 이제 농사를 지을 수가 없습니다." 천사는 농부에게 물소 한 마리를 선물했고 농부는 행복하게 농사를 지었다. 그 모습을 본 천사는 행복했다.

두 번째로 만난 남자는 "지갑을 도둑맞아서 집에도 갈 수 없습니다." 천사는 집에 갈 수 있도록 여비를 주었다. 남자는 기뻐하며 집으로 갔

---

115   지루징(2020), 정유희 역, 『살아가는 데 가장 많이 써먹는 심리학』, 쎈시오, 15-17면.

고, 천사는 이 남자의 뒷모습을 보며 행복을 느꼈다.

　세 번째로 천사가 만난 사람은 재능이 뛰어난 시인이었다. 이 시인은 젊고 잘생긴 용모에 재능이 많았다. 게다가 재물도 부유해서 생계 걱정 없이 아름다운 아내와 사랑스러운 자식까지 있었다. 그런데 그는 천사에게 슬퍼하며 하소연했다. "당신은 모든 것을 다 가졌는데 내가 무얼 도와주기 원합니까?" 시인이 대답했다. "저는 모든 것을 다 가졌지만 행복은 가져본 적이 없습니다."

　천사는 한참을 고민한 뒤 시인이 가지고 있던 모든 것을 가져갔다. 시인의 재능과 잘생긴 얼굴, 그의 재산과 가족의 생명을 가져갔다. 한 달이 지난 뒤, 천사가 시인을 찾아갔을 때 시인은 남루한 옷차림의 거지가 되어 있었다. 금방이라도 굶어 죽을 것 같은 시인을 본 천사는 그에게서 가져간 모든 것을 원래대로 되돌려놓았다. 시인은 재능, 외모, 재산, 가족을 모두 되찾았다. 다시 한 달이 지난 뒤 천사가 시인을 찾아왔을 때 그는 마침 가족들과 함께 즐거운 시간을 보내고 있었다. 그는 천사를 보자 연신 고맙다며 인사했다. 시인은 행복을 찾았고 천사 역시 그에게서 행복을 느꼈다.

　자신이 가진 것에 감사할 줄 모르면 신은 그것을 다 가져간다는 이야기와 같은 맥락이다. 매사에 감사하라는 말이 그냥 좋은 말이 아니라 이런 맥락으로 보면 가끔은 협박처럼 들리기도 한다. 행복한 사람은 가지고 있는 것에 대해 행복하고 불행한 사람은 갖고 있지 않은 것 때문에 불행하다는 말도 같은 말이다. 글의 서두에서처럼 지금 매 순간을 기분 좋게 만들고 그런 순간을 늘려가는 생활을 하다보면 그곳이 행복한 삶에 들어가 있는 것이다. 요즘 한창 핫한 문장이 있다. <PACHINKO, 파친코>의 첫 문장이다. "역사가 우리를 망쳐 놨지만 그래도 상관없다(History has failed us, but no matter)." 세상이 주변이 나를 힘들게 하더라고 오늘 나의 삶을 행복하게 만들자. Let's live for today.

어느 날 중국집에서 식사가 나오기 전에 튀긴 땅콩을 먹고 있었는데 함께 온 일행이 "행복이 그래서 뭐예요?"라고 물어보았다. "행복은 눈 앞에 있는 땅콩이에요." 지금 먹고 있는 땅콩이 맛있음을 아는 것이라고 말해주었다. 행복은 멀리 있지 않다. 거창하지도 않다. 미칠 듯 행복한 건 행복이 아니다. 고통 없이 살며시 미소 지을 수 있다면, 행복이다. 행복하길 바란다.

저자 이연주

건국대학교 글로컬캠퍼스 교양대학 교수. 인적자원개발학 박사. 코칭 리더십,
긍정심리학, 퍼실리테이션, 인간유형 이론 및 DISC, 갈등관리와 커뮤니케이션
통로 구축 분야의 전문가.
저서 『대한민국은 왜 대통령다운 대통령을 뽑지 못하는가?』, 『발표와 토론』,
『대학생을 위한 말하기의 이론과 실제』 외 공저 다수.

AI 시대, 나를 지키는 행복학

초판 인쇄	2022년 5월 17일
초판 발행	2022년 5월 27일
저　　자	이연주
펴 낸 이	이대현
편　　집	이태곤 권분옥 문선희 임애정 강윤경
디 자 인	안혜진 최선주 이경진
마 케 팅	박태훈 안현진
펴 낸 곳	도서출판 역락
주　　소	서울시 서초구 동광로 46길 6-6(반포4동 문창빌딩 2F)
전　　화	02-3409-2060(편집부), 2058(영업부)
팩　　스	02-3409-2059
등　　록	1999년 4월 19일 제303-2002-000014호
이 메 일	youkrack@hanmail.net
홈페이지	www.youkrackbooks.com
I S B N	979-11-6742-345-0 03180